―올 한해는 책놀이로 정했다―

일년이 행복한 초등 책놀이

저자: 권 옥 김미화 민희진 박은혜 신 언
　　　윤윤수 이유미 이자미 이정경

머리말

도서관이 변하고 있습니다.

쉼터처럼 아늑하고 카페처럼 멋스럽지요. 이제 도서관은 아이들에게 놀이 공간이 되었습니다. 책을 대하는 아이들의 마음은 어떨까요? 아이들에게 과연 책이란 무엇일지, 어떤 의미일지 물었습니다.

"책은 좋은데 책 읽고 자꾸 뭘 쓰라고 해서 힘들어요."

아이들에게 책은 지겨운 글쓰기의 도구가 되어버렸습니다. 어떻게 하면 아이들이 책을 든 교사를 반겨줄까 고민하다 오롯이 책을 즐길 수 있는 책놀이를 만났습니다.

아이들은 '참 잘했어요!'라는 말을 가장 듣고 싶다고 합니다. 그렇다면 교사인 우리는 아이들에게 어떤 말을 들을 때 가장 뿌듯할까요.

"선생님, 수업 시간이 정말 재미있어요!"가 아닐까요?

책놀이를 열심히 연구하고 준비한 것이 아이들에게 '通'했을 때, 축구선수가 골을 넣은 것만큼 쾌재를 부르게 됩니다. 손흥민 선수에게 양발 슈팅이 있다면 우리의 비장의 무기는 책놀이입니다.

이 책이 나오기까지 수많은 노력을 했습니다. 주말에 종일 도서관 서가에 앉아 한 권 한 권 살피며 놀이로 이어질 수 있는 책을 찾았습니다. 반 아이들이 흥미를 보이거나 추천해 준 책에서도 정했습니다.

또한, 수업 내용에 호기심을 키우고 재밌게 접근할 수 있는 그림책도 골랐습니다. 이렇게 선정된 그림책은 다양한 책놀이로 탄생하였습니다. 책을 가지고 어떻게 놀지 고민하는 일련의 과정이 우리에게는 놀이 그 자체였습니다. 아이디어가 술술 나오는 놀이도 있었고, 오랫동안 고민을 해야 하는 놀이도 있었습니다. 이렇게 만들어진 놀이는 교실 속에서 아이들의 기발한 아이디어와 냉정한 평가로 더더욱 재밌어지기도 했습니다. 책이 정말 좋지만, 놀이에 대한 생각이 떠오르지 않아 포기하거나 미뤄둔 책도 있습니다. 언젠가 아이들과 이 그림책으로도 놀 수 있는 날을 기대합니다.

　어린이날 100주년 해에 아이들을 위해 즐겁고 신나는 '책놀이 활용서'를 발간하게 되어 보람을 느낍니다. 이 책이 그림책과 더욱더 친해지고 아이들과 즐겁고 행복한 일 년을 만들어가는 데 도움이 되길 바랍니다.

2022년 6월
저자 일동

추천의 글

"놀지 않는 아이는 아이가 아니고, 놀지 않는 사람은 자신 안에 살았고 지독히도 그리워 할 아이를 영원히 잃어 버린 것이다."(A child who does not play is not a child but the man who does not play has lost forever the child who lived in him and he will miss terribly.). 1973년에 노벨 평화상을 받았고, 칠레의 시인이자 정치가였던 파블로 네루다(Pablo Neruda; 1904~1973)가 한 말입니다.

성장하는 과정에서 아이들에게 놀이가 얼마나 중요한 것인지, 더 나아가 어른들에게도 놀이의 가치가 얼마나 큰 것인지를 설명해 주는 말입니다. 놀이는 아이를 아이답게 만들어 주는 것, 즉 아이의 정체성과도 같은 것입니다.

거의 모든 아이들은 '놀자!'라는 말을 들으면 조건반사적으로 소리가 나는 쪽으로 호기심 어린 시선을 돌립니다. 노는 것은 재미있기 때문이고, 노는 것은 아이의 삶과 일체를 이루는 것이기 때문입니다. 아이는 놀기 위해 세상에 왔다고 말해도 지나침이 없을 것입니다.

이 말을 좀 더 확장시켜 보면 아이들에게 배움은 놀이와 같은 것이어야 합니다. '배우는 것=재미있는 것'의 등식이 성립할 수만 있다면, 그 아이에게 배우는 것은 노는 것이고

노는 것은 배우는 것이 될 것입니다.

  아이들이 책 읽기를 놀이처럼 할 수는 없을까? 고민하던 초등 교사들이 머리를 맞대고 모였습니다. 그들은 자신들의 모습을 나타내는 이름을 "책놀이가좋아서모임"이라고 지었습니다.

  책으로 교사들이 먼저 놀아보고 재미있으면 그 책으로 아이들과 함께 놀아보자는 취지를 가지고 있었던 것 같습니다.

  그들이 읽기로 선정한 책은 모두 그림책입니다. 그림책은 그림을 통해서 글자에 움직임을 부여하고, 읽는 사람의 호기심과 집중력을 더 강하게 끌어당길 수 있기 때문입니다.

  그들은 선정한 그림책을 아이들과 함께 읽고 놀면서 아이들의 반응을 관찰하고, 아이들의 의견을 듣고 그 결과를 놓고 서로 토론하는 과정을 거쳤습니다. 그 결과 54권의 책을 최종적으로 선정하여 한 권의 책으로 엮어 냈습니다. 그림책이 또 다른 책을 만들어낸 것이고, 한 권의 책 속에서 54권의 그림책이 만난 것이라고 할 수 있습니다.

  공포의 구구단, 나랑 놀자, 내 귀는 짝짝이, 내일 또 싸우자, 누구의 뿔, 돼지 안 돼지, 똥벼락, 마술연필, 몽돌 미역국, 붙어라 떨어져라, 소리괴물, 야광귀신, 엄마 왜 그래, 진짜 코 파는 이야기, 호랑이의 눈물

등이 이 책에 들어 있습니다.

아이들이 책놀이를 하기 위해서는 몇 개의 모둠을 구성해야 합니다. 이 책이 추구하는 목표는 '혼자서 잘하기'가 아니라 '함께 잘하기'이기 때문입니다.

책놀이는 아이들의 상상력, 창의력, 협동심, 흥미를 자극합니다. 한 권의 책놀이를 하고 나면 아이들은 '그 다음 책놀이는?'이라는 기대감을 갖게 되어 있습니다.

이 책에 들어 있는 그림책들은 아이들의 삶과 밀착되어 있는 것들입니다. "엄마 왜 그래"는 아이들의 입에서 자주 나오는 말에 해당합니다. 중요한 것은 그 말이 어떤 상황에서 무슨 의미로 나왔는가 하는 것입니다.

"엄마 왜 그래"의 '그림책 감상'에서는 이 말이 나오게 되는 상황을 네 가지로 구분하고 있습니다. 엄마가 갑자기 이상한 행동을 했을 때, 엄마가 아픈 것처럼 보일 때, 엄마 때문에 짜증이 날 때, 엄마에게 궁금한 것을 물어볼 때입니다. 교사는 아이들에게 네 가지 상황에 따라 감정을 살려 제목을 읽어보라고 말합니다.

제목부터 아이들의 호기심과 궁금증을 자아내는 그림책들도 있습니다. "호랑이의 눈물"이 그런 책에 속합니다. 교사는 호랑이는 왜 눈물을

흘릴까요라는 질문을 던진 후, 아이들에게 호랑이가 우는 이유를 눈물 카드에 적어 넣도록 합니다.

  한 권의 책놀이를 하고 나서 쓰는 '책놀이 뒷이야기'에는 교사와 아이들의 느낌들이 나옵니다. 그것은 느낀 그대로 '날것의 감상문'이라고 말할 수도 있습니다.

  아이들이 책읽기를 놀이처럼 즐길 수 있다면 얼마나 좋을까. 이것은 날마다 아이들을 가르치는 교사만의 고민과 바람이 아니라, 엄마, 아빠들이 꿈에도 그리는 상황일 것입니다.

  이 책은 그런 고민과 바람을 가지고 있는 이 땅의 교사와 엄마 아빠들에게 '그것은 가능한 것'이라고 말하고 있습니다. 이 말은 관념상의 말이 아니라 현장 실험을 거쳐 나오는 생생한 말입니다.

  배우는 것을 놀이로 여기는 아이들 세상을 꿈꾸는 사람이라면 이 책을 꼭 읽어 보시기 바랍니다.

2022년 6월

전북교육감 김 승 환

목 차

머리말 · 2

추천의 글 · 4

1장 신나는 독서 '책놀이'

1. 독서, 다시 보다 · 14

2. 책, 놀이와 만나다 · 14

3. 놀이, 책과 어울리다 · 15

4. 그림책, 함께 읽다 · 20

5. 그림책, 맛을 내다 · 21

2장 책놀이의 실제

공포의 구구단 · 24

글자 셰이크 · 29

길로 길로 가다가 · 34

깜장미르 · 39

꼭 잡아! · 44

나 안 할래 · 49

나도 길~~~~~다 · 54

나랑 놀자! · 60

내 귀는 짝짝이 · 64

내일 또 싸우자! · 68

너에게 주는 선물이야 · 75

넌 어떻게 춤을 추니? · 80

넘어 · 86

높이높이! · 91

누구의 뿔? · 98

눈을 크게 떠 봐! · 103

단어 수집가 · 109

돼지 안 돼지 · 114

똥벼락 · 119

로지의 병아리 · 126

마법에 걸린 병 · 132

모모모모모 · 136

몽돌 미역국 · 141

문장부호 · 147

바람에 날린 작은 신문 · 153

붙어라 떨어져라 · 160

삐약이 엄마 · 165

사뿐사뿐 따삐르 · 170

생각 : 생각이 깊어지는 철학 그림책 · 174

소리괴물 · 181

숲속의 숨바꼭질 · 186

아빠와 피자놀이 · 191

아이스크림 걸음! · 197

알아맞혀 봐! 곤충 가면 놀이 · 203

앤서니 브라운의 마술 연필 · 208

야광귀신 · 213

어머, 이건 꼭 사야 해! · 218

엄마 왜 그래 · 223

엘리베이터에서 만났다 · 227

여우와 두루미 · 233

열려라 문 · 239

완벽한 타이밍 · 245

우당탕탕, 할머니 귀가 커졌어요 · 251

이건 내 모자가 아니야 · 256

이파라파냐무냐무 · 262

절대로 만지면 안 돼! · 268

진짜 코 파는 이야기 · 272

커다란 크리스마스트리가 있었는데 · 278

컬러 몬스터 : 감정의 색깔 · 283

탁탁 톡톡 음매~ 젖소가 편지를 쓴대요 · 288

하이파이브 · 294

호라이 · 300

호랑이의 눈물 · 307

휴지가 돌돌돌 · 312

*〈참고문헌〉· 317

1장
신나는 독서 '책놀이'

1 독서, 다시 보다

'책', 말만 들어도 한숨을 내쉬는 아이들이 있다. 책을 읽고 나면 '오늘은 또 뭘 쓰라고 할까?' 하는 걱정이 먼저 앞서기 때문일 것이다.

초등문학교육의 목적은 초등 아이들이 향유할 수 있는 문학작품을 중심으로 문학에 관하여 알게 하고, 문학을 즐기고 체험하게 하며, 문학을 지향하는 마음을 갖도록 이끌어 주는 것이어야 한다(신헌재 외, 2015). 즉, 초등문학교육은 책 자체의 즐거움과 책을 통한 긍정적인 문학 경험을 통해 오래도록 문학을 추구할 수 있도록 돕는 데 있다. 하지만 학년이 올라갈수록 책을 멀리하는 아이들이 많다. 이러한 현상이 벌어지는 이유는 책을 교육의 수단으로 만나기 때문이다. 예를 들면, 책의 내용을 얼마나 기억하는지 확인하고, 글쓰기를 위한 배경지식으로만 독서를 하는 경우이다. 아이들에게 책이 또 하나의 교과목으로 인식되어 부담감을 안겨준 것이다. 이러한 독서 경험이 우리 아이들에게 누적되지 않도록 고민할 필요가 있다.

아이들 스스로 독서를 즐겨야 한다. 책을 통해 상상의 날개를 펼치고, 등장인물들과 희로애락을 함께 하며 공감대를 형성할 수 있어야 한다. 책 읽는 즐거움과 기쁨을 통해 '책'이란 친구를 사귀고 평생 친구가 기다리는 책 속으로 스스로 걸어 들어갈 수 있게 하자.

2 책, 놀이와 만나다

'책놀이'란 책을 바탕으로 즐거운 놀이 활동을 하는 문학활동이다. 즉, 그림책을 재미있게 읽고 난 후 책의 주제나 내용을 놀이 속에서 경험하거나, 등장인물들의 행동을 따라 하며 그들의 마음을 이해하고, 작가가 심어놓은 그림책의 여러 요소를 탐색하며 몸으로 체험하는 것이다. 이처럼 아이들이 책을 읽는 과정과 책을 활용한 다양한 활동을 놀이처럼 즐기면 그 책을 다시 보고, 또 해보고 싶은 활동으로 기억되어 책을 친구처럼 친근하게 받아들일 수 있다. 친구처럼 다가온 책과 함께 행복한 정서적 경험을 누린 아이들은 독서를 강요하지 않아도 자발적으로 책을 찾는 평생 독서습관을 형성하게 된다.

평생 독서습관 형성은 '책과 함께 인생을 시작하자'는 북스타트운동의 슬로건에도 잘 나타나 있다. 특히 초등아동을 대상으로 한 북스타트 '책날개'는 어떤 목적을 위한 수단으로서의 책 읽기가 아니라 그 자체가 즐거움이 되어 자연스럽게 '책을 좋아하는 아이'로 성장하도록 돕는 데에 그 목적이 있다.[1]

책놀이는 다양한 곳에서 '책'과 '놀이'를 연계한 행사[2] 를 통해 그 중요성이 부각되기 시작하였고, 책놀이에 대한 사회적 요구가 증가하면서 다양한 대상을 위한 책놀이 프로그램[3]이 개발되었다. 신나는 독서 '책놀이'를 통해 우리 아이들이 책과의 소통, 또래와의 소통, 세상과 소통하는 즐거움을 누릴 수 있다.

❸ 놀이, 책과 어울리다

아이들은 '놀이'하면 '즐겁다'와 '친구와 어울린다'를 먼저 떠올린다. 놀이는 즐거운 것이기에 스스로 하고 싶은 욕구를 불러일으킨다. 자발적으로 놀이에 참여한 아이들은 긍정적인 정서를 경험한다. 놀이는 또래와의 상호작용을 통해 의사소통 능력을 키

---

[1] 북스타트 '책날개' 사업은 민관협력 사업으로 초등 아이들의 즐거운 책읽기를 돕기 위한 방법을 고민하고 실천하기 위해 교육청과 학교, 지방자치단체, 시민사회단체가 함께 참여하는 사업이다.(북스타트코리아:www.bookstart.org 참조)
[2] 파주출판도시에서는 2003년부터 어린이를 위한 책놀이터 '어린이 책잔치'를 개최하여 책과 함께 하는 다양한 놀이 행사를 진행하고 있다. (2004년 '놀며 배워요', 2007년 '온몸으로 만나는 어린이책 세상', 2013년 '걸어요, 놀아요, 읽어요', 2017년 '다 같이 놀자', 2018년 '놀이 놀이 책놀이', 2019년 '책 속으로 풍덩', 2020년 '책이랑 놀자' 등) 출판도시문화재단:www.pajubookcity.org참조
[3] 『스토리텔링과 책놀이 2』 참조

우고 창의성과 상상력의 발달을 돕는다. 아이들은 놀면서 규칙과 질서를 지키고 양보와 협력을 통해 즐겁게 놀이를 지속할 수 있다는 것을 스스로 깨닫게 된다. 놀이는 결과보다 과정 그 자체가 목적이기 때문에 무언가를 완성하고 평가받아야 하는 부담감 없이 마음껏 즐길 수 있다.

이러한 놀이를 책과 함께할 때 독서가 신나고 즐거운 것이 될 수 있다. 책놀이로 독서의 즐거움을 느낀 아이들은 책 읽어주는 선생님을 기다릴 것이다.

아이들과 함께 '책놀이'를 통해 독서를 즐긴 교사들은 다음과 같이 책놀이를 정의한다.

① **책놀이는 어울림이다.**

책놀이는 혼자보다는 여럿이 함께 즐기는 문학 활동이다. 누군가가 읽어주는 책 내용과 그림이 재밌어서 웃거나, 웃는 친구의 표정을 보며 다시 깔깔대는 책 읽기는 그림책을 함께 읽으며 얻는 여유와 즐거움이며, 힐링 그 자체이다. 또한 책놀이를 통한 모둠 활동은 승리를 위해 조금씩 서로 양보하고, 으쌰으쌰 힘도 보탠다. 아이들은 끝까지 즐거운 놀이를 하기 위해 규칙과 질서를 지키고 각자 책임을 다하며 놀이를 지속할 때 어울림의 가치를 느낀다. 음식을 먹을 때도 마찬가지다. 싫어하는 음식을 누구와 언제 어디서 어떻게 먹느냐에 따라 먹고 싶은 욕구를 불러일으키기도 한다. 음식 자체의 맛과 영양도 중요하지만, 음식을 함께 나누었던 행복한 경험이 그 음식을 좋아하는 계기가 된다. 책놀이도 여럿이 함께 나누기에 더욱더 행복한 독서이다. (권옥)

② **책놀이는 금자씨도 바꾼다.**

"예쁜 게 좋아, 예뻐야 돼 뭐든지." 영화 '친절한 금자씨'에서 금자(이영애)가 한 말이다. 금자씨가 교육계에 몸담고 아이들과 지냈다면 이렇게 말하지 않았을까. "재밌는

게 좋아, 재밌어야 돼, 뭐든지."

　아이들 머릿속에 긍정적인 경험을 담아주고, 그 경험이 아이의 삶에 좋은 영향을 끼치게 하고 싶은 건 모든 교사의 꿈이다. 그래서 교사들은 늘 고민하고 나눈다. 우리 역시도 '책놀이 수업'을 연구하며 많은 고민을 나누었다. 개인마다 차이는 조금씩 있겠지만 책놀이 개발의 주안점을 두 가지만 꼽으라면 바로 이것일 것이다. 좋은 책일 것, 그리고 놀이가 재미있을 것. 그렇다. 재밌어야 아이들이 기억에 남고 다음에 또 하고 싶다. 책이 주는 즐거움을 느끼게 해주는 데에는 '책놀이'만한 것이 없다고 자신하는 것도 다 아이들과 함께 했던 '책놀이'수업 경험 덕분이다. 수업이 끝났음에도 삼삼오오 모여 놀이를 하고, 점심시간에도 밥 먹고 들어와서는 한 달 전에 했던 놀이를 자기들끼리 하고 있는 모습을 보면 더욱 확신이 든다. "너나 잘하세요."라고 말하던 금자씨가 그림책을 읽고 같이 책놀이를 했다면 과연 뭐라고 말했을까? (이유미)

③ 책놀이는 행복한 소통 경로다.

　교사는 아이들에게 전하고 싶은 말이 많다. 살아가면서 필요한 지혜를 알려주고 싶은데 자칫 잔소리같이 들릴 수 있다. 서로 즐겁게 소통하면서 시간 가는 줄 모르는 것이 무엇일까? 바로 책놀이다. 좋은 그림책을 읽어주며 삶의 교훈, 곱씹어 볼 주제를 건네며 아이들의 생각을 자극하고 놀이를 통해 아이들의 에너지와 감정을 분출하도록 이끈다. 긴 말이 필요 없다. 무아지경으로 책놀이를 즐기다 보면 교사와 학생은 서로 '이해'했다고 느낀다. 게다가 친구와 함께라 더더욱 신난다. (신언)

④ 책놀이는 재밌다.

불고기 피자가 맛있는 이유는 그 자체로 맛있는 불고기와 피자가 만났기 때문이다. 책놀이도 마찬가지다. 재밌는 거 옆에 재밌는 거! 바로 책과 놀이가 만났으니 재미없을 수가 없다. 책놀이는 책의 주인공, 이야기, 메시지가 놀이에 살아있어 아이들이 온몸으로 책을 느낄 수 있기 때문에 더 재밌다. 책을 좋아하지 않던 아이에게서 "책 언제 읽어요?"라는 말을 듣는 놀라운 일도 경험하게 된다. 말 또는 글로 하던 정적인 독후활동에서 한 걸음 나아가 아이들과 함께 책놀이의 재미를 맛보길 바란다. (이정경)

⑤ **책놀이는 선물이다.**

　그림책과의 만남은 20여년 교사로서의 삶에 빛과 같이 나에게 찾아온 반가운 선물이었다. 아이들만의 전유물이라고 생각했던 고정관념을 바꿔, 어른에게도 깊은 감동과 여운이 있다는 것을 그림책을 접할 때마다 느끼게 된다. 책을 바라보는 아이들의 눈빛, 다음 장면을 기대하는 아이들의 표정, 그 어떤 것을 상상해도 되는 그림책의 뒷이야기 등 그림책을 읽는 시간은 아이들에게도, 나에게도 삶이 된다. 그림책과 놀이는 실과 바늘처럼 함께 함으로써 재미를 더하여, 그림책의 매력에 점점 빠져들게 한다. 그림책과 책놀이를 통해 배웠던 많은 감동과 경험을 더 많은 대한민국의 선생님들이 함께 하길 바란다. (윤윤수)

⑥ **책놀이는 요리다.**

　책놀이는 교사라는 요리사가 좋은 그림책과 놀이라는 재료를 엄선하여 재밌는 아이디어의 레시피로 새로운 책요리를 만들어 내는 것이다. 좋은 재료들이 요리사의 손을 거쳐 맛있고 영양 좋은 음식으로 거듭나듯 우리 아이들에게 삶의 자양분이 되는 책을 아이들의 입맛에 맞게, 소화하기 쉽게 요리하여 대접하는 것이다. 건강한 독서경험인 책놀이를 통해 독서의 맛을 느끼도록 하자. (박은혜)

⑦ 책놀이는 '책으로 놀기-고수편'이다

책을 통해 어디까지 놀아보고 느껴보고, 함께 할 수 있을까? 책놀이의 다양한 활동은 함께하는 즐거움과 행복을 맛보게 하고, 생각의 기회를 넓혀준다. 책을 읽는 과정에선 선생님, 친구들과 웃으며 참여할 수 있고, 읽고 나선 책을 온몸으로 느끼고 체험해 볼 수 있다. 재미있게 놀며 느꼈던 감정과 함께하는 경험은 성장기 아이들에게 소중히 기억될 추억이 되리라 확신한다. (민희진)

⑧ 책놀이는 하나다.

책놀이는 책과 함께 한 모두를 하나가 되게 한다. 책놀이를 통해 책의 즐거움을 맛본 아이들은 책에 빠져들며 책과 하나가 된다. 함께 한 친구들과도 하나가 된다. 즉, 너와 내가 책놀이를 통해 '우리'라는 공동체 속에서 하나가 된다. 공동체 속에서 아이들은 각각의 새로운 면을 발견하고 알아가며 성장한다. 또한 책놀이는 아이들과 교사도 하나가 되게 한다. 책놀이로 신난 아이들을 보면 교사도 즐거워 어느새 하나가 되어 즐기고 있다. (이자미)

⑨ 책놀이는 매력덩어리다.

책, 독서를 떠올리면 조용한 분위기가 먼저 떠올랐다. 그림책은 평소에도 아이들에게 많이 읽어주었었다. 정말 읽어주기만 했다. 그림책을 읽어줄 때는 조용히 선생님의 이야기만 들어야 했고, 자꾸 끼어들면 친구들의 책 감상을 방해하는 것이라 생각했었다. 예전에 나는 말이다. 하지만 책놀이를 통해 책이란 신나고 즐겁고 궁금한 존재가 되었다. 책을 읽는 동안에도 자유롭게 책 읽기에 끼어들 수 있고 책을 읽는 순간의 감정을 바로 표현하고 공감하면서 책 읽는 즐거움이 더욱 커졌다.

책과 놀이, 처음에는 어울리지 않는 것처럼 느껴졌지만 그것은 잠시뿐. 책을 읽는 과정부터 무릎을 탁 치게 만들며, '아하! 그렇지, 이렇게 해야 책이 좋아지지!'라는 생각을 하게 되었다. 함께 읽기, 공감하며 읽기. 책으로 놀기. 책놀이는 단순하게 그림책을 읽어주고 독후활동을 했던 것과는 다른 개념으로 책 자체의 즐거움을 만끽하고 책을 가까이하게 하는 매력이 있다. (김미화)

❹ 그림책, 함께 읽다

아이들에게 있어서 '책을 읽는다'란 어떤 의미일까?
책을 읽는다는 것은 단순히 글자를 읽거나, 내용을 기억하고 이해하며 주제를 파악하는 것만 아니라 책을 읽는 순간의 즐거움 그 자체여야 한다. 아이들은 책을 통해 자신의 모습을 찾고 싶어 한다. 자신과 비슷한 등장인물을 통해 자신의 문제와 기쁨을 동일시한다. 따라서 책은 아이들에게 감정을 공유할 수 있는 친구이다. 책이 친구라면, 책 읽기도 친구와의 관계처럼 즐겁고 행복해야 한다. 그렇다면 어떻게 책을 친구처럼 만날 수 있을까?

아이들이 책으로 소통의 즐거움을 맛보아야 한다. 그 방법 중 하나인 '책 읽어주기'는 이야기의 즐거움과 더불어 책을 통해 사람과 사람이 친해지는 좋은 경험을 하게 한다. 누군가가 읽어주는 이야기를 들으며 아이들은 자신의 경험을 떠올리고 다음 장면을 상상하며 한바탕 웃는다. 그 사이에 아이들은 독서의 즐거움을 온몸으로 느낀다. 이러한 경험을 통해 아이들은 책을 즐기는 독자가 되어가는 것이다. 또한, 같은 공간에서 독서의 즐거움을 함께 공유한 친구들과 경험을 나누고 친구의 소중함을 배워간다. 한 권의 그림책을 같은 시간, 같은 공간에서 함께 감상한다는 것은 작가와 책을 읽어주는 사람, 듣는 사람이 서로의 감정을 공유하는 소통의 독서 방식이다.

❺ 그림책, 맛을 내다

　그림책을 어떻게 읽으면 맛있을까?

글자를 익히고, 책을 읽으며 지식과 지혜를 쌓기 전에 책을 맛보는 과정이 먼저다. 맛있게 읽은 책은 다시 보고 싶은 생각이 들기 때문이다. 그림책을 한두 명의 아이에게 읽어줄 경우는 아이를 무릎에 앉히거나 나란히 앉아서 서로의 체온을 느껴가면서 읽어준다. 다수의 아이들에게 읽어줄 경우에는, 아이들과 마주 보고 아이들의 눈빛과 표정을 보며 그림책을 가운데 두고 서로 소통하며 읽어준다. 특히 그림책을 재미있고 효과적으로 읽기 위해 다음의 몇 가지를 참고하면 책 읽는 시간이 더욱더 즐거운 추억이 된다.

▶ 그림책을 읽어주기 전에 처음부터 끝까지 소리 내어 읽어본다.
▶ 아이들 모두가 그림을 잘 볼 수 있는 자세를 연습한다.
▶ 아이들과 눈을 맞추고 소통하며 읽는다.
▶ 아이들의 반응을 살피며 읽는다.
▶ 아이들과 감정을 공유하며 읽는다.
▶ 아이들이 책읽기에 적극적으로 참여할 수 있는 다양한 방식을 활용하며 읽는다.
▶ 책의 특성에 따라 놀이(숨은 그림 찾기, 수수께끼 놀이 등) 하듯 읽는다.
▶ 마지막 부분에 여운을 주어 감동을 간직할 수 있도록 한다.

2장

책놀이의 실제

공포의 구구단

미우 글·그림 | 다림

 책과 놀이 소개

초등 저학년 때 꼭 외워야 하는 구구단. 구구단을 외우면 곱셈도 더 빨리 할 수 있고 생활에 유용한 점도 많지요. 하지만 그때는 왜 그렇게 외우기도 힘들고 싫었는지. 그런데 그 구구단이 나를 구해준다고요? 그럼 빨리 외워야지요! 그리고 구구단 놀이도 재미있게 하자고요.

 책놀이 목표

- 구구단을 즐겁게 외울 수 있다.
- 곱셈 구구의 어려움에 공감할 수 있다.
- 생활 속에서 곱셈 구구의 활용도를 이해할 수 있다.

 책놀이 자료

그림책

책놀이 방법

1. 마음열기

　① 구구단을 외웠던 경험을 이야기 나눈다.

　② 구구단을 일상생활에 활용했던 경험을 나눈다.

예) 우리 반 우유 가져올 때 상자 안에 우유가 몇 개 있는지 쉽게 확인했어요.

③ 자신만의 구구단 외우기 기술을 소개한다.

2. 그림책 감상

① 면지를 탐색한다.

② 장면마다 귀신들을 찾아보며 읽는다.

③ 새로운 귀신들이 나올 때마다 칠판에 귀신 이름과 몇 명이 나왔는지 적는다.

④ 마지막 장면에서 주인공을 구하기 위한 정답을 생각해본다.

3. 책놀이 : 공포의 구구단 놀이

① 5~6개의 모둠을 나눈다.

② 모둠별로 8개의 구구단 중 하나를 선택한다.

③ 각 모둠은 다른 모둠을 공격할 내부의 순서를 정한다.

④ 시작 구호는 "공포의 구구단 지금부터 시작!"

⑤ 각 모둠의 구구단 숫자만큼 양 손가락을 위로 올려 박자를 맞춘다.

⑥ 먼저 공격하는 모둠의 첫 번째 친구가 "4단을 외자. 4단을 외자. 4X9?"라고 외치면, 4단을 맡은 모둠은 다 함께 "36!"이라고 답한다.

⑦ 답한 모둠은 다음 모둠에게 공격을 이어 나간다. 이때 다음 공격이 바로 나오지 않는 경우는 전체가 "한 박자 쉬고, 두 박자 쉬고"를 외치며 잠시 숨 고르는 시간을 두고 진행한다.

⑧ 각 모둠에서 틀린 친구는 게임에 참여할 수 없다.

⑨ 가장 많은 인원이 남은 모둠이 승리한다.

4. 책놀이 마무리

① '공포의 구구단 놀이'를 하면서 가장 즐거웠던 순간을 회상하며 이야기 나눈다.

② 가장 어려워하는 구구단을 다시 한 번 외운다.

🐸 책놀이 메모

① 모둠별 구구단을 선택할 때 학년이나 학급의 특성, 학생 수에 따라 너무 쉽거나 어려워하는 단을 빼는 등 상황에 따라 융통성있게 진행한다.

② 구구단 놀이를 할 때 틀린 학생만 제외하는 방법 외에도, 모둠 전체를 제외하여 두 모둠이 남을 때까지 진행함으로써 참여하지 못하는 학생이 지루해하는 시간을 줄일 수 있다.

③ 각 모둠별로 선택한 구구단의 팻말을 활용하여 다른 모둠이 잘 볼 수 있게 한다.

책놀이 뒷이야기

교사 1

　6학년에게는 구구단이 식은 죽 먹기? 에헤이, 우리 다 알지 않나? 어른들도 갑자기 물어보면 머리가 새하얗게 되는 거. 당연하다는 듯이 외친 답이 정답이 아닐 때 무척 당황스러운 거. 그런데 답이 틀렸다고 누구 하나 놀리거나 무시하지 않는다. 친구의 경험이 내 모습이 될 수 있고, 내 대답에 교실에 웃음꽃이 피기 때문이다. 아이들이 웃으며 '틀려도 괜찮다고', '네 덕분에 정말 재밌었다고' 하는 모습이 예쁘기만 하다. 그래도 그림책 제목은 무시무시하게도 '공포의 구구단'이다. 그런데 아이들은 '공포'가 그 '공포'가 아니라 '공식적으로 포기했다'의 공포란다. 하하. 그래도 구구단은 포기하면 안 된단다, 얘들아!

교사 2

　곱셈 구구를 처음 배우는 2학년부터 아이들은 약 2~3년 동안 곱셈 구구에 대한 공포(?)를 갖는다. 이 책에 나오는 주인공도 여느 아이들처럼 곱셈 구구에 대한 두려움을 가지고 있다. 곱셈 구구가 귀신의 전체 수를 구해야 빠져나올 수 있는 생존수단인 것처럼 아이들에게 곱셈 구구는 수학이라는 세계에서 살아남으려면 능숙하게 해내야 하는 것이다. 3학년 아이들은 초반에 놀이 주제가 곱셈 구구라는 것을 알았을 때 반응이 신통치 않았다. 일부 아이들은 겁을 먹었다. 하지만 놀이에서 아이들은 모둠을 이루어 혼자가 아니기에 두렵지 않았고, '한 박자 쉬고', '두 박자 쉬고'는 긴장 속 적절한 여유와 포용을 보여주었다. 놀이를 마치고 쉬는 시간에 평소 말수가 적은 여자 아이가 다가와 '다음에 이 놀이 한 번 더 해주세요.'라고 말했을 때 큰 보람을 느꼈다.

어린이

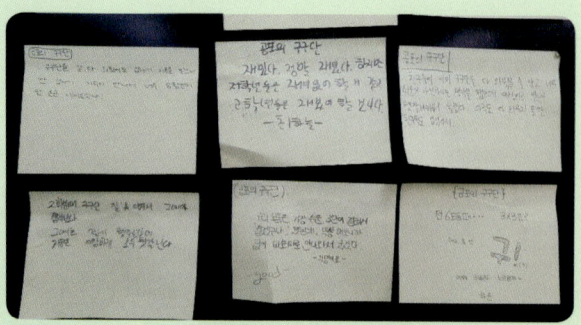

★ 구구단을 질, 다 외웠어도 갑자기 지목을 받으니까 기억이 안나서 너무 당황했지만 은근 재미있었다.

★ 재밌다. 정말 재밌다. 하지만 저학년들은 재미없어 할 것 같고, 고학년들은 재밌어 할 것이다.

★ 친구들이 이미 구구단을 다 외웠을 줄 알고 너무 쉬운 거 아닌가라는 생각을 했는데 예상 외로 많이 헷갈려 해서 놀랐다. 아직도 다 외우지 못한 친구들도 있었다니……

★ 2학년 때 구구단 잘 못 외워서 그때가 생각났다. 그때는 많이 헷갈렸지만 지금은 이상하게 모두 헷갈린다.

★ 우리 모둠은 가장 쉬운 3단이 걸려서 '쉽겠구나' 했는데 막상 해보니까 답이 바로 바로 안 나와서 웃겼다.

★ 3x3은? 하나, 둘, 셋, 구! 어째 세 박자 느린걸까~

 교육과정 활용 연계

- 2학년 수학
  - 곱셈 구구 수업에서 활용할 수 있어요.
- 3~4학년군 수학
  - 곱셈 수업에서 활용할 수 있어요.

글자 셰이크

홍하나 글·그림 | 바람의 아이들

 책과 놀이 소개

'글자'라는 낱말은 무미건조해 보인다. 그래서인지 '셰이크'라는 낱말과 그리 어울려 보이지 않는다. 하지만 아이들의 엉뚱발랄함과 만나면 '글자'는 생기가 넘치고 윤기가 자르르한 재료가 된다. 아이들이 솜씨를 발휘해 완성한 셰이크는 재미와 더불어 한글 해득까지 덤으로 준다. 쉿, 이건 영업비밀이다. 대박 셰이크 가게를 원하는가? 쉐프는 우리 아이들이다. 더 이상 머뭇거릴 수 없다. 어서 이 책을 펼치고 영업을 시작하시라!

책놀이 목표

- 특정 글자로 시작하는 낱말을 생각해 낼 수 있다.
- 낱글자를 모아 의미 있는 낱말을 만들 수 있다.

책놀이 자료

그림책, 아이스크림 막대, 유성펜, 셰이크통 교구

 책놀이 방법

1. 마음열기

'셰이크'에 관한 이야기를 나눈다.

- 먹어본 셰이크가 있나요?

- 셰이크는 어떻게 만들까요?

2. 그림책 감상

① 제목을 읽고 이야기를 나눈다.

- 글자 셰이크는 어떤 맛일까요?

② 반복되는 문장은 리듬을 넣어 읽는다.

- ♪글자를 섞어 셰이크를 만드는 나는야 글자 요리사~

③ 다음 장면을 예측하며 읽는다.

- 방울, 구슬, 쟁반, 이슬을 주문하면 어떤 셰이크가 만들어질까요?

3-1. 책놀이 : 비밀의 레시피

* 준비물 : 아이스크림 막대 3개, 유성펜, 셰이크통 교구

① 3명씩 모둠을 만든다.

② 각 모둠 아이스크림 막대를 세 개씩 나눈다.

③ 교사가 세 글자로 된 낱말을 제시한다.

④ 모둠원은 각 글자를 첫 글자로 시작하는 낱말 3개를 아이스크림 막대에 각각 세로로 쓰고, 낱말별로 무슨 맛이 날지 상상하여 이야기 나눈다. 예를 들면, '바나나'라는 제시어에 '바다(해산물 맛), 나무(초록 맛), 나비(팔랑팔랑 맛)'를 쓸 수 있다.

⑤ 발표 모둠이 앞으로 나와 모둠이 쓴 막대를 셰이크통에 꽂는다.

⑥ 다른 모둠이 '무슨 맛인가요?'를 외치면 발표 모둠은 미리 상상했던 맛을 알려준다.

⑦ 맛에 대한 설명을 듣고 재료가 무엇인지 알아맞힌다.

 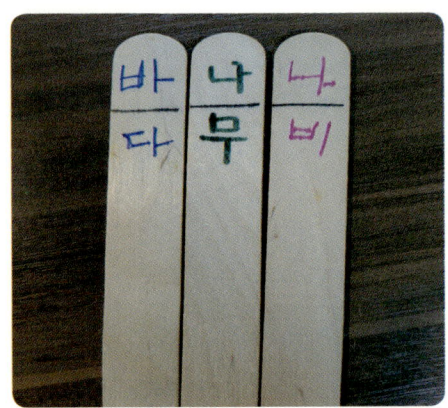

3-2. 책놀이 : 뒤죽박죽 글자셰이크

* 준비물 : 아이스크림 막대 3개, 유성펜, 셰이크통 교구

① 개인별로 아이스크림 막대 앞면과 뒷면에 낱말을 쓴다.

② 자유롭게 돌아다니다가 교사의 지시어에 따라 모둠을 만든다.
  - '3명씩 모여라', '4명씩 모여라', '뒷번호가 같은 사람끼리 모여라' 등

③ 자신의 낱말을 보여주고, 제한 시간 동안 의미 있는 낱말로 조합하여 셰이크 이름을 만든다.

④ 셰이크 이름을 발표한다.

⑤ 반복하여 진행한다.

4. 책놀이 마무리

활동을 회상하며 이야기 나눈다.
  - 가장 기억에 남는 셰이크 이름은 무엇인가요?
  - 더 만들고 싶은 셰이크는 무엇인가요?

🐸 책놀이 메모

① '비밀의 레시피' 놀이에서 아이스크림 막대에 첫 글자 칸을 표시해 놓아, 셰이크통에 꽂힌 첫 글자가 잘 보이게 한다.
② '뒤죽박죽 셰이크' 놀이에서 학생 수나 학급의 특성을 고려하여 지시어를 만든다.

🎈 책놀이 뒷이야기

교사

아이들이 혼잣말하는 것을 들으며 종종 든 생각이 있다. 주변 낱말을 보며 있는 그대로 보지 않고 끊임없이 생각하는구나! 하고 말이다. 그리고 교사가 어쩌다 별 생각없이 실수로 엉뚱한 낱말을 적으면 저희들끼리 얼마나 웃던지!

글자 셰이크라는 책은 아이들의 상상력과 발랄함을 언어적으로 자극해준다. 또 이 책을 이용한 놀이는 아이들이 어휘력을 자연스럽게 활용할 수 있어 매우 유익하다. 새로운 메뉴를 개발하기 위해서는 알고 있는 낱말을 떠올려야 하고 이 낱말들을 재미있게 조합하려고 머리를 맞대야 한다. 각 모둠에서 개발한 메뉴를 소개할 때 아이들이 배꼽 잡고 웃었다. 메뉴 이름이 저게 뭐냐면서, 또 먹어본 적이 없어도 왠지 무슨 맛인지 감이 온다며 말이다. 이 책놀이 덕분에 모처럼 국어시간에 웃음꽃이 활짝 피었다.

어린이

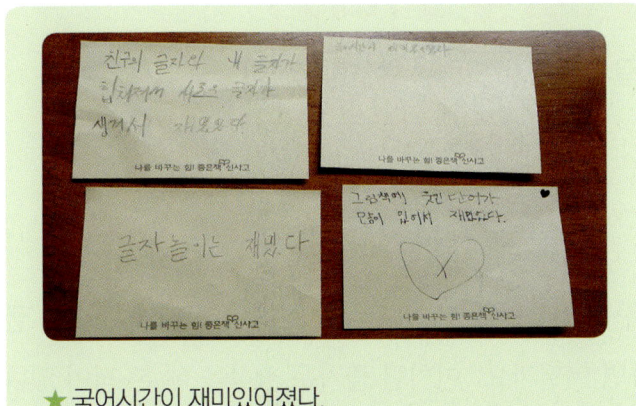

★ 국어시간이 재미있어졌다.

★ 그림책에 웃긴 단어가 많이 있어서 재밌었다.

★ 글자놀이는 재미있다.

 교육과정 활용 연계

- 1~2학년군 국어
  - 낱말을 배우는 수업에 활용할 수 있어요.

길로 길로 가다가

권정생 글 | 한병호 그림 | 한울림어린이

 책과 놀이 소개

길을 걷다 우연히 바닥에서 주운 바늘 하나에서 시작된 상상이 꼬리에 꼬리를 물어 커다란 행복으로 다가온다면 어떨까요? 이처럼 즐거운 상상을 해 본 적이 있나요? 전래동요로 이루어진 이 책을 읽다 보면 저절로 흥얼거려집니다. 책놀이를 하면서 노래도 낚고 행복도 낚아봅시다.

 책놀이 목표

- 노래 낚시 놀이를 통해 말놀이의 흐름을 이해할 수 있다.
- 전래동요 말놀이에 이야기가 담겨 있음을 알 수 있다.

 책놀이 자료

그림책, 낚시 교구(낚싯대, 노랫말 카드)

 책놀이 방법

1. 마음열기

    ① 길을 걷다 물건을 주운 경험에 관해 이야기 나눈다.
    - 길을 걸어가다가 무엇인가를 주운 적이 있나요?

② (그림책 제목을 읽고) 길로 길로 가다가 어떤 일이 벌어질지 상상하여 이야기 나눈다.

2. 그림책 감상

① 앞표지 그림을 탐색하며 이야기 나눈다.
   - 무슨 일이 벌어지고 있나요?
② 그림을 단서로 이야기를 덧붙이며 읽는다.
   - (도깨비가 바늘을 주운 장면에서) 어, 이게 뭐지? 뾰족하고 구멍도 있고
③ 다음 장면을 예측하면서 읽는다.
   - 도깨비는 이 바늘로 무엇을 하려고 할까요?
④ 책 내용을 노래로 부르며 처음부터 다시 한번 감상한다.

3. 책놀이 : 릴레이 노래 낚시

① 전래동요 '길로 길로 가다가'를 다 함께 부른다.
② 두 모둠으로 나누고 각 모둠원의 순서를 정한다.
③ 각 모둠 낚시터에 노랫말 카드를 놓는다.
④ 각 모둠에서 한 명씩 나와 낚싯대로 노랫말 카드를 낚는다.
⑤ 각 모둠은 낚은 노랫말 카드로 노래 가사의 순서를 맞춰 노래를 완성한다.
⑥ 노래 가사를 완성한 모둠은 '길로 길로 가다가'를 외친다.
⑦ 다 함께 '길로 길로 가다가' 노래를 부른다.

 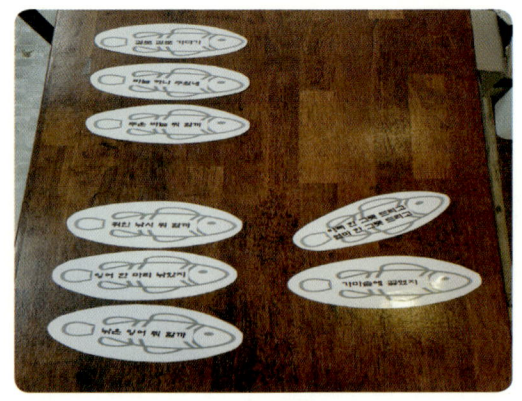

4. 책놀이 마무리

① 활동을 회상하며 이야기 나눈다.
- 노래 낚시를 하면서 가장 기억에 남는 것은 무엇인가요?
- 노래 낚시를 하면서 어려웠던 점은 무엇인가요?

② 말놀이에 관한 이야기를 나눈다.
- 말놀이를 그림책으로 감상하면서 새롭게 알게 된 것이 있나요?
- 노래처럼 부르는 말놀이를 알고 있나요? *원숭이 엉덩이는 빨개*.

🐸 책놀이 메모

① 노래를 기억하지 못하는 학생이 있으므로 노랫말을 붙여놓고 전래동요를 연습한다.
② 몸으로 박자를 맞춰가며 전래동요를 익힐 수 있도록 한다.
③ 한번 낚은 노랫말 카드는 낚시터에 다시 내려놓을 수 없다. 모둠에서 이미 낚은 노랫말과 중복된 카드를 같은 노랫말 카드에 위에 겹쳐 놓는다.

책놀이 뒷이야기

교사

'길로 길로 가다가'라는 제목만 읽어도 저절로 어깨가 들썩여졌다. 역시 이 책은 전래동요를 담은 그림책이었다. 도깨비가 길을 가다 주운 바늘 하나로 꼬리에 꼬리를 물고 상상을 하는 동안 많은 이들과 행복을 나누는 이야기에 마음이 따뜻해졌다. 이렇게 바늘 하나 같은 작은 일로 많은 이들이 행복해지듯이 아이들에게는 책놀이가 그런 게 아닐까? 아이들은 노래 잉어 한 마리를 낚고도 매우 행복해하였다. 세상을 다 가진 것처럼 말이다. 내가 낚은 잉어와 친구가 낚은 잉어가 연결되면 또 다시 행복해했다. 이렇게 우리 아이들은 행복을 낚는 어부가 되었다. 물론 낚는 것이 잘 되지 않아 아쉬운 마음에 탄식했지만, 상기된 얼굴로 열심히 낚는 아이들의 모습을 보면서 나도 모르게 응원의 노래를 함께 부르고 있었다. 놀이가 끝나고도 계속 입가에 맴도는 '길로 길로 가다가'는 아이들이 함께 만들어 먹은 한 그릇의 맛있는 음식과 같았다.

어린이

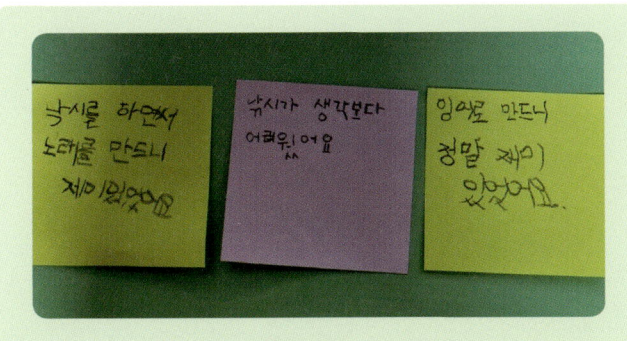

★ 낚시를 하면서 노래를 만드니 재미있었어요.
★ 낚시가 생각보다 어려웠어요.
★ 잉어로 만드니 정말 재미있었어요.

교육과정 활용 연계

- 1~2학년군 통합
    - 길에서 만난 이웃들에 대한 수업에서 활용할 수 있어요.
    - 전래동요를 배우는 수업에서 활용할 수 있어요.
- 1~2학년군 국어
    - 말놀이를 배우는 수업에서 활용할 수 있어요.

깜장미르

이창순 글 | 엄수현 그림 | 신아출판사

 책과 놀이 소개

여의주를 본 적이 있나요? 용의 턱 아래에 있다고 전해지는 구슬. 사람이 여의주를 얻으면 온갖 조화를 마음대로 부릴 수 있다는데……. 하늘나라 임금님의 명을 받고 비를 다스리기 위해 땅에 내려온 꼬마용 '깜장미르'는 해야 할 일은 하지 않고 못된 심술만 부리다 여의주를 잃어버립니다. 여의주가 없으면 하늘로 승천하지 못한다는데 깜장미르는 여의주를 찾을 수 있을까요? 즐거운 놀이를 하면서 여의주를 찾아봅시다.

 책놀이 목표

- 친구의 장점을 찾을 수 있다.

 책놀이 자료

그림책, 여의주(소리 나는 공, 풍선), 안대, 초시계

 책놀이 방법

1. 마음열기

　'장점'에 관해 이야기 나눈다.

　- 나의 장점은 무엇인가요?

- 친구들의 장점을 이야기해 볼까요?

2. 그림책 감상

① 상황과 감정을 표현하며 읽는다.

② 등장인물의 마음을 헤아리며 읽는다.

- 비가 오지 않아서 물고기와 사람들의 마음은 어떠했을까요?
- 구렁이에게 돌돌 말린 결이의 마음은 어떠했을까요?

③ 책 내용을 회상하며 이야기 나눈다.

- 깜장미르가 가진 능력은 무엇이었나요?
- 처음에 깜장미르는 자신의 능력을 어떻게 사용했나요?
- 자신이 가진 장점을 어떻게 사용하는 것이 좋을까요?

3-1. 책놀이 : 용용 여의주를 찾아라!

* 준비물 : 그림책, 여의주(소리 나는 공), 안대

① 모두 동그랗게 앉고 깜장미르 역할을 정한다.

② 깜장미르는 눈을 가리고 원 가운데 선다.

③ 친구들은 전래동요 '동동 동대문을 열어라' 노래를 개사한 '용용 여의주를 찾아라' 노래를 부르며 여의주를 옆 사람에게 전달한다.

- ♪용용 여의주를 찾아라, 용용 여의주를 찾아라, 여의주가 없으면 승천 못한다.

④ 노래가 끝났을 때 여의주를 가진 사람은 자신의 몸에 여의주를 숨긴다.

⑤ 노래가 끝나면 깜장미르가 안대를 벗고 여의주를 가진 친구를 알아맞히면 그 친구가 깜장미르가 된다.

⑥ 여의주를 찾지 못할 경우 두 명의 친구에게 각각 '여의주는 어디에 있지?'라

고 질문을 한다.
⑦ 질문을 받은 두 친구는 여의주를 가지고 있는 친구의 서로 다른 장점을 한 개씩 말한다.
⑧ 두 번의 질문으로도 알 수 없는 경우 깜장미르가 '여의주야 나와라'를 외친다.
⑨ 여의주를 가진 친구가 깜장미르가 된다.

3-2. 책놀이 : 여의주를 지켜라!

* 준비물 : 여의주(풍선), 초시계
① 두 모둠으로 나누고 순서를 정한다.
② 두 모둠은 1m 정도의 간격을 두고 마주 보며 선다.
③ 첫 번째 모둠 맨 앞의 친구가 한 손바닥 위에 여의주를 올려 옆 사람에게 건네준다. 이 때 풍선이 땅에 떨어지면 처음부터 다시 시작한다.
④ 상대 모둠은 제 자리에서 발을 움직이지 않고 팔을 뻗어 여의주를 향해 손으로 바람을 일으켜 여의주가 땅에 떨어지게 한다.
⑤ 여의주가 마지막 친구까지 오면 '성공'을 외치고 걸린 시간을 확인한다.
⑥ 역할을 바꿔 진행하고 빨리 성공한 모둠이 승리한다.

4. 책놀이 마무리

활동을 회상하며 이야기 나눈다.
- '용용 여의주를 찾아라!' 놀이를 하며 가장 기억에 남는 친구의 장점은 무엇인가요?
- '여의주를 지켜라!' 놀이를 할 때 가장 재미있었던 것은 무엇인가요?.

🐸 책놀이 메모

① '여의주를 지켜라!' 놀이를 할 때 대상에 따라 마주 보는 거리를 조절한다.
② '여의주를 지켜라!' 놀이를 할 때 풍선을 손으로 잡지 않는다.

🎈 책놀이 뒷이야기

교사 1

> 깜장미르 캐릭터는 왠지 익숙하다. 미숙하여 실수도 하고 호기심도 많다. 그래서인지 '여의주를 찾아라' 놀이를 하면서 깜장미르가 술래인 줄 알면서도 아이들은 "나도 깜장미르가 되고 싶었는데……."하며 아쉬워했고, 어떤 아이는 여의주를 건네면서 일부러 흔들었다. 자신과 동일시되는 인물에 친근함을 느꼈으리라.
> 놀이가 끝나고 책에 관한 이야기를 덧붙였다. 지역의 '용머리고개' 설화를 소개하니 놀이가 끝났어도 귀를 쫑긋하고 듣는다. 역시 이야기는 힘이 세다.

교사 2

> 만난 지 얼마 되지 않아 서로의 장점을 알기에는 시간이 부족했다. 그래도 아이들은 순발력을 발휘했다. 짧은 시간에 옆 친구들이 무엇을 잘하는지, 무엇을 좋아하는지 서로 정보를 알아내기 바빴다. 놀이에 즐겁게 참여하기 위한 것이었지만, 책놀이가 새 친구에 대한 이해와 배려의 시작이 된 것 같아 뿌듯했다.

어린이

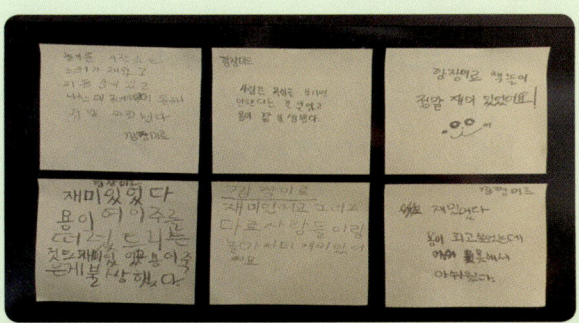

★ 놀이를 시작하는 노래가 재밌고 리듬감이 있고 나한테 공(여의주)이 올 때 정말 짜릿했다.

★ 사람은 욕심을 부리면 안 되겠다는 걸 알았고 용이 좀 불쌍했다.

★ 깜장미르 책놀이 정말 재미있었어요!

★ 재미있었다. 용이 여의주를 떨어뜨리는 것도 재미있었고 용이 죽은 게 불쌍했다.

★ 재미있었어요. 그리고 다른 사람들이랑 놀아서 더 재미있어요.

★ 재밌었다. 용이 되고 싶었는데 못 돼서 아쉬웠다

교육과정 활용 연계

- 1~6학년 창의적 체험활동
  - 학기초 적응활동에서 활용할 수 있어요.

꼭 잡아!

이혜경 글 | 강근영 그림 | 여우고개

 책과 놀이 소개

자그맣고 기다란 잎사귀에 조롱조롱 매달린 애벌레 다섯 마리. 제각각 즐거운 표정을 지으며 무엇을 하는 걸까요? 영치! 영차! 잎을 옮기는 걸까요? 감기 걸릴라 자면서 이불을 꼭 잡으려는 걸까요? 그것도 아니라면 재미있는 놀이를 하는 걸까요?
이 책은 유아들을 대상으로 한 그림책이지만, 갓 초등학교에 입학하여 한글과 친해지는 아이들, 또는 즐거운 협동 놀이를 통해 사회생활을 배워가는 초등학생들에게 짧은 문장의 편안함과 귀엽고 앙증맞은 그림을 통해 보는 즐거움까지 더해주는 좋은 책입니다. 그림책의 묘미와 편안한 문장의 어미를 따라 말놀이를 해 보고, 그림책 속 협동하는 모습을 따라 작은 소도구 협동 놀이도 해 보는 것은 어떨까요?

 책놀이 목표

- 규칙을 지켜 놀이에 참여할 수 있다.
- 놀이를 통해 협동심을 기른다.

 책놀이 자료

그림책, 구슬 꿰기(구슬, 줄), 손수건 2장, 바구니 4개

🐸 책놀이 방법

1. 마음열기

'꼭 잡아' 낱말로 상상놀이를 해본다.
- 누군가 나에게 '꼭 잡아!'라고 외쳤어요. 무엇을 꼭 잡으라고 한 것일까요?

2. 그림책 감상

① 질문을 첨가하여 묻고 답하며 읽는다.
- (어? 비가 오네.) 어쩌지?
② 문제 상황을 해결할 수 있는 방법을 이야기 나누며 읽는다.

3-1. 책놀이 : 친구야, 꼭 잡아!

* 준비물 : 구슬, 손수건 2장, 바구니 4개

① 두 모둠으로 나누고 두 명씩 짝을 지어 줄을 선다.
② 출발선에 서서 두 명씩 손을 잡고 가운데 지점의 책상까지 간다.
③ 책상에 준비된 구슬을 한 개씩만 손수건에 담는다.
④ 구슬을 떨어뜨리지 않고 반환점 지점의 책상 위 바구니에 담은 뒤 손수건은 원래 자리에 두고 출발선으로 되돌아온다.
⑤ 출발선의 다음 주자는 돌아온 주자와 하이파이브를 한 후 출발한다.
⑥ 먼저 돌아온 모둠이 이긴다.

3-2. 책놀이 : 둘이 한 몸!

* 준비물 : 구슬 꿰기(구슬, 줄), 바구니 2개

① 두 모둠으로 나누고 두 명씩 짝을 지어 줄을 선다.

② 출발선에서 두 명씩 손을 잡은 후 구슬이 있는 책상까지 간다.

③ 각자 손을 잡지 않은 자유로운 손으로 서로 협동하여 책상에 준비된 줄에 구슬을 한 개씩만 끼운다. 반드시 한 손은 짝의 손을 잡고 있어야 한다.

④ 구슬을 꿰면 책상 위에 두고 출발선으로 되돌아온다.

⑤ 출발선의 다음 주자는 돌아온 주자와 하이파이브를 한 후 출발한다.

⑥ 먼저 돌아온 모둠이 이긴다.

 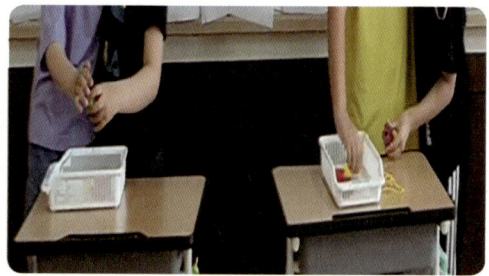

4. 책놀이 마무리

활동을 회상하며 이야기 나눈다.

- 협동 놀이를 할 때 좋았던 점은 무엇이었나요?
- 친구와 협동해서 놀이를 할 때 꼭 지켜야 할 것은 무엇인가요?

🐸 **책놀이 메모**

① 수학 시간에 자주 활용하는 구슬꿰기 교구를 놀이 활동에 활용할 수 있다. 난이도를 높이고 싶은 경우 비즈를 활용하는 것도 가능하다.

② '친구야, 꼭 잡아!'와 '둘이 한 몸!' 놀이는 각각의 독립된 놀이로 가능하지만, 두 놀이를 연계하여 활동하는 것이 더욱 효과적이다.

책놀이 뒷이야기

교사

책 표지를 보고 처음에는 별 기대를 보이지 않던 2학년 아이들. 하지만 그림책 속 아기 애벌레들의 표정을 살펴 가며 입말을 따라 읽는 순간, 자신들도 모르게 책에 빠져들어 집중하는 모습을 보였다. '둘이 한 몸!' 놀이는 각자의 한 손이 만나 두 손을 이뤄내야만 하는 협동 놀이로 서로에 대한 균형과 집중이 필요하다. 서로 엇갈리는 손을 보고 안타까워하기도 하고, 키득키득 웃으며 "그래도 성공할 때까지 하자!", "다시 해 보자!"라며 계속 시도하는 모습을 볼 수 있었다. 놀이를 반복하다 보니 눈빛도 나누고 배려하는 모습을 보면서 '성공이다!' 쾌재를 불렀다. 이 책놀이를 통해 아이들은 협동, 배려, 존중을 말로만 배우지 않고 놀이 체험을 통해 직접 배우게 된 것이다. 아주 간단한 놀이이지만 아이들은 사회생활 속 가장 중요한 대인관계의 미덕을 배워나가는 중이다. 수업을 마친 후, 여전히 아이들은 손을 맞잡고 연필이나 지우개 집기, 놀이 후 소감을 이야기 나눈다. 짧은 놀이로 아쉬움을 이야기한다. 아이들의 모습을 보며 교사로서 책놀이의 수업 설계와 실행의 뿌듯함을 다시 한번 느꼈다.

어린이

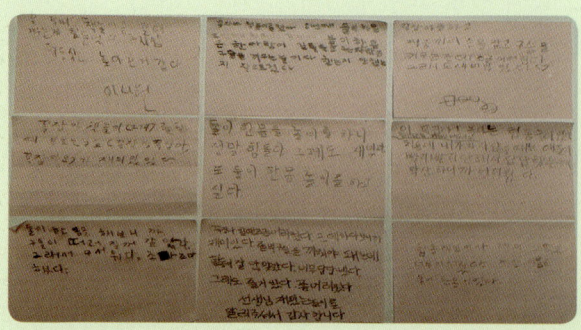

★ 둘이 한 몸을 이뤄서 하니까 구슬이 떨어질 것 같았다. 그래서 무서웠다. 조마조마했다.

★ 줄에 구슬을 끼워야 하는데 협동이 잘 안 맞아서 답답했다. 그래도 즐거웠다.

★ 협동 게임이라 재미있었고, 너무 어려웠다.

★ 둘이 한 몸 놀이를 하니 정말 힘들다. 그래도 재밌다. 또 하고 싶다.

교육과정 활용 연계

- 1~2학년군 통합, 3~4학년군 도덕
  - 협동을 주제로 하는 수업에서 활용할 수 있어요.
- 1~6학년 창의적 체험활동
  - 학기초 적응활동 수업에서 활용할 수 있어요.

나 안 할래

안미란 글 | 박수지 그림 | 미래&아이세움

 책과 놀이 소개

"나 안 할래!"
친구들과 놀다 보면 이런 상황은 늘 생기기 마련이다. 그렇다고 하여 정말 하기 싫은 마음일까? 친구들의 진짜 마음을 살펴보고 다 함께 사이좋게 놀 수 있는 방법을 고민하는 그림책을 소개한다. '나 안 할래.'는 '나도 같이 하고 싶어.'의 다른 말이 아닐까?

 책놀이 목표

- 새로운 가위바위보를 만들어 놀이를 할 수 있다.

 책놀이 자료

그림책, 화이트 보드, 보드마카

 책놀이 방법

1. **마음열기**
   ① 친구와 놀다가 '나 안 할래'라는 마음이 들었던 상황을 이야기해 본다.
   ② '선생님을 이겨라 가위바위보' 놀이를 한다.

2. 그림책 감상

① 등장인물의 감정을 표현하며 읽는다.

② 책 속 문제 상황에 대해 이야기를 나누며 읽는다.

 - 손이 뭉툭한 사슴이 가위바위보를 할 수 있는 방법은 무엇이 있을까요?

3-1. 책놀이 : 나랑 할래? 가위바위보

* 준비물 : 화이트 보드, 보드마카

① 전체를 두 모둠으로 나누고 각 모둠원의 순서를 정한다.

② 모둠별로 가위바위보를 창의적으로 만든다.

③ 모둠이 만든 가위바위보를 화이트 보드에 그려 넣고 연습한다.

④ 각 모둠의 순서대로 한 명씩 나와 모둠별 방법으로 가위바위보를 한다.

⑤ 가장 많이 이긴 모둠이 승리한다.

3-2. 책놀이 : 같이 놀래? 가위바위보

* 준비물 : 화이트 보드, 보드마카

① 4~5명씩 모둠을 만든다.

② 모둠별로 창의적인 방법으로 가위바위보를 만들고 화이트 보드에 그려 놓는다.

③ 모둠별로 앞으로 나와 발표한다.

④ 모둠별 가위바위보 중 무작위로 하나를 뽑아 다 같이 연습한다.

⑤ 뽑은 가위바위보로 '선생님을 이겨라 가위바위보'를 진행한다.

 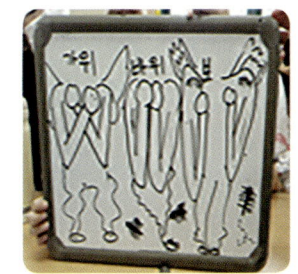 

4. 책놀이 마무리

활동을 회상하며 이야기 나눈다.

- 가장 기억에 남는 가위바위보는 어떤 것이었나요?
- 우리가 만든 가위바위보를 사슴에게 알려준다면 우리에게 어떤 말을 할까요?
- 우리가 만든 가위바위보는 어떤 의미가 있을까요?

🐸 **책놀이 메모**

① 대상에 따라 미리 만들어 놓은 가위바위보 카드를 제시하여 놀이를 진행할 수 있다.
② '나랑 할래? 가위바위보'에서 여러 모둠으로 나눈 후 토너먼트 형식으로 진행할 수 있다.

책놀이 뒷이야기

교사 1

> 가위바위보는 평소에도 여러 활동에서 많이 활용하고 있는데, 새로운 가위바위보를 정하여 수업에 활용하니 우리 반만의 특색 같아 아이들도 참 좋아했다. 아이들의 창의력과 무궁한 상상력을 엿볼 수 있었다.

교사 2

> 책 표지부터가 귀엽다. 심술이 난 것처럼 보이는 사슴에 먼저 눈이 가고, 뿔 사이로 보이는 동물들에게 두 번째로 눈이 간다. 뭘 안 한다는 걸까. 왜 안 한다는 걸까. 읽어보니……, 아이고 진짜 안 하고 싶겠다. 동물들이 같이 놀 수 있는 가위바위보를 만들자고 하니 아이디어가 정말 다양하다. 모둠별로 회의하는데 아이들의 목소리가 들린다. "그렇게 하면 사슴이 불리하지 않을까?", "다 함께 할 수 있게 하려면 공통된 능력을 찾아보자." 회의 끝에 나온 가위바위보를 서로 공개하는 시간, 또 한 번 열띤 토론이 벌어진다. 정말 그게 동물들에게 모두 공평한 방법인지, 가위바위보의 차이가 확연히 드러나는지 등에 대해. 가위바위보를 하며 즐겁게 놀려다가 예상치 않은 부분에서 아이들의 성장을 보았다. 이 또한 책놀이의 매력이 아닐까.

어린이

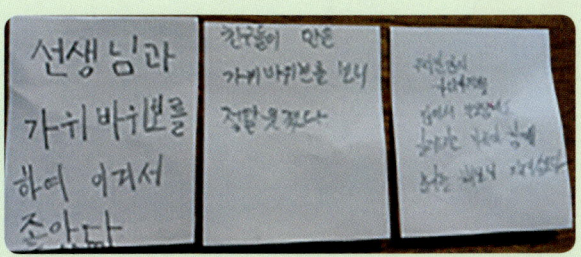

★ 친구들이 만든 가위바위보를 보니 정말 웃겼다.

★ 선생님과 가위바위보를 하여 이겨서 좋았다.

★ 우리반만의 가위바위보를 집에서 부모님께도 알려드리고 가족과 함께 놀이를 해보니 참 재미있었다.

교육과정 활용 연계

- 1~6학년 창의적 체험활동
  - 적응활동에서 활용할 수 있어요.

나도 길~~~~~다

사토 신 글 | 야마무라 코지 그림 | 황진희 옮김 | 사계절

 책과 놀이 소개

코끼리의 코, 뱀의 몸, 기린의 목. 각자 부위는 다르지만 공통점이 있습니다. 바로, 길다는 것. 표지에는 마치 누가 더 긴가 내기를 하는 것처럼 보이는 동물들이 있습니다. 하지만 전혀 긴 것이 없을 것 같은 누군가가 자기도 긴 것을 찾고 뽐내는 장면을 그림책 속에서 마주했을 때 마음이 놓이는 기분을 느끼는 건 혼자만은 아닐 겁니다. 우리는 모두 멋집니다. 잘 할 수 있다고 우리 아이들과 우리 스스로를 응원해줍시다. '길다' 놀이를 통해 상대를 인정하고 나 자신에 대해서도 긍정적인 마음을 가져봅시다.

 책놀이 목표

- 놀이를 통해 다른 사람의 장점을 인정할 수 있다.

 책놀이 자료

그림책, 초시계, 이면지, 신문지, 교과서, 탁구공, 바구니

 책놀이 방법

1. 마음열기

　'긴 것'에 관해 이야기 나눈다.
　　- '긴 것'하면 떠오르는 것은 무엇인가요?

2. 그림책 감상

① (제목을 가리고) 표지를 탐색하며 어떤 일이 벌어지고 있는지 상상해 본다.
② 제목과 표지 그림을 살펴보고, 근거를 들어 가장 긴 동물을 예측해 본다.
③ 앞표지와 속표지를 살펴보며 이야기를 예측해 본다.
  - 무엇이 달라졌나요?
  - 닭이 왜 갑자기 나왔을까요?
④ 장면마다 등장하는 닭의 대답을 예측하며 읽는다.

3-1. 책놀이 : 나도 길다

* 준비물 : 초시계
  ① '길~~~다'를 가장 길게 외친다.
  ② 호흡이 끊겨 '다'를 소리 내지 못하면 실패한다.

3-2. 책놀이 : 길게길게 길~~게

* 준비물 : 초시계, 이면지, 신문지
  ① 1단계 : 30초 동안 이면지 한 장을 가장 길게 만든다.
  ② 2단계 : 모둠당 신문지 한 장으로 가장 길게 만든다.

 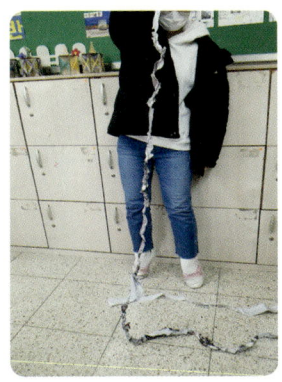 

3-3. 책놀이 : 우리는 길다

*준비물 : 탁구공, 바구니, 교과서

① 두 모둠으로 나눈다.

② 교과서를 안쪽으로 오므려 접는다.

③ 모둠별로 오므린 교과서를 길게 잇는다.

④ 길어진 교과서 길로 탁구공을 굴린다.

⑤ 공이 떨어지면 출발점부터 다시 시작한다.

⑥ 탁구공이 바구니에 먼저 도착한 모둠이 승리한다.

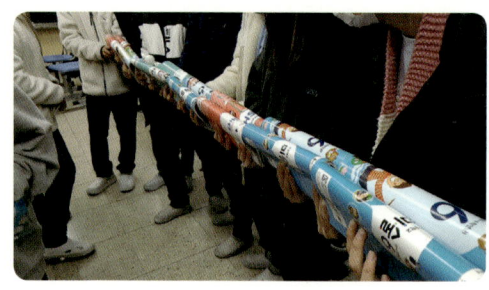

3-4. 책놀이 : 리액션 왕을 뽑아라

*준비물 : 동그라미 스티커

① 모두 동그랗게 원으로 둘러 앉는다.

② 자신에게 해당되는 모든 것 중에서 가장 긴 것을 생각한다.

　(신체, 성격, 가족, 행동, 집 등)

③ 한 명씩 일어서서 자신이 생각한 긴 것을 말한다.

④ 전체 친구들은 긍정적인 맞장구를 친다.

　- 내가 줄을 서면 화장실 줄이 길어 / 나도 그래

　- 엄마 잔소리가 길어 / 맞아 맞아

- 면치기를 잘 못하는 나는 국수가 길어 / 나도 그래

- 나는 끈기가 길어 / 그렇구나

- 수업시간은 길어 / 진짜 그래

- 내 동생은 울음이 길어 / 내 동생도 그래

⑤ 자신의 말에 가장 리액션이 맘에 드는 친구에게 스티커를 붙여준다

⑥ 가장 많은 스티커를 받은 친구가 리액션 왕이 된다.

4. 책놀이 마무리

활동을 회상하며 이야기 나눈다.

- 가장 재미있었던 '길다'는 무엇이었나요?
- '리액션 왕을 뽑아라' 놀이에서 '길다'를 창의적으로 생각한 것은 무엇이었나요?
- '리액션 왕을 뽑아라' 놀이에서 친구한테 공감받았을 때의 느낌은 어땠나요?

🐸 책놀이 메모

'길게길게 길~~게' 놀이에서 풀이나 가위, 테이프 등 다른 도구는 사용하지 않는다.

책놀이 뒷이야기

교사

> 　도서관 유아실에서 이 책을 발견했던 때가 떠오른다. 내용을 읽기 전 제목을 보자마자 떠오른 '길다' 놀이들. 그림책의 내용이 별로면 어쩌지 하는 걱정에 조심스레 책장을 넘기는데, 반전의 인물이 자신을 뽐내는 장면에서 나도 모르게 환호성을 질렀다. 그렇다. 우리는 누구나 잘하는 게 있다. 자기가 제일 잘한다고 자랑하는 동물들 틈에서 자기도 잘할 수 있다고 말하는 닭의 모습에 시원한 기분이 들었고, 그 방법에 웃음이 지어졌다. 반전 인물의 그 패기와 위트가 참 마음에 든다. 우리 아이들에게도 닭의 자신감과 유머를 심어주고 싶었다. 6학년이지만 유아들이 볼 법한 책에도 아이들은 집중을 해주었고, 마지막 장면에서는 너나 할 것 없이, "오!" 하며 닭을 인정해 주었다. 아이들도 나처럼 닭에게 감정이입을 했었으리라.
>
> 　아이들이 특히 좋아한 놀이는 '우리는 길다'였다. 혼자서 하는 놀이보다 함께 하는 놀이에 더 관심을 보여주었고, 놀이를 거듭할수록 더 잘했다. 그 과정에서 아이들은 대화가 늘어났고, 키(서로의 다른 외모)를 맞추기 위해, 서로 배려(인정)해 나가는 모습을 보였다. 공이 중간에 떨어져도 깔깔대며 웃고, 재빨리 다시 시작하는 모습에서는 아이들의 여유와 긍정적인 에너지도 보았다. 나도 잘하지만 우리는 더 잘한다고 말하는 것 같아 뿌듯한 순간이었다.

어린이

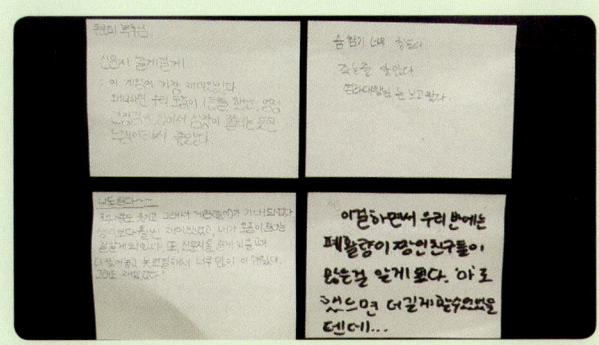

★ 숨 참기 너무 힘들다. 죽는 줄 알았다. 염라대왕님 눈 보고 왔다.
★ '길게길게 길~~게' 놀이가 가장 재미있었다. 왜냐하면 우리 모둠이 1등을 했고, 엄청 긴 장감이 있어서 심장이 쫄리는 듯한 느낌이라서 좋았다.
★ 책 내용도 웃기고, 그래서 놀이가 기대되었다. 생각보다 훨씬 재미있었고, 내가 호흡이 길다는 걸 알게 되었다. 또 신문지를 길게 이을 때 다 찢어놓고 못 연결해서 너무 많이 아쉬웠다. 그래도 재미있었다!
★ 이걸 하면서 우리 반에는 폐활량이 짱인 친구들이 많은 걸 알게 됐다. '아'로 했으면 더 길게 할 수 있었을텐데…….

🎈 교육과정 활용 연계

- 1~2학년군 통합
  - 나를 소개하는 수업에서 활용할 수 있어요.
- 1~2학년군 수학
  - 길이재기 수업에서 활용할 수 있어요.
- 3~4학년군 도덕
  - 협동을 주제로 하는 수업에서 활용할 수 있어요.
- 5~6학년군 도덕
  - 인권 수업에서 활용할 수 있어요.

나랑 놀자!
정진호 글·그림 | 현암주니어

 책과 놀이 소개

놀이의 끝판왕. 여러 가지 놀이를 익히고 친구들과 같이할 수 있는 재미있는 그림책이다. 어릴 적 해봤던 놀이의 추억을 소환하고, 요즘 아이들이 즐겨 하는 놀이도 알 수 있어서 재미가 솔솔 풍긴다. 아이스크림만 골라 먹는 재미가 있나? 골라 노는 재미도 있다. 다양한 놀이의 세계로 빠져 보자.

 책놀이 목표

- 놀이를 통해 재미있는 캐릭터를 만들어 본다.

 책놀이 자료

그림책, 얼굴 부위별 도안(눈, 코, 입, 얼굴형, 헤어스타일), 도화지, 다양한 필기도구

 책놀이 방법

1. 마음열기

① 캐릭터 맞히기 놀이를 한다.
  - (캐릭터 얼굴의 일부분을 보여주며) 이 캐릭터는 누구일까요?
② 좋아하는 캐릭터에 관한 이야기를 나눈다.

2. 그림책 감상

① 그림을 토대로 상상하며 읽는다.

② 그림책의 동작을 따라하며 읽는다.

③ 내용을 회상하며 이야기 나눈다.

  - 책 속 놀이 중에 해 본 적이 있는 놀이가 있나요?

  - 책 속 놀이 중에 해 보고 싶은 놀이가 있나요?

3. 책놀이 : 랜덤 캐릭터

① 2명씩 짝을 이루고, 순서를 정한다.

② 얼굴 부위별 도안과 종이를 나눈다.

③ 첫 번째 줄의 얼굴형 도안에 손가락을 대고 좌우로 왔다 갔다 하다가 짝이 '멈춰!'를 외치는 순간 손가락을 멈춘다. 이 때 손가락이 가리키고 있는 얼굴형을 도화지에 따라 그린다.

④ ③의 과정을 짝과 번갈아 가며 얼굴을 완성할 때까지 진행한다.

⑤ 완성된 캐릭터의 이름을 지어주고 전시한다.

4. 책놀이 마무리

활동을 회상하며 이야기 나눈다.
- 기억에 남는 캐릭터는 무엇인가요?
- '랜덤 캐릭터' 만들기를 하며 가장 재미있었던 것은 무엇이었나요?

🐸 책놀이 메모

① 얼굴 부위별 도안은 그림책 속 '얼굴을 만들어 봐' 도안을 참조하거나 아이들이 직접 만들어 활용할 수 있다.
② 얼굴 부위별 도안에 소품(안경, 머리띠, 콧수염, 썬글라스, 귀걸이 등)을 추가할 수 있다.

🎈 책놀이 뒷이야기

교사

> 우연한 멈춤으로 그려지는 모둠 캐릭터. 눈, 코, 귀가 하나도 어울리지 않게 그려져서 더 웃음을 자아내는 활동이었다. 그림을 잘 그리든, 못 그리든 아무 상관 없는 활동으로 그림 그리기에 자신이 없거나 싫어하는 친구도 친구의 '멈춰' 소리에 선택된 그림을 그려 조합해 가는 것을 참 재미있어했다. 여기저기서 "이게 뭐야!", "이상해!"라는 말들이 들렸지만 정말 이상해서가 아니라 웃기고 이상하게 그려진 캐릭터를 보며 만족해하는 듯한 말로 들렸다.

어린이

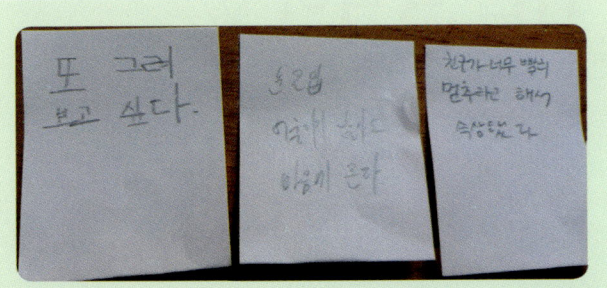

★ 친구가 너무 빨리 '멈춰'라고 해서 속상했다

★ 눈, 코, 입이 어울리지 않아도 마음에 든다.

★ 또 그려보고 싶다.

 교육과정 활용 연계

- 1~6학년 미술
  - 캐릭터를 만드는 수업에서 활용할 수 있어요.
- 1~2학년군 통합
  - 나의 몸을 살펴보는 수업에서 활용할 수 있어요.

내 귀는 짝짝이

히도 반 헤네흐텐 글 · 그림 | 장미란 옮김 | 웅진출판

 책과 놀이 소개

주인공 토끼 리키의 귀는 짝짝이입니다. 친구들은 짝짝이 귀를 놀려대고, 리키는 친구들과 똑같은 귀를 갖기 위해 갖은 방법을 다 써 보지만 여전히 리키 귀는 짝짝이입니다. 리키는 친구들과 똑같은 귀를 갖기 위해 꼭 노력해야 할까요? 나만의 개성을 찾는 것, 그리고 남과 다른 나를 소중히 여기는 것 또한 의미 있는 것이 아닐까요? 다름을 인정하는 책놀이로 서로를 존중해 봅시다.

 책놀이 목표

- 놀이를 통해 다름의 가치를 이해할 수 있다.

 책놀이 자료

그림책

 책놀이 방법

1. 마음열기

　'남과 다름'에 관해 이야기 나눈다.
　　- 친구와 내가 다른 점은 무엇이 있을까요?

2. 그림책 감상

① 등장인물의 감정을 표현하며 읽는다.

② 이어질 내용을 예측하며 읽는다.

- 당근과 끈으로 귀를 세울 방법은 무엇일까요?

③ (뒷면지를 탐색하며) 다양한 모습의 당근을 보며 이야기 나눈다.

3. 책놀이 : 내 귀는 짝짝이

① '산토끼' 동요를 개사한 '내 귀는 짝짝이' 노래를 불러본다.

- ♪토끼 귀는 모-두 원래 다 다르지, 나도 너도 모두 달라 그래서 소중해

② '내 귀는 짝짝이' 노래를 부르며 자유롭게 걷는다.

③ 노래가 끝나면 앞에 있는 친구와 가위바위보를 하여 공격권을 가질 사람을 정한다.

④ 둘씩 마주 보고 양손을 토끼 귀처럼 머리에 갖다 댄다.

⑤ '내 귀는 짝짝이' 구호를 외치며 세 가지 토끼 귀 동작 중 한 가지를 한다.

(토끼 귀 동작 : 왼손 내리기, 오른손 내리기, 두 손 내리기)

⑥ 공격권을 가진 친구가 상대와 다른 귀 모양을 하면 공격에 성공하고, 상대 친구는 공격권을 가진 친구의 뒤로 가서 어깨 위에 두 손을 올리고 선다.

⑦ 공격권을 가진 친구가 상대와 같은 귀 모양을 하면 공격에 실패하고, 상대 친구 뒤로 가서 어깨 위에 두 손을 올리고 선다.

⑧ ⑥과 ⑦과정에서 가위바위보를 한 맨 앞의 친구만 이동한다.

⑨ 줄줄이 이동하며 놀이를 진행한다.

⑩ 놀이를 마치고 자신을 껴안으며 '내 모습 그대로를 사랑해'라고 말한다. 서로에게 몸으로 하트를 만들며 '네 모습 그대로를 사랑해'라고 말한다.

4. 책놀이 마무리

활동을 회상하며 이야기 나눈다.
- '내 귀는 짝짝이' 놀이를 하면서 느낀 점은 무엇인가요?
- 서로 달라야 이기는 놀이를 한 이유는 무엇일까요?

 책놀이 메모

놀이를 할 때 손동작을 동시에 정확히 할 수 있도록 약속한다.

 책놀이 뒷이야기

교사 1

> 나만이 갖고 있는 남이 모르는 비밀을 용기 있게 들여다 볼 수 있었던 그림책. 오히려 달라서 이길 수 있는 놀이를 해 보면서 평소 소극적이고 자신감이 없던 친구들도 한껏 즐길 수 있었던 놀이였다. 아이들이 쉬운 동작만으로 놀이에 즐겁게 빠져들었다. 얘들아, 달라도 괜찮아!

교사 2

> 고등학교 시절 이씨 성을 가진 한 친구가 그랬다. 자기는 나중에 아이를 낳으면 '이반'으로 이름을 짓겠다고. 사람들은 왜 다들 '일반적'인 것을 좋아하냐고, 일반적인 것의 기준은 무엇이냐고, 그것을 강요하는 건 폭력이라고. 그래서 자신은 '일반'이 아닌 '이반'으로 살아도 행복하게 자랄 수 있는 사회를 만들 거고, 아이도 그렇게 자라길 바라는 마음을 담아 '이반'으로 이름을 짓겠다고 말이다. 내 귀는 짝짝이를 읽으며 마음이 많이 아팠다. 내 이야기를 듣는 아이들의 표정도 나와 같았다. 마지막 장면에 이르러서야 아이들의 표정이 밝아졌고, 면지를 살펴보다 '오!' 하며 탄식도 내뱉었다. 그리고 상대방과 다른 귀 모양을 해야 좋은 놀이 규칙에 환호했다. 고등학교 시절의 그 친구가 아이 이름을 진짜 '이반'으로 지었을지 궁금하다. 그리고 20여 년이 흐른 지금, 그때보다 '이반적인 삶'이 존중받는 사회인지 생각해보게 한다.

어린이

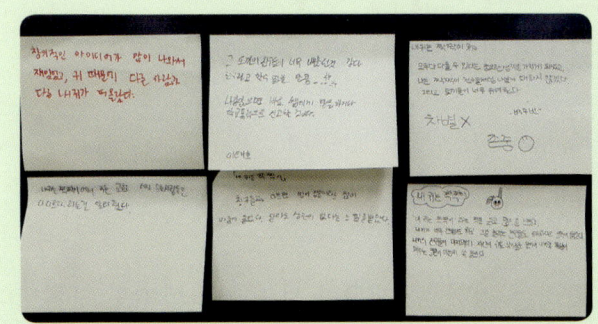

★ 리키가 친구들한테 놀림 받아서 불쌍해 보였고, 나중에 친구들이랑 화해하고 귀도 똑같이 만들어서 기뻤다.

★ 창의적인 아이디어가 많이 나와서 재밌었고, 귀 때문에 다른 사람과 다른 내 귀가 떠올랐다.

★ 모두 다 다를 수 있다는 중요한 생각을 가지게 되었다.

★ (게임에서) 친구들과 다르면 성공이라는 점이 마음에 들었다. 달라도 상관이 없다는 느낌을 받았다.

★ 리키가 너무 안쓰럽기도 하고, 그걸 놀리는 친구들도 유치하다는 생각이 들었다. 리키의 친구들이 마지막에 자신의 귀도 낚싯줄로 묶어서 리키랑 똑같이 해주는 장면이 마음에 쏙 들었다.

교육과정 활용 연계

- 5~6학년군 도덕
  - 나 자신에 대한 이해를 다룬 수업에서 활용할 수 있어요.
- 1~6학년 창의적 체험활동
  - 진로활동의 자기 이해 수업에서 활용할 수 있어요.

내일 또 싸우자!

박종진 글 | 조원희 그림 | 소원나무

 책과 놀이 소개

'내일 또 싸우자.' 왜 또 싸우자고 하는 걸까요? 제목만 보면 불안할지도 모릅니다. 그런데 서로 뒤엉켜 있는 두 아이의 얼굴 표정을 보면 고개를 갸우뚱하게 됩니다. 책 속에는 방학 때 할아버지 댁에 간 두 형제가 나옵니다. 두 형제는 몸으로 치고받고 싸우며 서로 감정이 상합니다. 평소 우리 아이들에게 흔히 볼 수 있는 모습이지요. 그런데 할아버지의 제안으로 두 형제는 싸울수록 재미있고, 또 싸우고 싶은 신기한 경험을 하게 됩니다. 이 책은 놀이 자체의 즐거움, 경험을 통한 배려, 정정당당함을 담고 있습니다. 우리도 함께 경험해 볼까요?

 책놀이 목표

- 승패 없는 놀이의 즐거움을 느껴본다.

 책놀이 자료

그림책, 신문지, 초시계

 책놀이 방법

1. 마음열기

친구와 싸웠던 경험을 말해본다.

- 만약에 친구와 싸운 적이 있다면 어떤 일로 싸웠나요?

- 싸울 때 어떤 기분이 들었나요?

2. 그림책 감상

① 제목을 읽으며 책 내용을 예측해본다.

② 속표지를 탐색하며 등장인물의 관계를 유추해 본다.

③ 내용을 예측하며 읽는다.

- 또 싸우고 싶은 싸움은 어떤 싸움일까요?

- 공정한 싸움에는 뭐가 있을까요?

④ 책 속 부록을 읽으며 싸움의 의미를 정리한다.

- 또 싸우고 싶지 않은 싸움과 또 싸우고 싶은 싸움은 어떤 차이가 있을까요?

3-1. 책놀이 : 신문지 꽃싸움

＊준비물 : 신문지

① 두 모둠으로 나누어 모둠별로 한 명씩 나와 마주 보고 선다.

② 두 명이 신문지 한 장의 양쪽 끝을 마주 잡고 신호에 맞춰 힘껏 당긴다.

③ 찢어진 부분을 가지고 자리로 들어간다.

④ 놀이가 끝나면 모둠별로 모아 다음 놀이에 활용한다.

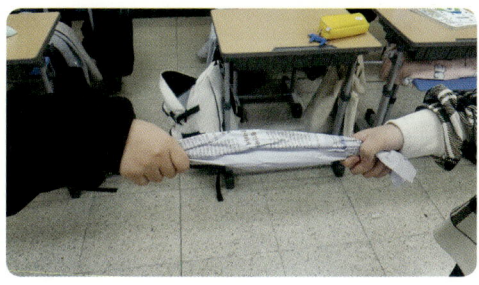
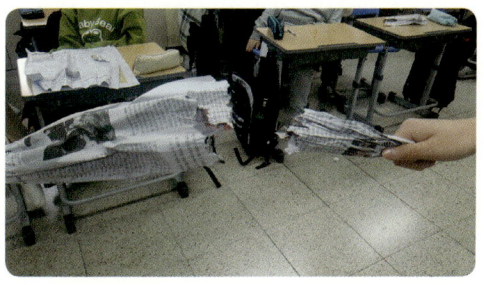

3-2. 책놀이 : 신문지 물싸움

*준비물 : 초시계, 신문지, 가림막

① 두 모둠으로 나눈다.
② 신문지를 가볍게 뭉쳐서 야구공 크기로 신문지 공을 만든다.
③ 가림막이나 책상을 이용하여 두 모둠의 가운데에 경계를 만들고 상대 모둠으로 신문지 공을 마구마구 던진다.
④ 제한 시간 동안 놀이를 한 후 위치를 바꾸어 진행한다.
⑤ 커다란 통에 던지기 놀이로 마무리한다.

3-3. 책놀이 : 풀싸움

① 두 모둠으로 나누어 줄다리기 대형으로 마주 보고 앉는다.
② 맨 앞사람끼리 가위바위보를 한다. 가위바위보를 한 후 자신의 결과를 먼저 외친 사람이 이긴다.
　*가위바위보 이기는 방법: 바위 vs 가위
　　가위를 낸 사람은 '졌다!', 바위를 낸 사람은 '이겼다!'를 먼저 외친다.
　　서로 비겼을 경우 '비겼다!'라고 먼저 외친다.
③ 이긴 사람은 일어나서 진 사람을 풀 뽑듯이 쑤욱 뽑아서 함께 모둠 맨 뒤로 가서 앉는다.

이때, '○○○풀 뽑아라. 쑤욱~~'을 다 함께 외친다.

④ 제한 시간 동안 놀이를 진행하고, '내일 또 하자!'를 외치며 마무리한다.

4. 책놀이 마무리

① 활동을 회상하며 이야기 나눈다.
- 오늘 했던 싸움 놀이 중 또 하고 싶은 놀이는 무엇인가요?

② 그림책 뒷이야기를 살펴보며 이야기 나눈다.
- 우리가 오늘 한 싸움은 여러분이 알고 있는 싸움과 어떻게 다른가요?

 책놀이 메모

승패를 가르지 않고 놀이 자체를 즐기도록 격려한다.

 책놀이 뒷이야기

교사 1

책 표지를 처음 보았을 때 '이 책 심상치 않다. 뭔가 재미있는 일이 벌어지겠구만!' 그런 생각을 하면서 이미 얼굴에 웃음이 번졌던 기억이 있다. 이 책을 꼭 아이들과 함께 읽고 싶다는 생각을 하게 되었다. 요즘 혼자 놀기에 익숙한 우리 아이들이 실컷 웃으며 친구들과 함께 할 수 있는 놀이를 통해 놀이의 즐거움을 경험하면 좋겠다고 생각했다.

아이들은 신문지 꽃싸움 중 힘껏 당겼는데도 힘준 것에 비해 손바닥만한 신문지만 쥐었을 때 웃음을 참을 수 없었다. 조금 밖에 가지지 못해서 졌다고 실망할 수도 있지만 놀이했던 친구도, 보는 친구도 깔깔대며 웃는 모습이 정말 좋았던 놀이였다. 풀싸움 놀이를 할 때에는 평소 가위바위보를 잘 못해서 지기만 했던 아이들도 새로운 방법으로 가위바위보를 해서 좋았고, 친구들이 풀처럼 뽑히는 모습에 서로 즐거워했다.

교사 2

'내일 또 싸우자' 이 제목 참 불편하다. 하지만 아이들에게 책 표지를 보여주자마자 웃는다. 얼굴이 벌개져서 싸우는 두 아이의 모습을 어디서(?) 많이 봤으리라. "선생님, 책 읽고 나면 우리도 싸우나요?"라고 묻는 말에 나도 웃는다. 짜식들. 이제 책놀이의 달인이 되었구나. 6학년 아이들이 좋아한 놀이는 신문지 물싸움이다. 다양한 전략이 펼쳐졌다. 가림막 앞에 숨어 있다가 벌떡 일어나서 던지고는 재빠르게 도망가기 유형, 상대방이 공을 다 던질 때까지 기다렸다가 그동안 주섬주섬 모은 공 한꺼번에 던지기 유형, 맨 앞에서 상대를 놀리듯이 요리조리 피하다 시선을 뺏은 뒤 같은 팀원이 공격할 기회를 주는 유형 등 아이들의 수만큼 작전도 다양했다. 싸움이 이렇게 안 아프고 재미있어도 되나. 놀이가 끝나고 내일 또 놀자고 하는 아이들을 보니, 작가님이 책 제목을 진짜 기가 막히게 지었다.

어린이 1

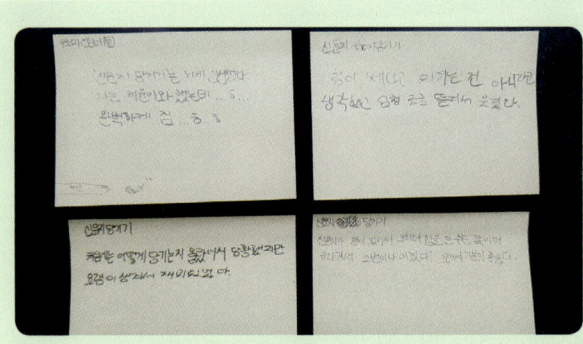

★ 신문지 당기기는 되게 신선했다. 나는 ○○이와 했는데 완벽하게 짐.

★ 처음에는 어떻게 당기는지 몰라서 당황했지만 요령이 생겨서 재미있었다.

★ 힘이 세다고 이기는 건 아니라고 생각했고 엄청 조금 뜯겨서 웃겼다.

★ 신문지가 결이 있어서 오히려 힘을 안 주는 쪽이 더 유리해서 두 번이나 이겼다. 그래서 기분이 좋았다.

어린이 2

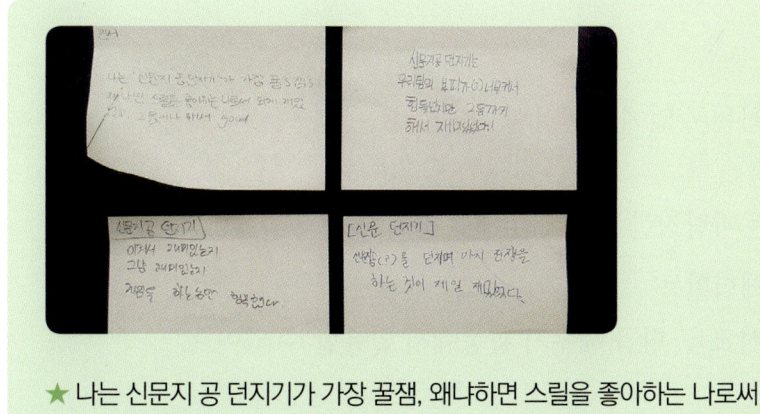

★ 나는 신문지 공 던지기가 가장 꿀잼, 왜냐하면 스릴을 좋아하는 나로써 되게 재밌었다.

★ 신문지 공 던지기는 우리팀의 부피가 너무 커서 힘들었지만 재미있었다.

★ 이겨서 재미있는지, 그냥 재미있는지, 게임을 하는 동안 행복했다.

어린이 3

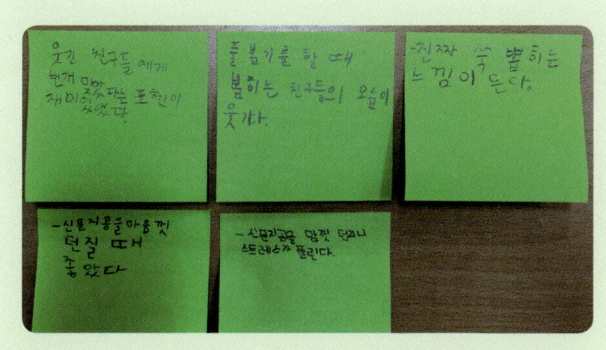

★ 신문지 공을 맘껏 던지니 스트레스가 풀린다.

★ 풀뽑기를 할 때 뽑히는 친구들의 모습이 웃기다.

★ 웃긴 친구들에게 번개 맞았다는 표현이 재미있었다.

★ 진짜 쑥 뽑히는 느낌이 든다.

교육과정 활용 연계

- 1~2학년군 통합
  - 여름을 주제로 하는 수업에서 활용할 수 있어요.
- 5~6학년군 도덕
  - 갈등을 해결하는 바람직한 방법을 주제로 한 수업에서 활용할 수 있어요.
- 1~6학년 창의적 체험활동
  - 적응활동 및 인성교육, 학급 세우기 활동에서 활용할 수 있어요.

너에게 주는 선물이야

다나카 우사 글·그림 | 지형

 책과 놀이 소개

'선물'이란 단어는 생각만 해도 좋습니다. 선물을 받으면 기분이 좋아지지요. 그렇다면 선물을 준비할 때의 기분은 어떤가요? 선물 받을 친구를 생각하면서 선물을 고를 때는 친구가 좋아할 생각에 마음이 따뜻해지고 나도 기분이 좋아지는 행복한 시간을 선물로 받지요. 이 책은 '너에게 주는 선물이야'라는 글로 모든 것을 설명해 줍니다. 친구에게 소중한 것을 선물하는 놀이를 통해 '주는 행복'을 함께 느껴 봅시다.

 책놀이 목표

- 놀이를 통해 선물의 의미를 알 수 있다.

 책놀이 자료

그림책

 책놀이 방법

1. 마음열기

　① 선물을 받아본 경험을 나눈다.
　　- 선물을 받아 본 적이 있나요?

- 기억에 남는 선물은 무엇인가요?

- 선물을 받았을 때의 기분은 어땠나요?

② 선물을 준 경험을 나눈다.

- 선물을 언제 누구에게 주었나요?

- 선물을 주었을 때의 기분이 어땠나요?

2. 그림책 감상

① 표지 그림을 탐색하며 이야기 나눈다.

- 어떤 선물일까요?

- 누구에게 주는 선물일까요?

② 반복되는 글은 함께 읽는다.

- 너에게 주는 선물이야

③ 다음 장면을 예측하며 읽는다.

④ 선물을 받은 뒤에 어떻게 되었는지 그림을 자세히 보면서 읽는다.

3. 책놀이 : 너에게 주는 선물이야

① 모둠을 정하고 모둠별로 색을 정한다.

② 각 모둠원은 색종이 조각을 모둠 수만큼 갖는다.

③ 모둠과 상의하여 친구들에게 주고 싶은 선물을 모둠별로 한 개씩 정한다.

물건보다는 친구가 이루어내길 바라는 응원을 선물로 한다.

예) - 달리기를 잘하게 될 거야.

- 노래를 잘 부르게 될 거야.

- 춤을 잘 추게 될 거야.

- 키가 쑥쑥 클 거야.

- 태권도를 잘하게 될 거야.

④ 모둠에서 정한 선물을 동작으로 만든다.

⑤ 음악이 나오면 모둠끼리 돌아다니면서 다른 모둠과 인사를 나눈다.

⑥ 인사를 나눈 뒤 '너에게 주는 선물이야'를 외치며 선물을 동작으로 표현하고 모둠의 색종이를 준다. 상대 모둠도 똑같이 한다.

⑦ 음악이 끝날 때까지 다른 모둠을 만나며 선물을 전해준다.

⑧ 음악이 끝난 후 모둠이 받은 선물을 동작으로 표현하고 알아맞힌다.

- 빨간 색종이 선물을 몸으로 보여주세요.

- 빨간 색종이 선물은 무엇일까요?

4. 책놀이 마무리

놀이를 회상하며 이야기를 나눈다.

- 기억에 남는 선물은 무엇인가요?
- 다른 모둠에게 선물을 줄 때 기분이 어땠나요?

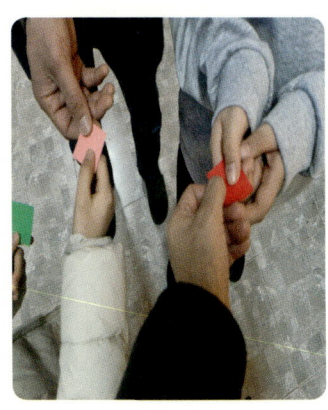  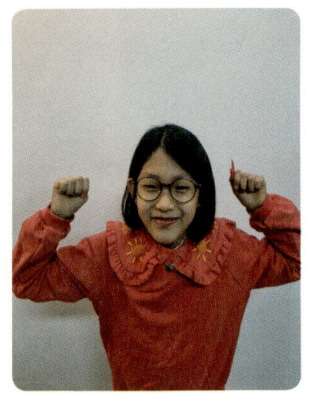

책놀이 메모

① 진지한 마음으로 친구에게 주는 응원 선물을 정하도록 한다.
② 선물을 정하기 어려워하는 아이들의 경우 교사가 예시를 줄 수 있다.
③ 모둠별 색종이는 색이 겹치지 않도록 단색 색종이를 사용한다.

책놀이 뒷이야기

교사

"너에게 주는 선물이야!" 이 말은 우리의 마음을 정말 따뜻하게 한다. 이 한마디는 엄청난 힘을 가지고 이야기를 이끌어 나간다. 으슬으슬한 추위를 따뜻함으로, 어두움을 빛으로, 외로움을 어울림으로 한순간 바꾸어버린다. 같은 선물이더라도 누구에게, 어떤 상황에서 주느냐에 따라 달라진다는 것을 우리 아이들은 알고 있을까? 받는 사람과 상황이 다르더라도 공통점이 하나 있다. 그건 바로 행복이다. 책놀이를 하며 아이들은 친구에게 받은 작은 색종이 하나로 행복해했다. 아이들은 색종이를 손에 꼭 쥐거나 필통에 소중히 담아 두었다. 또 어떤 선물을 받았는지 맞히며 친구의 응원에 화답했다. 키 크는 선물을 받은 아이들은 바로 클 것처럼 좋아하였고, 달리기를 잘하는 선물을 받은 아이들은 당장이라도 운동장으로 달려나가고 싶어 했다. 친구에게 필요한 것을 생각해 보고, 친구가 좋아하는 모습을 보며 느끼는 행복은 결국 이 책이 아이들에게 주는 선물이다.

어린이

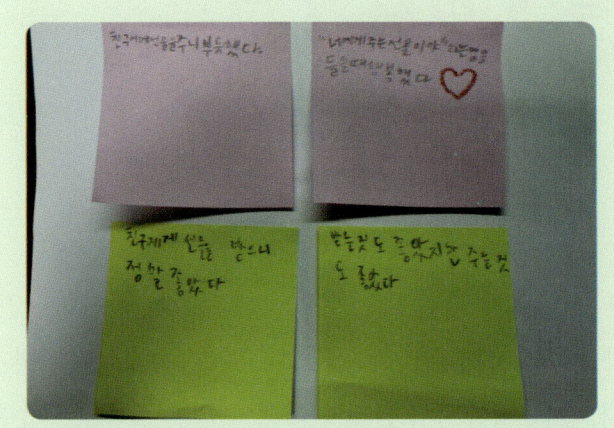

★ 친구에게 선물을 주니 뿌듯했다.

★ "너에게 주는 선물이야."라는 말을 들을 때 행복했다.

★ 친구에게 선물을 받으니 정말 좋았다.

★ 받는 것도 좋았지만 주는 것도 좋았다.

 교육과정 활용 연계

- 1~2학년군 통합
  - 친구와의 우정에 대해 배우는 수업에 활용할 수 있어요.
- 1~6학년 창의적 체험활동
  - 학기초 적응활동 시간에 친구들과 친교를 형성하는 수업에 활용할 수 있어요.

넌 어떻게 춤을 추니?

티라 헤더 글·그림 | 천미나 옮김 | 책과콩나무

 책과 놀이 소개

아이들은 온종일 몸을 들썩인다. 이 어쩔 줄 모르는 에너지를 춤으로 발산한다면? 하지만 춤을 못 춘다고 움츠러들지 않아도 된다. 책을 읽고 나면 '춤추는 거, 별거 아닌데?'라는 생각이 들 것이다. 우리 일상에서 언제 어디서나 어떤 형태로든지 움직이는 것 자체가 춤이라는 것을 제시해주는 책이다. 아이들과 함께 즐겁게 읽고 이어지는 책놀이를 하고 나면 시간을 참 즐겁게 보냈다는 생각이 든다. 숨어 있던 '춤 DNA'를 발견하는 재미를 느끼길 바란다.

 책놀이 목표

- 다양한 몸짓을 언어로 표현할 수 있다.
- 창의적으로 춤을 출 수 있다.

 책놀이 자료

그림책, 미션 카드, 뽑기 상자 2개, 신나는 노래 여러 곡, 미러볼

 책놀이 방법

1. **마음열기**
   ① 춤에 관해 이야기 나눈다.

- 좋아하는 춤이 있나요?
- 따라 하고 싶은 춤이 있나요?

② 춤을 춰본 경험을 이야기 나눈다.
- 춤을 춘 적이 있나요?
- 춤을 출 때 어떤 기분이 드나요?

2. 그림책 감상

① 앞면지와 뒷면지를 탐색하며 이야기 나눈다.
- 사람들은 무엇을 하고 있나요?

② 앞표지를 탐색하며 이야기 나눈다.
- 춤을 추고 있는 아이들의 표정을 살펴볼까요?

③ 책 속 등장인물을 따라 하며 읽는다.
- 흐물흐물 뼈 없는 동물처럼
- 삐걱삐걱 고장 난 로봇처럼

3-1. 책놀이 : 랜덤 댄스 1

① 4~5명씩 모둠을 나누고 모둠 이름을 정한다.
② 각 모둠원은 미션 카드 한 장에 의태어를 한 개씩 적어 바구니에 모은다.
- 엉금엉금, 팔딱팔딱, 꿈틀꿈틀
(그림책에 제시된 '새로운 춤을 좀 춰볼까?' 장면을 활용해도 좋다)
③ 두 모둠씩 앞으로 나와 서로 마주 보고 선다.
④ 모둠이 각각 한 장의 미션 카드를 뽑아 상대 모둠에게 준다.
⑤ 상대 모둠이 준 의태어를 살려 음악에 맞춰 춤을 춘다.
⑥ 관객은 의태어를 잘 살린 모둠을 뽑는다.

3-2. 책놀이 : 랜덤 댄스 2

① 4~5명씩 모둠을 나누고 모둠 이름을 정한다.

② 각 모둠원은 미션 카드 두 장에 의태어와 비유하는 대상을 각각 적는다.
  - 빙글빙글 / 용처럼, 흐물흐물 / 구름처럼

③ 의태어와 비유하는 대상을 적은 미션 카드를 각각의 뽑기 상자에 모은다.

④ 두 모둠씩 앞으로 나와 서로 마주 보고 선다.

⑤ 모둠이 의태어와 비유하는 대상 각각 한 장의 미션 카드를 뽑는다.

⑥ 상대 모둠이 뽑은 2장의 미션 카드의 내용을 살려 춤을 춘다.

⑦ 관객은 미션을 잘 수행한 모둠을 뽑는다.

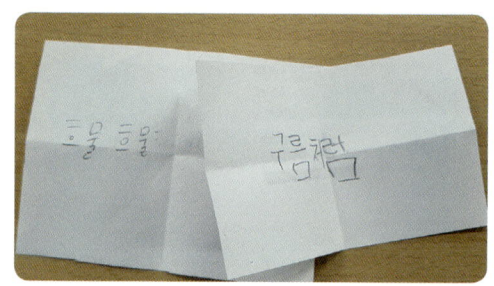

4. 책놀이 마무리

춤을 추었을 때의 느낌을 회상하며 이야기 나눈다.

  - 춤을 추었을 때 느낌이 어땠나요?
  - 재미있었던 춤은 무엇인가요?
  - 책 속의 주인공처럼 집에 가서 남몰래 춰보고 싶은 춤은 무엇인가요?

책놀이 메모

① 일부 아이들이 춤추는 것을 매우 부끄러워하며 잘 춰야 한다는 부담감을 가지고 있을 수 있다. 작은 동작도 가능하며 춤에 대한 기준이 정해져 있지 않다는 허용적인 분위기를 형성한다.
② 모둠별로 춤을 추기 전에 어떻게 표현할지 협의할 시간을 충분히 가진다.
③ 춤에 활용하는 음악을 아이들이 직접 선택할 수 있다.

책놀이 뒷이야기

교사 1

> k-pop 인기가 식을 줄 모른다. 아이들도 각자 좋아하는 댄서가 누구인지 이야기 나누기 바쁘다. 아이들하고 춤추기 딱 좋은 시기다. '넌 어떻게 춤을 추니' 책을 읽으며 춤을 춰보자. 고학년의 경우 음악만 틀고 춤을 추라고 하면 부끄러워하는 학생들이 대다수겠지만, 미션이 있다면 얘기는 달라진다. 춤이 아니라 '움직임'으로 받아들이기 때문이다. 그래서 체육 시간의 표현활동과 연계하여 진행하기를 추천한다. 이 놀이를 통해 자신도 몰랐던 재능을 발견하는 친구가 나온다면 더할 나위 없이 좋겠다.

교사 2

아이들이 평소 흥이 많다 하더라도 친구들과 함께 춤을 추는 것은 쑥스러워한다. 자연스럽게 춤을 출 수 있는 분위기를 만들어 주는 것이 이 책과 놀이의 가장 큰 장점이다. 춤이 꼭 거창하거나 전문적일 필요가 없고 우리의 사소한 움직임에 작은 의미와 즐거움을 부여한다면 그것도 충분히 춤이 된다. 그리고 '어떻게' 추는지 가이드라인을 제시하니 이 중의 한 동작만 신나게 해도 성공이다. 아이들이 좋아하는 노래와 재미있는 미션 카드(때로는 엉뚱한 내용으로 뽑은 팀이 난감해하기도 했다)로 즐거운 춤 대회를 열었다. 자아도취로 추든, 부끄러워 천장을 보며 춤을 추든 그 순간 우리반 학생들은 모두 훌륭한 댄서였다.

어린이

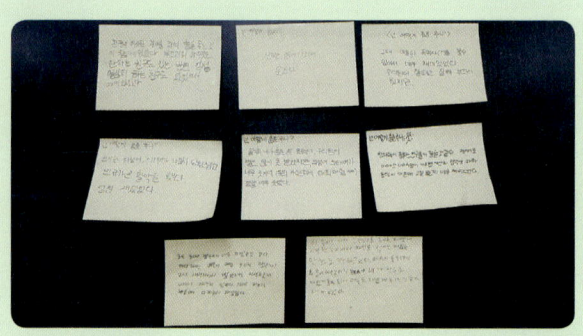

★ 우리 모둠이 춤을 출 때 부끄러웠지만 창의적이고 신나게 춤을 추는 친구를 보며 매우 재미있었다.

★ 친구가 쓴 흔하지 않은, 센스 있는 의태어가 나왔을 때 당황스러웠음에도 재치 있게 춤으로 풀어낸 친구들 덕분에 웃었다.

★ 비슷한 의태어라도 친구마다 다르게 다양한 동작이 나오는 것이 인상 깊었다.

교육과정 활용 연계

- 1~2학년군 국어
    - 흉내 내는 말을 찾고 쓰는 수업에서 활용할 수 있어요.
- 1~2학년군 통합
    - 몸으로 흉내 내는 수업에서 활용할 수 있어요.
- 3~6학년 체육
    - 몸의 움직임 수업에서 활용할 수 있어요.

넘어

김지연 글·그림 | 북멘토

 책과 놀이 소개

우리는 종종 주저하는 상황 속에 놓입니다. 우물쭈물 망설이다 포기를 하는 순간이 많습니다. 그 순간! 누군가의 응원을 받으면 힘이 불끈 솟아납니다. 그 힘으로 용기를 내어 앞으로 한 걸음 한 걸음 나아가게 됩니다. 친구가 용기를 내도록 한마음이 되어 응원해볼까요? 그 응원으로 고민과 망설임을 뛰어 넘는 기쁨을 우리도 함께 느껴봅시다.

책놀이 목표

- 고민하고 망설였던 경험을 나눌 수 있다.
- 망설임의 순간을 극복할 수 있는 용기를 경험한다.

 책놀이 자료

그림책, 고무줄, 우물쭈물 카드, 할까 말까 바구니, 우물쭈물 고민판, 의자 2개

 책놀이 방법

1. 마음열기

우물쭈물 망설였던 경험을 나눈다.

- 무언가를 결정하지 못하고 우물쭈물 망설여지는 때는 언제일까요?

2. 그림책 감상

① 제목과 표지 그림을 탐색하며 이야기를 나눈다.
 - 무슨 일이 벌어지고 있나요?
 - 이 책의 이야기는 어떤 이야기일지 상상해 볼까요?
② 책 속 상황으로 경험을 나누며 읽는다.
 - 일어날까? 말까? 망설여본 적 있나요?
③ 책 속 상황으로 생각을 나누며 읽는다.
 - 인사할까? 말까? 망설여질 땐 어떻게 하는 것이 좋을까요?

3. 책놀이 : 넘어!

① 의자 두 개에 고무줄을 미리 묶어 놓는다.
② 우물쭈물 카드에 망설이는 순간을 적어 할까 말까 바구니에 담는다.
 - 사과할까? 말까? / 갈까? 말까?
③ 한 명씩 나와서 할까 말까 바구니에서 우물쭈물 카드 한 장을 뽑는다.
④ 뽑은 종이를 들고 고무줄 앞에 서서 읽는다.
⑤ 내용을 들은 친구들이 다 함께 '넘어!'를 외치면 자신만의 방법으로 고무줄을 넘는다.
⑥ 고무줄을 넘은 후 우물쭈물 카드는 우물쭈물 고민판에 붙여 놓는다.
⑦ 고무줄을 넘은 친구는 하이파이브로 순서를 넘겨준다.
⑧ 모든 순서가 끝나면 우물쭈물 고민판을 읽으며 공감하는 시간을 갖는다.

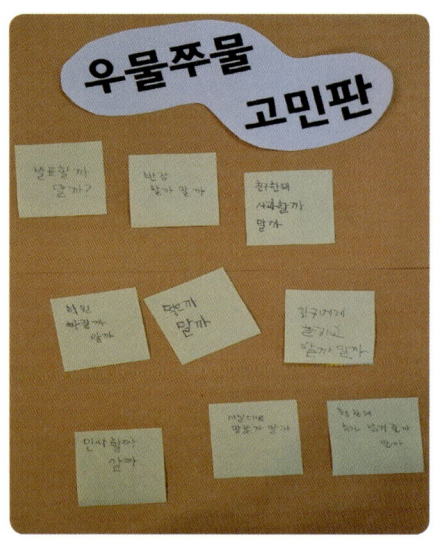

- 친구한테 사과할까 말까?
- 인사할까 말까?
- 발표할까 말까?
- 반장 할까 말까?
- 친구한테 놀자고 할까 말까?
- 형한테 치킨 남겨줄까 말까?
- 사실대로 말할까 말까?
- 학원 빠질까 말까?
- 먹을까 말까?

4. 책놀이 마무리

① 활동을 회상하며 이야기 나눈다.

- 기억에 남는 우물쭈물 카드는 무엇인가요?
- 친구들의 응원을 받으며 줄을 넘을 때 어떤 느낌이었나요?

② 용기에 관해 이야기 나눈다.

- 우물쭈물 망설이고 있을 때 용기를 낼 수 있도록 도움을 받은 적이 있나요?

🐸 **책놀이 메모**

① 학년별 대상에 따라 고무줄 높이를 조절할 수 있다.

② 고무줄을 넘을 때 다양한 방법으로 넘을 수 있다.

예) 두 발 모아 넘기, 게걸음으로 넘기 등

③ 우물쭈물 카드를 작성할 때 아이들이 고민하고 적지 못하는 경우 몇 가지 예

시를 줄 수 있다.

④ 친구의 망설임이나 주저하는 마음을 응원하기 위한 놀이이므로 진심을 담아 '넘어!'를 외칠 수 있도록 한다.

책놀이 뒷이야기

교사

> 밝은 무지개 위를 경쾌하게 넘는 아이의 뒷모습을 보기만 해도 행복했고, 함께 무지개 위를 넘어 보고 싶은 기분이 들었다. 그런데 한 장을 넘기자마자 아주 작지만 귀여운 꼬마 악마가 "잘 안 될 거야. 그냥 하지 마!"라고 말하고 있었다. 내 마음에도 살고있는 꼬마 악마였다. 이 아이가 행복한 뒷모습을 나에게 보여주기를 바라는 마음으로 이 책을 만났다. 책을 보면서 이 아이처럼 고민했던 많은 순간들이 떠올랐다. 어린 시절의 나는 '할까?'를 많이 선택했었는데 점점 '말까?'를 선택하고 있는 것 같다. 우리 아이들은 이런 순간에 언제나 '할까?'를 주저 없이 선택하기를 바라는 마음으로 '넘어!'라는 놀이를 기획하였다. 친구들의 "넘어!"라는 응원으로 용기를 내어 두려움을 넘는 순간 구름을 나는 기분을 전해주고 싶었다. 놀이를 통해 망설이던 순간을 넘어 보는 것은 매우 의미가 있었다.

어린이

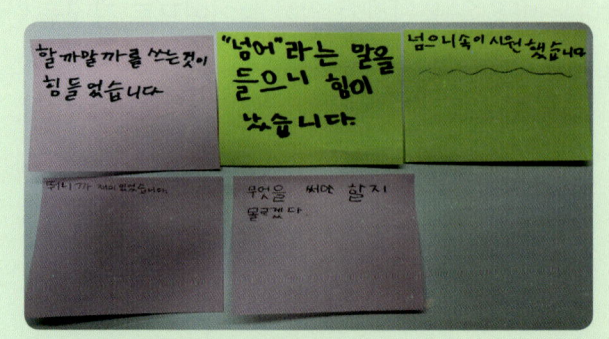

★ 할까 말까를 쓰는 것이 힘들었다.

★ "넘어!"라는 말을 들으니 힘이 났다.

★ 넘으니 속이 시원했다.

★ 뛰니까 재미있었다.

★ 무엇을 써야 할지 모르겠다.

 교육과정 활용 연계

- 1~2학년군 통합, 3~4학년 도덕
  - 용기에 관한 수업에서 활용할 수 있어요.
  - 나를 이해하는 수업과 연계하여 활용할 수 있어요.

높이높이!

오무라 토모코 글·그림 | 엄마들이만드는책

🎈 책과 놀이 소개

책도 쌓이고, 빵도 쌓이고, 모자도 차곡차곡 끝없이 쌓여갑니다. 그림책의 마지막 장면에서 아이가 스스로 상상해 볼 수 있도록 "이번에는 뭘까?" 하며 묻는데, 이것을 이용하여 책놀이를 하면 어떨까요? 함께 쌓다 보면 집중력, 협력적 소통 역량까지 키울 수 있겠죠?

책놀이 목표

- 다양한 물건을 쌓으며 창의적 사고를 경험한다.
- 쌓기 놀이를 통해 협동의 가치를 느껴본다.

책놀이 자료

그림책, 초시계, 쌓기 놀이 물건(쌓기나무, 스파게티면, 마시멜로우, 실내화, 종이컵, 필기도구, 교과서)

책놀이 방법

1. 마음열기

    '높은 것'에 관해 이야기 나눈다.
    - '높은 것' 하면 생각나는 것은 무엇인가요?

2. 그림책 감상

① 표지를 탐색하며 이야기 나눈다.
- 이 그림에서 무슨 일이 벌어지고 있나요?
② 펼침면을 펼쳐보기 전에 줄임표의 내용을 예측해본다.
③ 각 장면에서 강아지가 하고 싶은 말을 상상하며 읽는다.

3-1. 책놀이 : 컵을 높이높이

* 준비물 : 종이컵, 초시계

① 4~5명씩 모둠을 나누고 각 모둠끼리 순서를 정한다.
② 첫 번째 사람이 종이컵을 바르게 세우고, 다음 사람은 거꾸로 세워 그 위에 쌓는다.
③ 제한 시간 동안 가장 높게 쌓는다.

3-2. 책놀이 : 쌓기나무를 높이높이

* 준비물 : 쌓기나무, 초시계

① 4~5명씩 모둠을 나눈다.
② 모둠별로 똑같은 수의 쌓기나무를 주고 제한 시간 동안에 높이높이 쌓는다.

3-3. 책놀이 : 필기구를 높이높이

* 준비물 : 필통 속 필기도구, 초시계

① 4~5명씩 모둠을 나눈다.
② 각 모둠원이 협력하여 필기구를 활용해서 제한 시간 동안 높이높이 쌓는다. 이 때, 연필, 지우개, 색연필 등 사용할 필기구의 범위는 게임 전에 미리 정한다.

3-4. 책놀이 : 실내화를 높이높이

* 준비물 : 실내화, 초시계

① 4~5명씩 모둠을 나눈다.
② 모둠원이 협력하여 모둠원의 실내화를 제한 시간 동안 높이높이 쌓는다.

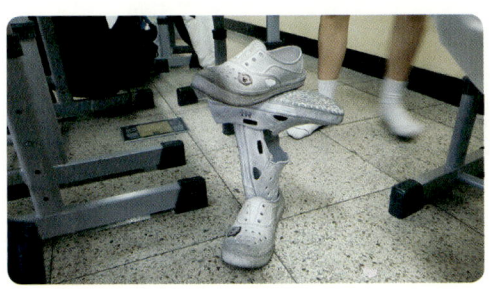

3-5. 책놀이 : 교과서를 높이높이

* 준비물 : 교과서, 초시계

　① 4~5명씩 모둠을 나눈다.

　② 모둠원의 교과서를 제한 시간 동안 높이높이 쌓아본다.

3-6. 책놀이 : 건축물을 높이높이

* 준비물 : 마시멜로우, 스파게티면, 초시계

　① 2~3명씩 모둠을 나눈다.

　② 각 모둠에 스파게티면과 마시멜로우를 똑같은 양으로 나누어준다.

　③ 제한 시간 동안 스파게티면과 마시멜로우를 활용하여 가장 높은 건축물을 만든다.

　④ 가장 높이 쌓은 팀이 이긴다.

　⑤ 높이 쌓았어도 최종 시간까지 버티지 못하면 실패한다.

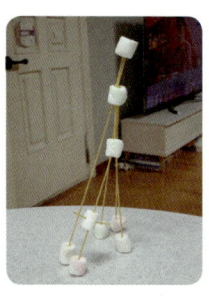 

4. 책놀이 마무리

　① 활동을 회상하며 이야기 나눈다.

　　- 가장 즐거웠던 '높이높이' 놀이는 무엇이었나요?

　② 잘 쌓기 위해서 각 모둠이 어떤 노력을 기울였는지 이야기를 나눈다.

- '높이높이' 놀이를 잘하기 위해 어떠한 노력을 하였나요?
- 쌓기 재료에 따라 가장 잘 쌓을 수 있는 방법은 무엇이었나요?

🐸 책놀이 메모

① 때에 따라 놀이를 할 때 충분한 시간(20분 정도)을 주어 실패하더라도 다시 도전할 수 있는 마음의 여유를 갖도록 한다.
② 다양한 방법으로 창의력을 발휘할 수 있도록 격려한다.
③ '교과서를 높이높이'는 학기초보다는 학기말, 교과서를 정리할 때 유용하다.
④ 모둠원의 수가 너무 많으면 소극적으로 활동하는 친구가 있을 수 있으니 주의한다.

🎈 책놀이 뒷이야기

교사 1

사실 나는 차분하게 앉아 뭔가를 균형 있게 쌓는 활동을 잘 못한다. 어려우니 재미도 없다. 이런 나의 성격이 놀이에 반영되는 것은 물론이다. 그래서 어떤 쌓기 놀이는 시간을 여유 있게 주지 않고 빠르게 진행하기도 하였다. 따분함을 이기지 못하거나 어려워하는 친구들이 스트레스를 받지 않도록 하기 위한 배려다. 놀아야 하는데 놀이하다 답답함을 호소하게 할 순 없지 않는가. 하지만 학급에는 차분하게 자신만의 시간을 즐기고자 하는 친구도 있기 마련이다. 그러한 친구들에게는 '스파게티 건축물을 높이높이'와 '쌓기나무를 높이높이'를 추천한다. 시간이 충분하다면 여유 있게 시간을 주어 성취감을 맛보게 하자.

학급의 특성과 교사의 특성에 따라 다양하게 활용할 수 있도록 '높이높이 놀이'를 여러 가지 안내한다. 어떤 놀이가 가장 마음에 드는가?

교사 2

아이들은 평소 자신이 접하는 것보다 더 크고, 높고, 길 때 흥미를 느낀다. 책에서 나오는 내용은 반복적이지만 높이높이를 표현한 그림들이 아이들의 관심을 끌었다. 그 관심은 '나도 저렇게 높이높이 쌓고 싶다.'라는 생각으로 이어진다. 그렇기 때문에 책의 내용과 이어지는 책놀이는 찰떡이다. 아이들은 '높이'에만 집착하지 않았다. 함께 고민하면서 시행착오를 반복했다. 이러한 과정에서 '너 때문에 쓰러졌잖아!'라는 비난보다는 '뭐가 문제지? 다시 해보자.'라고 말하는 아이들의 모습이 참 사랑스러웠다.

어린이

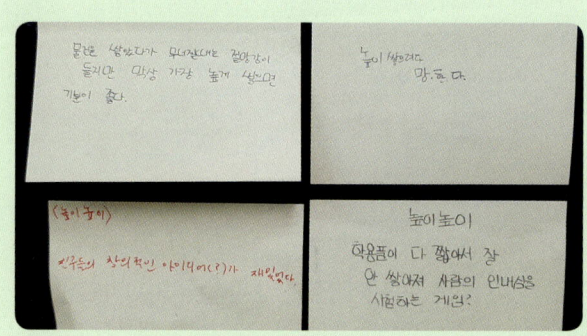

★ 물건을 쌓았다가 무너질 때는 절망감이 들지만 막상 가장 높게 쌓으면 기분이 좋다.

★ 높이 쌓으려다 망. 한. 다

★ 친구들의 창의적인 아이디어가 재밌었다.

★ 학용품이 다 짧아서 잘 안 쌓아져서 사람의 인내심을 시험하는 게임?

교육과정 활용 연계

- 1~2학년군 수학
  - 여러 가지 도형을 알아보는 수업에서 활용할 수 있어요.
- 3~4학년군 수학
  - 규칙찾기 수업에서 활용할 수 있어요.
- 3~4학년군 도덕
  - 협동을 주제로 하는 수업에서 활용할 수 있어요.
- 5~6학년군 수학
  - 각기둥과 각뿔 수업에서 활용할 수 있어요.
  - 원기둥, 원뿔, 구 수업에서 활용할 수 있어요.

누구의 뿔?

이다영 글·그림 | JEI재능교육

책과 놀이 소개

뿔의 생김새는 동물의 종류만큼이나 다양합니다. 긴 뿔도 있고, 구부러진 뿔도 있고, 끝이 뭉툭한 뿔도 있습니다. 어떤 동물의 뿔인지 유추하다 보면 자연스레 호기심이 생기고, 관심으로 이어집니다. 이렇게 생명체의 작은 부분을 따뜻하게 들여다보면, 어느새 생명에 애정을 갖는 따뜻한 사람으로 성장할 수 있겠지요.

세계인권선언 제2조에 따르면 누구나 인종, 피부색, 성별, 언어, 종교, 정치적 또는 그 밖의 견해, 국가적 또는 사회적 출신, 재산, 출생 또는 그 밖의 지위의 구별없이 세계인권선언에 규정되어 있는 권리와 자유를 누릴 자격이 있습니다. 하지만 우리는 피부색이나 인종 등의 외모로 사람을 판단하는 경우가 많습니다. 외모는 다른 사람과 다른 나만의 개성일 뿐입니다. 눈의 모양과 코의 크기가 다르고, 목소리와 성격이 서로 다른 것과 같은 것이지요. 이 수업을 통해 우리는 서로 다름을 자연스레 인정하고, 친구에게 애정을 갖는 것은 물론 인종이나 외모로 차별하지 않는 성숙한 마음가짐을 기를 수 있을 것입니다.

책놀이 목표

- 서로 다름을 인정할 수 있다.
- 친구들에게 관심을 가진다.

책놀이 자료

그림책, 친구들의 얼굴 사진과 부분 사진(눈, 코, 입, 뒤통수, 귀 등)

 책놀이 방법

1. 마음열기

동물의 뿔에 관해 이야기 나눈다.
- 뿔이 있는 동물을 떠올려 볼까요?
- 동물들에게 뿔은 왜 있는 걸까요?

2. 그림책 감상

① (제목을 가리고) 표지 그림을 탐색하며 이야기 나눈다.
  - 무엇이 보이나요?
② 수수께끼 놀이처럼 그림책을 감상한다.
③ 책의 내용을 회상하며 이야기 나눈다.
  - 동물들의 뿔 모양이 모두 다른 이유는 무엇일까요?

3-1. 책놀이 : 누구의 눈

① 평소 찍어둔 학급 친구들의 사진을 활용한다.
② 얼굴의 한 부분만 확대한 사진을 보고 누구인지 알아맞힌다.
③ 확대된 사진의 공개 범위를 점점 넓혀가며 알아맞힌다.

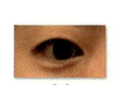 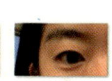 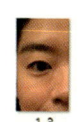  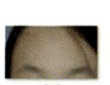 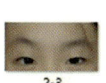  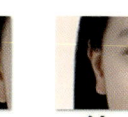 

1-1   1-2   1-3   2-1   2-2   2-3   3-1   3-2   3-3

4. 책놀이 마무리

활동을 회상하며 '나만의 개성'에 관해 이야기 나눈다.
- 가장 찾기 어려웠던 친구는 누구였나요?
- 오늘 활동을 통해 새롭게 알게 된 점은 무엇인가요?

🐸 **책놀이 메모**

① 눈뿐만이 아니라 코, 입 등의 신체 부위나 뒷모습, 옷 등을 활용해도 좋다.
② 확대 사진을 보고 웃거나 놀리는 학생이 없도록 분위기를 조성한다.
③ 전에는 몰랐던 친구의 특징을 알게 되어 좋고 재미있기도 했지만, 고학년인 경우 사춘기의 특성상 자신의 사진이 나오는 것에 대해 부담을 느끼는 친구들도 있을 수 있어 미리 양해를 구한다.
④ 인권을 담고 있는 그림책들과 연계하여 수업을 진행할 수도 있다.
예) 「사라, 버스를 타다」, 「똥자루 굴러간다」, 「종이봉지 공주」, 「나는 여자아이 무엇이든 될 수 있어!」, 「초코곰과 젤리곰」, 「위를 봐요!」

책놀이 뒷이야기

교사

> 누구의 눈, 누구의 눈썹, 누구의 코, 누구의 귀, 누구의 입, 누구의 옷 등 놀이는 얼마든지 변환이 가능하다. 학기초에는 친구를 알아보는 시간으로, 학년말에는 친구들이 얼마나 달라졌는지 알아보는 시간으로 가져도 재미있다. 아이들의 성격에 따라 자신의 모습이 나오기를 기다리는 친구도 있고, 나오지 않기를 바라며 빨리 게임이 끝나기만을 기다리는 친구도 있다. 아이들의 특성에 따라 맞춤형으로 게임을 진행하는 것도 추천한다. 뒷모습이나 옷이 나오는 정도는 누구나 받아들이기가 수월하므로 분위기를 살펴 '누구의 옷', '누구의 뒤통수' 놀이를 진행해보자. 사진을 보여주자마자 아이들은 마냥 웃고 좋아하지만, 그중 가장 웃겼던 상황은 사진이 나올 때마다 계속 자기라고 우기던 친구가 정작 자기 눈썹은 자기인 줄 모르고 두리번거렸던 모습이다. 나도 내 눈만 떼어놓고 보면 나인 줄 알려나?

어린이 1

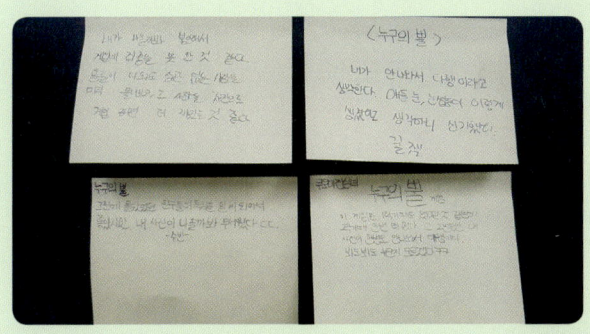

- ★ 내가 나올까 봐 불안해서 게임에 집중을 못 한 것 같다. 얼굴이 나와도 상관없는 사람을 미리 물어보고, 그 사람들 사진으로 게임하면 더 재밌을 것 같다.
- ★ 내가 안 나와서 다행이라고 생각한다. 애들 눈, 눈썹 등이 이렇게 생겼다고 생각하니 신기했다. 꿀잼.
- ★ 그 전에 몰랐었던 친구들의 특징을 알게 되어서 좋았지만 내 사진이 나올까 봐 무서웠다.
- ★ 이 게임은 1학기 때도 했던 것 같은데 2학기 때 한 번 더 했다. 그 두 번 동안 내 사진이 한 번도 안 나와서 다행이다. 봐도 봐도 누군지 모르겠다. ㅋㅋ

어린이 2

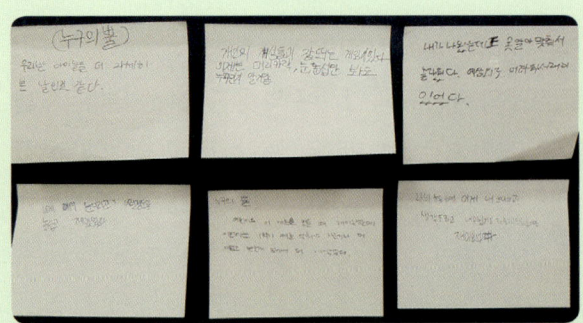

- ★ 우리반 애들을 더 자세히 본 날인 것 같다.
- ★ 개인의 개성들이 잘 띄는 게임이었다. 이제는 머리카락, 눈, 눈썹만 봐도 누구인지 알 것 같다.
- ★ 내가 나왔는데도 내가 못 맞힌 게 놀랍다. 예상 외로 어려워서 재미있었다.
- ★ 이게 나의 눈이라고? 이럴 정도로 놀랍고 재미있었다.
- ★ 예전에도 이 게임을 했을 때 재미있었는데 이번에는 1학기 때를 맞춰야 하니 더 어렵고 반전이 있어서 더 재미있었다.
- ★ 나의 눈을 보며 이게 내 눈이라고? 생각도 들고 너무 쉽기도 한 문제도 있었다. 재미있었다.

 교육과정 활용 연계

- 1~2학년군 통합
  - 나에 대해 탐색하는 수업에서 활용할 수 있어요.
- 5~6학년군 도덕
  - 인권을 주제로 하는 수업에서 활용할 수 있어요.

눈을 크게 떠 봐!

세드릭 라마디에 글 | 뱅상 부르고 그림 | 김현아 옮김 | 한울림어린이

책과 놀이 소개

눈이 소복이 쌓인 겨울의 하얀색, 구름 한 점 없는 하늘의 파란색, 싱그러운 새싹의 초록색, 그리고 해가 저문 깜깜한 밤의 검은색까지 이 책은 우리 삶 속의 색을 이야기하고 있습니다. 우리 아이들은 하루 동안의 시간 속에서도, 그리고 1년의 계절 속에서도 늘 색을 발견하고 느끼고 있습니다. 색을 통해 세상과 교감하면서 아름답게 자랄 우리 아이들을 위해 책을 함께 펼쳐봅시다. 펼치면 커지는 색깔 세상입니다.

책놀이 목표

- 주변에서 볼 수 있는 다양한 색깔에 관심을 가진다.
- 생활 속에서 경험했던 색을 떠올릴 수 있다.

책놀이 자료

그림책, 굵은 백업(빨강, 노랑, 파랑, 초록), 고리(빨강, 노랑, 파랑, 초록), A4 종이, 색연필, 초시계, 머메이드지, 색깔 단어

🐸 책놀이 방법

1. 마음열기

① 두 모둠으로 나눈다.

② 교사가 제시하는 색과 연상되는 것을 말하며 일어선다.

③ 각 모둠 세 명 이상이면 점수를 획득한다.

2. 그림책 감상

① 책의 지시대로 따라 하며 읽는다.

② 생활 속에서 보았던 색깔을 떠올리며 읽는다.

3-1. 책놀이 : 색깔 고리 던지기

* 준비물 : 굵은 백업(빨강, 노랑, 파랑, 초록), 고리(빨강, 노랑, 파랑, 초록)

① 4~5명씩 모둠을 나누고 순서를 정한다.

② 막대 역할과 고리 역할을 정하고 거리를 두어 마주 보고 선다.

③ 막대를 들고 있는 친구에게 같은 색의 고리를 던진다.

④ 막대로 고리를 받은 친구는 해당 색과 연상되는 단어를 외친다.

　(예 : 흰색을 성공하면 '우유')

고리를 받는 친구가 연상되는 것을 떠올리지 못 할 경우 모둠원이 외치는 것도 가능하다.

⑤ 1분 30초 동안 많이 넣은 팀이 승리한다.

⑥ 지켜보는 다른 모둠원은 연상되는 것의 적절성을 판단할 수 있다.

⑦ 모둠을 바꿔 진행한다.

3-2. 책놀이 : 책장을 펼쳐 봐

*준비물 : A4 $\frac{1}{4}$ 종이, 색연필, 머메이드지 A4 $\frac{1}{4}$ 크기(주황, 보라, 분홍)

① 4명씩 모둠을 나누고, 모둠별 한 가지 색을 선택한다.

② 모둠에서 선택한 색을 주변에서 떠올려 A4 $\frac{1}{4}$ 종이에 그림으로 표현한다.

③ 대문접기 방식으로 접은 머메이드지 안에 모둠원의 그림을 모아 붙인다.

④ 표지를 완성한다.

⑤ 각 모둠에서 완성된 그림책을 연상놀이 형식으로 읽어본다.

　- 분홍색이야.

　- 눈을 감고 떠올려 봐.

　- 눈을 크게 떠 봐.

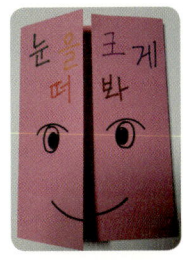

3-3. 책놀이 : 색깔 읽기

* 준비물 : 색깔 단어, 초시계

① 색이름과 글자색이 다르게 표시된 색깔 단어를 준비한다.

② 제시된 자료를 보고 글자대로 읽지 않고 글자의 색깔을 읽는다.

③ 제한 시간 동안 많이 읽은 팀이 승리한다.

빨강   파랑

보라   분홍

4. 책놀이 마무리

활동을 회상하며 이야기 나눈다.

 - 색깔놀이 활동을 한 후 새롭게 알게 된 것이 있나요?
 - 미처 떠올리지 못했는데 이제야 생각 난 주변의 색은 무엇인가요?

 책놀이 메모

① 색맹이나 색약의 친구들이 있는 경우, 색깔을 말하며 고리를 던져준다.

② 색을 외칠 때 색에 대한 자신만의 느낌을 표현해도 융통성있게 인정한다.
　(예 : 노란색을 받은 후 '따뜻한 마음'을 외쳐도 인정하기 등)

③ 고리를 미리 팔에 걸어 놓고 활동을 하면 고리를 가지러 가는 시간을 절약할 수 있다.

④ 주변의 색을 찾기 어려워하는 경우 친구들이 입은 옷 색깔이나 교실에서 색을 찾을 수 있다.

책놀이 뒷이야기

교사 1

> 6학년이 과연 고리를 던지고 받는 놀이를 좋아할까 싶었는데, 역시 고리 던지기는 모든 연령에 제격이다. 한 번에 잘 받으면 신나서 색깔을 말하지도 못할 정도로 좋아하고, 못 받으면 발을 동동 구르며 아쉬워하던 아이들의 모습은 연구하며 미리 놀아보았던 우리 선생님들의 모습과 판박이다. 그렇다. 고리 던지기는 성인들도 무척 좋아했다. 학교 체육실에 가보면 백업이 있을 가능성이 크다. 백업과 고리를 들고 교실로 가자. 그리고 이 책을 열자. 색깔 세상뿐만이 아니라 진짜 재미있는 색깔 놀이가 열릴 것이다.

교사 2

> 평소 놓쳤던 색의 아름다움을 돌아보게 하는 책이다. 아이들이 색이름을 익히고 그 색과 관련된 사물들을 관련지어 말할 수 있게 한다. 색 고리 던지기는 아이들이 움직이게 하여 지루하지 않게 했고 콘에 고리를 걸며 콘 색에 해당하는 사물을 말하도록 하여 색과 주변 사물의 관련성을 깊게 했다. 일부 어휘가 부족한 아이들은 조금 힘들었는지 '파란색 필통', '파란색 신발' 등 돌려막기 식으로 낱말을 말하기도 했다. 어휘가 풍부한 고학년은 이 놀이를 더욱 잘 즐기겠다는 생각이 들었다. 삽화의 풍부한 색감과 놀이에 집중하는 아이들의 표정이 기억에 남는다.

어린이

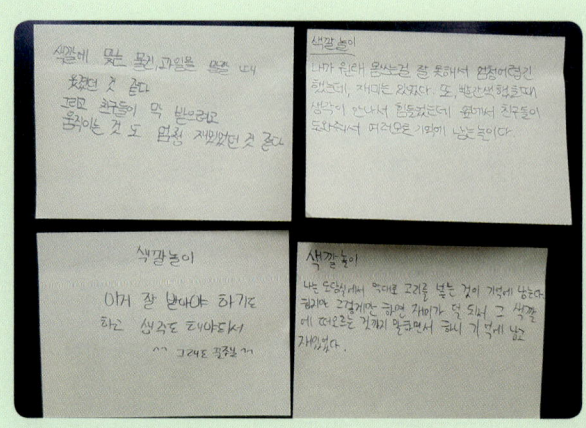

★ 색깔에 맞는 물건, 과일을 말할 때 웃겼다. 친구들이 막 받으려고 움직이는 것도 엄청 재미있었다.

★ 내가 원래 몸 쓰는 걸 못해서 엄청 어렵긴 했는데 재미는 있었다. 또 빨간색! 했을 때 생각이 안 나서 힘들었는데 옆에서 친구들이 도와줘서 여러모로 기억에 남는 놀이다.

★ 이거 잘 받아야 하기도 하고 생각도 해야 함^^ 그래도 꿀잼^^

★ 나는 막대로 고리를 넣는 것이 기억에 남는다. 하지만 그렇게만 하면 재미가 덜 해서 그 색깔에 떠오르는 것까지 말하면서 하니 기억에 남고 재미있었다.

 교육과정 활용 연계

- 3~4학년군 미술
  - 다양한 색의 이름과 특성을 알아보는 수업에서 활용할 수 있어요.
- 5~6학년군 미술
  - 생활 속에서 만나는 색에서 색이 활용된 곳을 살펴보고, 색의 변화를 어울리게 나타내는 수업에서 활용할 수 있어요.
- 5~6학년군 과학
  - 계절의 변화를 다룬 수업에서 활용할 수 있어요.

단어 수집가

피터 레이놀즈 글·그림 | 김경연 옮김 | 문학동네

 책과 놀이 소개

제롬의 취미는 단어 모으기다. 멋지게 느껴지는 말, 기분이 좋아지는 말, 노래 같은 말 등 다양한 단어를 종이에 적어서 주제별로 분류도 한다. 그렇게 단어 종이가 쌓여가던 어느 날, 분류해 놓은 말들이 갑자기 다 섞여 버린다. 이 기막힌 우연이 만들어낸 안 어울릴 것 같은 단어들의 나열은 제롬에게 또 다른 깨달음을 준다. 언덕에 올라가 수많은 단어들을 날려 보내며 새로운 행복을 찾는 아이의 모습은 언어가 주는 재미와 자유를 느끼게 한다. 책놀이로 생각지 못한 단어조합을 만들어 보면서 재미를 느끼고 창의성을 길러보자.

 책놀이 목표

- 다양한 단어를 활용하여 창의적인 문장을 만들 수 있다.

책놀이 자료

그림책, 단어 카드, 부채, 라인테이프, 4절지

책놀이 방법

1. **마음열기**

    눈치 게임으로 단어를 떠올린다.
    예) 색깔, 동물, 느낌, 음식, 운동 등

2. 그림책 감상

① 자신의 경험을 이야기 나누며 읽는다.
   - 뭔가를 모으는 친구가 있나요?
② 다음 내용을 예측하며 읽는다.
   - 제롬은 뭘 모을까요?
③ 생각을 나누며 읽는다.
   - 특이한 단어는 어떻게 모을 수 있나요?
④ 등장인물의 정서를 반영하여 읽는다.

3. 책놀이 : 우리는 단어 수집가

① 바닥에 라인테이프로 사방 50cm 크기의 네모를 그린다.
② 4~5명씩 모둠을 나누고 개인별로 단어 카드를 5장씩 받는다.
③ 한 모둠씩 나와서 네모 바깥에 거리를 두고 선다.
④ 제한 시간 동안 자신의 단어 카드를 머리 높이에서 떨어뜨려 네모 안으로 들어가게 한다. 네모 안에 들어가지 못한 카드는 모둠원이 부채로 부쳐 네모 안으로 들어가게 한다.
⑤ 모둠별로 모은 단어 중에 4~5개 이상을 골라 4절지에 붙인다.
⑥ 붙여 놓은 단어를 조합해서 모둠별로 의견을 모아 시나 이야기를 만든다.
⑦ 각 모둠의 시를 발표한다.

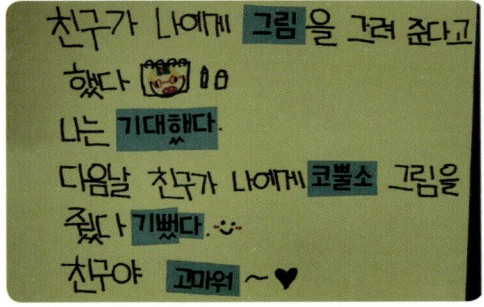 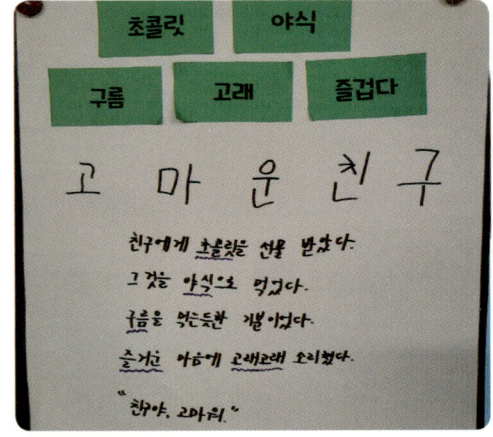

4. 책놀이 마무리

활동을 회상하며 이야기 나눈다.

- 수집한 단어 중 가장 특별하다고 생각되는 단어는 무엇이었나요?
- 자신이 수집하고 싶은 단어가 있다면 어떤 것이 있나요?
- 가장 기억에 남는 시나 이야기는 무엇이었나요?

 책놀이 메모

① 인원과 활동 시간에 따라 네모를 추가하여 여러 모둠을 동시에 진행할 수 있다.
② 단어의 종류나 수에 상관없이 시나 이야기를 의미 있게 쓰는 것이 더 중요하다는 것을 안내한다.
③ 단어를 조합하는 데 시간이 걸리므로 단어 날리기 놀이를 빠르게 진행하고자

할 때는 모둠별로 제한 시간을 1분 정도로 한다.
④ 단어의 수준을 조정하거나 시나 이야기 만들기 대신 짧은 문장 만들기로 진행할 수 있다.

책놀이 뒷이야기

교사

> 책 속 주인공이 여러 단어를 모아 분류할 때는 단어의 다양함을 보여주는 책이라고 생각했다. 하지만 실수로 뒤엉킨 단어들이 주는 시적 표현과 그로 인해 만들어진 글이 주는 아름다움에 감탄하게 되었다. 그 자유로움과 행복을 학생들도 느낄 수 있길 바랐고 친구들과 함께 누릴 수 있길 바라는 마음으로 책놀이를 기획했다. 다양한 단어를 알아가려는 노력도 중요하지만 그 단어를 어떻게 쓸 것인지 생각해 보는 것도 아주 중요하다. 처음에는 모르는 단어의 뜻을 서로 물어보며 이야기를 나누던 학생들이 놀이를 하면서 하나의 시나 글을 만들기 위해 서로 머리를 맞대는 모습으로 발전해 갔다. 나름의 의미가 있는 조합을 생각해 내면서 함께 즐거워하는 모습이 인상적이었다. 그리고 모둠별로 나와 발표를 하며 자신들의 작품을 즐겁게 소개하는 모습도 참 좋았다.

어린이

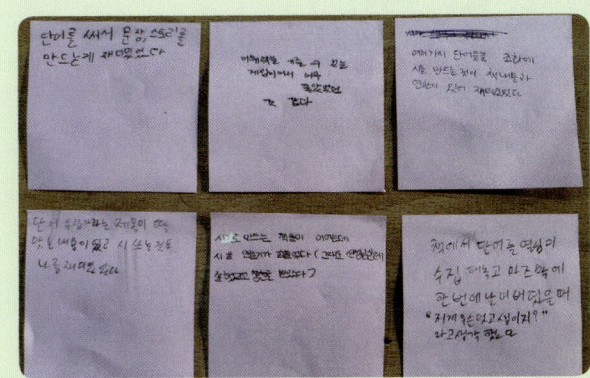

★ 단어를 써서 문장, 스토리를 만드는 게 재미있었다.

★ 어휘력을 기를 수 있는 게임이어서 너무 좋았던 것 같다.

★ 여러 가지 단어들을 조합해서 시를 만드는 것이 책 내용과 연관이 있어 재미있었다.

★ 단어 수집가라는 제목이 딱 맞는 내용이었고 시 쓰는 것도 나름 재미있었다.

★ 시를 만드는 책놀이였는데 시를 만들기가 힘들었다(그래도 선생님한테 잘했다고 칭찬을 받았다).

★ 책에서 단어를 열심히 수집해 놓고 마지막에 한 번에 날려 버렸을 때 '저게 무슨 헛고생이지?'라고 생각했다.

교육과정 활용 연계

- 1~2학년군 국어
  - 글자, 낱말, 문장 관련 수업에서 활용할 수 있어요.
- 1~6학년 국어
  - 시나 노래, 이야기 관련 수업에서 활용할 수 있어요.

돼지 안 돼지

이순옥 글 · 그림 | 반달

책과 놀이 소개

표지에 돼지 두 마리가 위와 아래에 있다. 그런데 책을 거꾸로 돌려보면 위의 돼지가 아래 돼지가 되고 아래 있던 돼지가 위로 간다. '그럼 어떤 돼지가 진짜 위에 있는 돼지일까?'라는 고민을 하게 된다. 문득 어릴 적 마구마구 외웠던 반대말이 떠오른다. 과연 '적다'의 반대말이 '많다'일까? 돼지 두 마리는 한 마리보다는 많지만 다섯 마리보다는 적은 것처럼 모든 기준은 상대적인 의미로 해석할 수 있다는 것을 깨닫는다. 아이들과 이 그림책을 함께 읽는 경험을 통해 열린 시각으로 상상 너머의 상상을 하며 세상을 바라보고 싶다.

책놀이 목표

- 놀이를 통해 비교하는 말을 여러 상황 속에서 경험한다.
- 상황에 따라 비교하는 기준이 달라짐을 알 수 있다.

책놀이 자료

그림책, 제시어 카드, 개인 물품

🐸 책놀이 방법

1. 마음열기

　상황에 따라 비교하며 표현한다.

　- 선생님은 ○○보다 머리카락이 길어요. (○○보다 머리카락이 더 짧은 □□를 가리키며) □□의 머리카락을 어떻게 표현할 수 있나요?

　　□□는 ○○보다 머리카락이 더 짧아요.

2. 그림책 감상

　① (제목을 가리고) 그림을 보고 제목을 예측해본다.

　② 면지를 감상한다.

　　- (앞면지와 뒷면지를 보여 주며) 돼지는 어디 있을까요?

　③ 반대말을 비교하며 그림책을 읽는다.

3-1. 책놀이 : 주머니 속 보물찾기

＊준비물 : 제시어 카드

　① 4명씩 모둠을 나누고 모둠 안에서 순서를 정한다.

　② 첫 번째 친구가 제시어 카드를 뽑아 읽는다.

　　＊제시어 카드 예 : 크다 / 작다 / 길다 / 짧다 / 넓다 / 좁다 / 가볍다 / 무겁다

　③ 제한 시간(30초) 동안 자신의 물건 중 제시어 카드에 가장 잘 어울리는 물건을 찾는다.

　④ 전체 구호 '돼지 / 안 돼지 / 하나, 둘, 셋!'을 외치며 찾은 물건을 동시에 꺼낸다.

　⑤ 제시어 카드와 가장 가깝게 찾은 친구를 뽑는다.

　⑥ 모둠 친구들이 모두 동의하면 친구가 찾은 것이 보물이 된다.

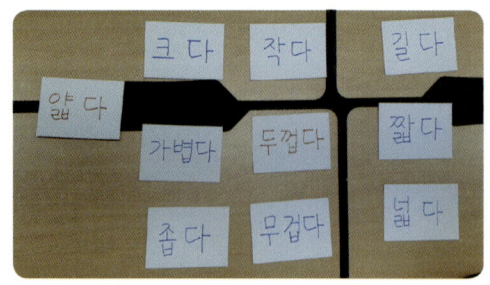

3-2. 책놀이 : 책 속 보물찾기

* 준비물 : 제시어 카드

① 4명씩 모둠을 나누고 모둠 안에서 순서를 정한다.

② 놀이에 활용할 책을 각자 한 권씩 꺼낸다.

③ 첫 번째가 친구가 제시어 카드를 뽑아 읽는다.

　* 제시어 카드 예 : 많다 / 적다 / 길다 / 짧다 / 크다 / 작다

④ 전체 구호 '돼지 / 안 돼지 / 하나, 둘, 셋!'을 외치며 책을 동시에 펼친다.

⑤ 펼친 면에서 제한 시간(10초) 동안 제시어 카드에 가장 어울리는 곳을 가리킨다.

⑥ 미션에 가장 가까운 친구를 뽑는다.

⑦ 모둠 친구들이 모두 동의하면 친구가 찾은 것이 보물이 된다.

3-3. 책놀이 : 우리 반 보물찾기

* 준비물 : 제시어 카드

① 친구 한 명이 제시어 카드를 뽑아 읽는다.

　* 제시어 카드 예 : 거칠다 / 부드럽다 / 두껍다 / 얇다 / 가늘다 / 굵다

② 교실 물건 중 제한 시간(30초) 동안 제시어 카드에 어울리는 대상 옆에 선다.

③ 전체 구호 '돼지 / 안 돼지 / 하나, 둘, 셋!'을 외치며 제시어 카드에 어울리는 대상을 동시에 가리키고 움직이지 않는다.
④ 가리킨 대상을 릴레이로 말한다.
⑤ 미션에 가장 가까운 친구를 뽑고, 뽑힌 친구가 다음 놀이를 진행한다.

4. 책놀이 마무리

활동을 회상하며 이야기 나눈다.
 - (앞면지와 뒷면지를 보며) 돼지는 어디에 있나요?
 - (뒤표지를 보며) 돼지는 어디에 있나요?

 책놀이 메모

① 모두가 공정하게 제한 시간을 지키고, 찾은 물건은 동시에 보여주도록 한다.
② 교사가 준비한 제시어 카드 외에 친구들이 제시한 낱말들로 놀이를 할 수 있다.

 책놀이 뒷이야기

교사

> 돼지 안 돼지. '어……. 이상하다. 맞춤법이 맞는 거야? 돼지 그림이 있는 걸 보니 돼지가 주인공인 책인가?' 궁금증을 품은 채 펼친 책은 한 장 한 장 넘길 때마다 즐거운 상상과 열린 마음으로 다음 내용을 기대하게 하였다. 또한 눈에 보이는 것이 전부라고 쉽사리 판단하던 우(愚)를 깨닫고 현재 보이는 부분과 아직 보이지는 않지만 감추어진 부분이 있을 수 있다는 것을 경험하게 되었다. 놀이를 통해 서로의 것을 비교해 보며 같을 수도, 비슷할 수도, 다를 수도 있다는 것과 그 결과가 상황에 따라 달라질 수 있다는 것도 알게 되었다. 우리는 이 그림책과의 만남을 통해 상황에 따라 비교하는 말을 살펴보면서 고정관념에 물음표를 던져보는 의미 있는 시간을 보낼 수 있었다.

어린이

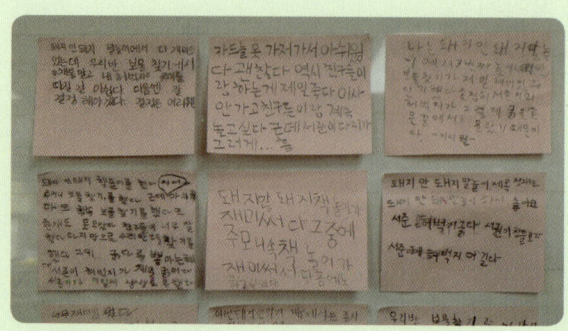

★ 내 허벅지도 재고 싶었는데……. 아쉬웠다.

★ 종아리를 해서 졌다. 나도 허벅지 할 껄…….

★ 게임에 져서 카드를 못 가져가 아쉬웠다. 하지만 괜찮다. 역시 친구들이랑 하는 게 제일 좋다.

★ 돼지 안 돼지 책놀이 모두 재미있었다. 우리반 보물찾기에서 우체통 말고 내 허벅지로 할 껄……. 다음엔 잘 결정해야겠다. 결정은 어려워!

교육과정 활용 연계

- 1~2학년군 수학
  - 비교하기 수업에서 활용할 수 있어요.
- 3~4학년군 수학
  - 들이와 무게 수업에서 활용할 수 있어요.
- 3~6학년 수학
  - 도형의 둘레 수업에서 활용할 수 있어요.

똥벼락

김회경 글 | 조혜란 그림 | 사계절

책과 놀이 소개

갑자기 안 좋은 일을 당했을 때 '벼락을 맞았다'라고 합니다. 여기 똥벼락을 선물로 받은 사람이 있네요. 더군다나 들큼한 똥 냄새가 밥보다도 반갑다고 합니다. 읽으면 읽을수록 정겹게 다가오는 이유는 무엇일까요? 누군가에게는 복이 되고 또 누군가에게는 무서운 벌이 되는 똥벼락. 쓸모없다고 생각되는 똥에 대해 또 다른 생각을 해 볼 수 있는 재미난 이야기와 놀이가 여기 있습니다. 똥벼락! 한번 맞아 봅시다.

###

- 규칙을 지켜 놀이에 참여할 수 있다.
- 놀이를 통해 똥에 대한 다양한 생각을 할 수 있다.

책놀이 자료

그림책, 똥벼락 말판 놀이 교구(말판, 주사위, 말), 튀밥(또는 뻥튀기), 신문지

책놀이 방법

1. 마음열기
　① 스무고개 퀴즈를 한다.

- 이것은 구멍에서 나온다.

- 이것은 우리 몸에서 나온다.

- 이것의 이름은 한 글자이다.

- 이것은 냄새가 난다.

- 이것은 개가 좋아한다.

② '똥'에 대한 이야기를 나눈다.

- '똥' 하면 생각나는 것은?

- 옛날 사람들은 똥을 어떻게 생각했을까요?

2. 그림책 감상

① 노래를 첨가하여 추임새를 주고받으며 읽는다.

- ♪ 돌을 캐세 돌을 캐세 / 영치기 영차

② 판소리 장단으로 구성지게 읽는다.

- ♪굵직한 똥자루똥 질퍽질퍽 물찌똥~

③ 그림책 내용에 대해 이야기를 나눈다.

- 두 번의 똥벼락은 어떻게 다른가요?

3-1. 책놀이 : 똥벼락 말판 놀이

* 준비물 : 똥벼락 말판 놀이 교구(말판, 주사위, 말), 튀밥(또는 뻥튀기)

① 두 모둠으로 나누고 순서를 정한다(얼쑤 / 좋다).

② 각 모둠 이름으로 구호를 외치며 놀이를 시작한다.

③ 주사위를 던져서 나온 똥의 숫자만큼 전진한다.

④ 똥벼락이 나오면 한 번 더 던질 수 있다.

⑤ 강아지가 나오면 한 칸 뒤로 돌아간다.

⑥ 설사칸에 도착하면 화장실칸으로 내려가야 한다.

⑦ 기와집에 먼저 도착하는 모둠이 이긴다.

⑧ 진 모둠이 도착할 때까지 이긴 모둠은 노래를 부르며 응원한다.
   (예 : 풍년가, 늴리리야, 남생이 노래, 똥 밟았네 등)

⑨ 놀이가 끝나면 튀밥 또는 뻥튀기를 다 함께 나누어 먹는다.

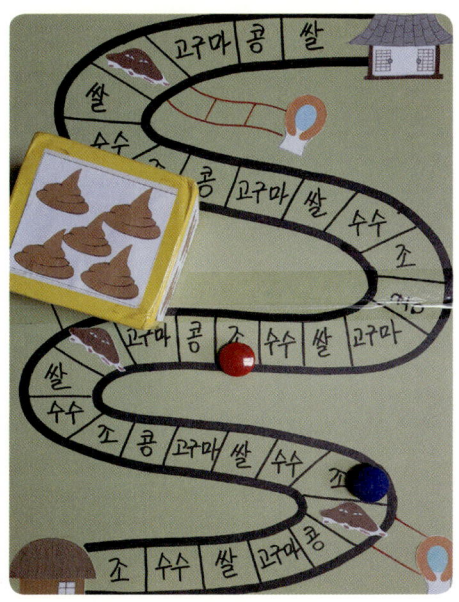

3-2. 책놀이 : 똥벼락 놀이

* 준비물 : 신문지

① 신문지를 뭉쳐 똥을 만든다.

② 두 모둠으로 나누고 각 모둠 역할을 정한다(김부자 / 돌쇠).

③ 각 모둠의 주문을 외워본다.

- 돌쇠 모둠 : 수리수리 수수리 김부자네로 날아라!
- 김부자 모둠 : 수리수리 수수리 돌쇠네로 날아라!

④ 중앙선을 기준으로 양 모둠 마주 보고 선다.
⑤ 정해진 시간 동안 상대 모둠에게 똥을 던진다.
⑥ 남겨진 똥이 적은 모둠이 승리한다.

4. 책놀이 마무리

활동을 회상하며 이야기 나눈다.
- '똥벼락 말판 놀이'를 할 때 가장 기억에 남는 것은 무엇인가요?
- 여럿이 힘을 합해 즐겁게 농사를 짓고, 서로 나누어 먹는 사람들은 어떤 마음을 가지고 있을까요?

🐸 책놀이 메모

① 이긴 모둠은 진 모둠이 도착할 때까지 응원하며 끝까지 함께 하는 놀이가 되도록 한다.
② '똥벼락 말판 놀이'를 할 때 인원이 많을 경우 네 모둠으로 나누어 두 모둠씩 동시에 진행한다. 또한 상황에 따라 말을 업거나 잡는 방법을 추가하여 진행할 수 있다.
③ '똥벼락' 놀이를 할 때 사람을 향하여 신문지 똥을 던지지 않도록 한다.

책놀이 뒷이야기

교사 1

똥이 하늘에서 떨어진다면? 정말 우웩이다. 이 책을 아이들과 함께 읽는 동안, 특히 돌쇠네 집에 온갖 똥이 떨어지는 장면에서 아이들은 교실에 떨어지는 것 마냥 비위가 상한 표정이다. 하지만 돌쇠 아버지가 얼마나 소중히 여기는 똥인지, 똥이 힘들게 일군 밭을 비옥하게 하여 노력의 결실을 풍성하게 했다는 것을 잘 알기에 돌쇠 아버지를 응원하며 똥을 마음으로 받아들였다. 그리고는 김 부자의 못된 행동을 한마음으로 비난했다. 책에서 제대로 된 인과응보를 맛보고 이어진 책놀이. 보드게임 판에 돌쇠네가 정성 들여 수확한 곡식 이름이 나열되어있다. 똥 주사위를 잘 던져 똥이 많이 나올수록 많은 곡식을 얻어 초가집에서 기와집으로 상승한다는 내용이 아이들의 동기를 자극했다. 이래도 충분히 재밌는데, 여기에 설사를 밟으면 화장실에 갇히고, 주사위를 던질 때 똥개가 나오면 한 칸 뒤로 가는 것은 이 놀이의 묘미였다. 여러 번 하고도 계속하고 싶다는 아이들의 말에 곤란하면서도 한편으로는 참 뿌듯했다.

교사 2

똥 얘기는 언제 들려주어도 아이들은 재미있어 한다. 우리 아이들이 이미 알고 있는 책이어서 흥미를 잃어 책 읽는 시간이 산만해지지는 않을까 걱정을 하였는데 아이들은 책에 시선을 고정하고 이야기 속으로 쏘옥 빠져들었다. 역시 재미난 얘기는 아이들을 끌어당기는 힘이 있다. 책놀이를 시작하기 전 놀이규칙을 먼저 정했다. 아이들은 같은 모둠끼리 업는 것은 허용하고 다른 모둠을 잡는 것을 허용하지 않기로 했다. 놀이를 하면서 기분 나빠지는 상황을 미리 막을 줄 아는 착하고도 영특한 녀석들이다. 한 칸 한 칸 말판에 말이 옮겨질 때마다 '조'는 뭐예요? '수수'는 뭐예요? 궁금해 하는 아이들. 미리 자세히 설명하지 않았기에 스스로 지적 호기심을 키운다. 놀이를 통해 스스로 배우는 아이들을 보며 뿌듯하다. 앞서가는 모둠의 구호 소리가 하늘을 찌르자 뒤쳐지는 모둠의 구호 소리는 점점 작아지는가 싶더니 똥벼락이 나오자 목소리가 커진다. 역시 놀이는 반전의 맛이 최고다. 수줍어서 자신의 순서에도 머뭇머뭇하던 아이는 자신이 던진 주사위에 똥벼락이 나오니 자신감이 붙었는지 일어서서 적극적으로 참여하는 모습에 오늘의 책놀이도 성공이다.

똥벼락

어린이 1

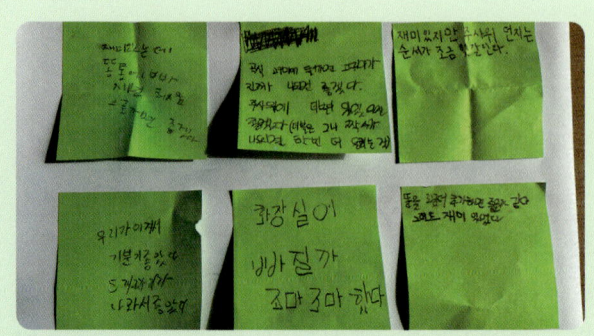

★ 화장실에 빠질까 조마조마했다.
★ 곡식 고구마에 들어가면 고구마가 진짜 나오면 좋겠다. 주사위에 더블이 있었으면 좋겠다.
★ 똥을 조금 더 추가하면 좋을 것 같다. 그래도 재미있었다.
★ 재미있는데 똥통에 빠지면 처음으로 가면 좋겠다.

어린이 2

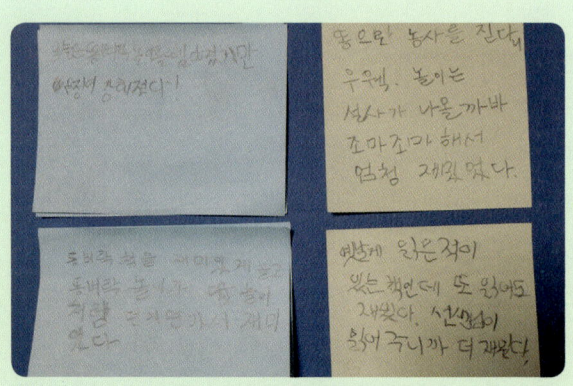

★ 똥벼락 책을 재미있게 읽고 똥벼락 놀이를 했는데 윷놀이처럼 던지면서 하는 게 재미 있었다.
★ 오늘은 똥벼락 놀이를 했다. 졌지만 우정이 강해졌다.
★ 똥으로 농사를 짓다니, 우웩. 놀이할 때 설사가 나올까 봐 조마조마해서 엄청 재밌었다.
★ 옛날에 읽은 적이 있는 책인데 선생님이 또 읽어주니까 더 재미있다.

교육과정 활용 연계

- 3~4학년군 사회
  - 시대마다 다른 삶의 모습을 주제로 하는 수업에서 활용할 수 있어요.

로지의 병아리

팻 허친스 글 · 그림 | 우현옥 옮김 | 봄볕

 책과 놀이 소개

알에서 태어난 병아리가 보이지 않자 엄마 닭 로지는 병아리를 찾아 나선다. 글은 병아리를 애타게 찾고 있는 로지의 이야기를 하고 있지만 그림을 보는 독자는 병아리 뒤에서 병아리를 위협하는 고양이와 여우, 커다란 물고기를 보며 긴장감을 늦출 수 없다. 과연 로지는 병아리를 무사히 찾을 수 있을까? 놀이를 하면서 애타는 엄마 닭의 마음을 헤아려 보자.

 책놀이 목표

- 규칙을 지켜 놀이에 즐겁게 참여한다.
- 놀이를 통해 엄마 마음을 헤아려 본다.

 책놀이 자료

그림책, 병아리 그림, 융판(자석 칠판), 미로 활동지

책놀이 방법

1. 마음열기

    다섯 고개 퀴즈로 등장인물(병아리)을 알아본다.
    - 알에서 태어납니다.
    - 날개가 있습니다.

- 부리가 있습니다.
- 어렸을 때의 이름과 자랐을 때의 이름이 다릅니다.
- 주로 노란색입니다.

2. 그림책 감상

① 그림을 탐색하며 읽는다.
 - 병아리는 어디로 갔을까요?
 - 다른 암탉과 병아리들은 무슨 말을 하는 걸까요?
② 등장인물의 마음을 헤아리며 읽는다.
 - 병아리를 찾지 못하고 있는 로지의 마음은 어떨까요?
③ 내용을 회상하며 이야기 나눈다.
 - 여우는 왜 병아리 뒤를 따라다녔을까요?

3-1. 책놀이 : 병아리 참참참

*준비물 : 병아리 그림, 융판(자석 칠판)
① 두 모둠으로 나눈다.
② 모둠에서 한 명씩 나와 로지와 병아리 역할을 맡는다.
③ 서로 등을 대고 선다.
④ '병아리 찾으러 갑시다. 이야이야호~ 하나둘셋!' 신호에 맞춰 동시에 고개를 뒤로 돌린다.
⑤ 로지가 병아리와 같은 방향을 바라보면 병아리 그림 한 개를 얻는다.
⑥ 역할을 바꿔 진행한다.
⑦ 병아리 그림을 많이 모은 모둠이 승리한다.

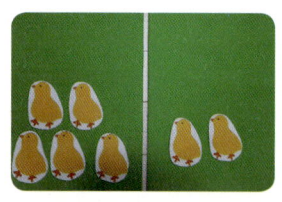  

3-2. 책놀이 : 병아리 찾기 미로 게임

* 준비물 : 미로 활동지

① 둘씩 짝을 지어 로지와 병아리 역할을 맡는다.

② 로지는 눈을 감고 '미로 활동지'의 출발점에서부터 도착점까지 병아리의 명령어대로 미로를 빠져나간다.

③ 병아리는 로지가 미로를 빠져나갈 수 있도록 명령어(멈춰, 왼쪽, 오른쪽, 위, 아래)로 안내한다.

④ 역할을 바꿔서 진행한다.

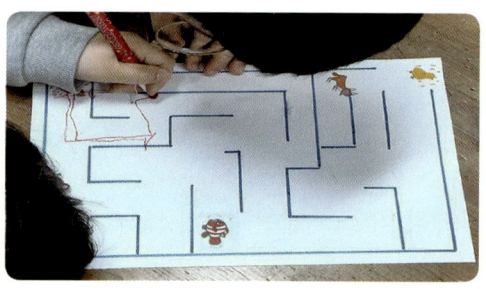

4. 책놀이 마무리

활동을 회상하며 이야기 나눈다.

- '병아리 참참참' 놀이를 하면서 병아리가 보이지 않았을 때 어떤 마음이었나요?
- 로지가 병아리를 찾았을 때의 마음을 한마디로 표현해 볼까요?

🐸 책놀이 메모

① '병아리 참참참' 놀이를 할 때 동시에 뒤를 돌아보는 신호를 정확히 안내하는 것이 좋다. 예를 들면 '하나둘셋' 구호를 끝내고 돌아보아야 하는지, 또는 '셋'에 돌아보아야 하는지를 명확하게 안내한다.

② '병아리 찾기 미로 게임'을 할 때 짝끼리 서로 마주 보고 있을 때의 명령어는 로지의 입장에서 제시해야 함을 미리 안내한다.

🎈 책놀이 뒷이야기

교사 1

'업은 애기 삼 년 찾는다'라는 속담에 빠져 있을 때가 있었다. 낙엽만 굴러가도 깔깔 웃는다는 사춘기 시절이다. 리모컨을 손에 쥐고 어디 있는지 찾으러 다니는 모습에 아빠께서 툭 하신 말씀인데 그 말이 그때는 그렇게 웃길 수가 없었다. 등 뒤에 있는데 그렇게 오랫동안 찾다니 옛날 사람들 속담을 너무 잘 만들었는데? 그런데 아이를 낳고 보니 이거 이거 웃긴 속담 아니다. 큰일 날 속담이다. 아이를 삼 년이나 찾아다니느라 제정신이 아니었을 것이다. 그래도 그렇지 삼 년 동안이나 도움받을 사람 한 명도 못 만났어? 라는 데까지 생각이 미치면…. 아휴, '로지의 병아리' 속 엄마 닭이 더 안타까워진다. 다행히도 로지는 삼 년이 되기 전에 친구들이 도와준다. "로지, 뒤에 있잖아!" 로지에게 함께 하는 가족과 동료가 있어 다행이다. 우리 학생들에게도 함께 하는 친구들이 있어 다행이다. 놀이를 어찌나 재미있게 하는지, 특히 '병아리를 찾아라' 미로 게임은 몇 번이고 시도하며 미로 게임 활동지를 계속해서 받아갔다. 꼭 길을 찾게 도와주고 싶은 한마음이었으리라. 두 명씩 맞춘 마음을 넓혀 반 전체로도 해 보았다. 교사가 눈을 감고 아이들의 명령대로 움직여도 보았다. 실과 시간에 소프트웨어교육을 통해 절차적 사고과정을 함께 해서 그런지 칠판에 더 복잡하게 그린 미로도 설명을 잘 해주었다. 설명을 잘 해준다는 것은 결국 상대방에 대한 배려이기도 하다. 우리 아이들은 관찰, 배려, 함께 하는 마음으로 업은 아기 삼 년 찾는 일은 생기지 않길 바라본다.

교사 2

> 숨은그림찾기 하듯 아이들이 눈을 크게 뜨고 집중하며 읽었던 그림책이다. 병아리 뒤에 숨은 여우를 찾아내고는 장면을 넘길 때마다 조마조마하며 뒷이야기를 궁금해하는 아이들의 모습이 귀엽고 인상적이었다. 짝과 함께 협동하여 병아리를 찾아가는 미로 찾기 놀이는 둘이 한마음이 되어 흥미진진하였다. 길을 안내하는 친구는 상대방이 엉뚱한 곳으로 갈 때 아쉬워하면서도 무척 재미있어했고 마침내 도착점에 도착했을 때는 서로가 함께 목표에 도달하여 성취감에 기뻐했다. 혼자보다는 반드시 누군가의 도움이 필요하며, 다른 사람의 말도 잘 들어야 하는 등 놀이를 통해 귀 기울임의 가치를 느낄 수 있었던 놀이다.

어린이 1

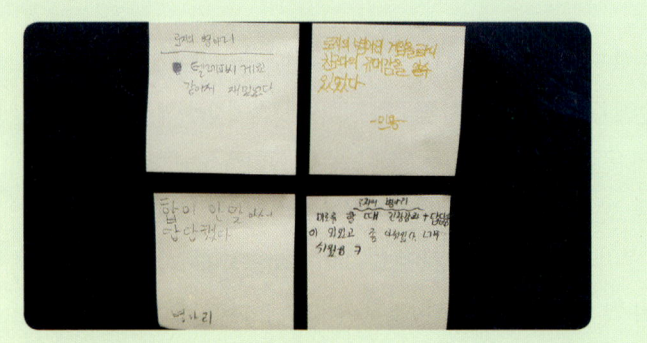

★ 텔레파시 게임 같아서 재미있었다.
★ 로지의 병아리 게임을 하니 친구와의 유대감을 느낄 수 있었다
★ 합이 안 맞아서 답답했다.
★ 미로를 할 때 긴장감과 답답함이 있었고 좀 아쉬웠다. 너무 쉬웠다.

어린이 2

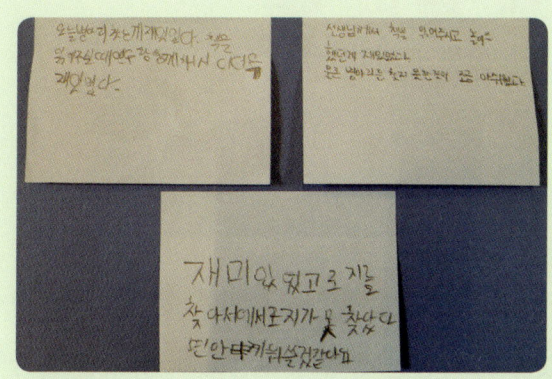

★ 선생님께서 책을 읽어주시고 놀이를 했던 게 재밌었다. 물론 병아리를 찾지 못한 것이 조금 아쉬웠다.

★ 오늘 병아리 찾는 게 재밌었다. 책을 읽어주실 때 ○○랑 함께 해서 더더욱 재밌었다.

★ 재미있었고 로지가 병아리를 못 찾았다면 안타까웠을 것 같다.

 교육과정 활용 연계

- 1~6학년 국어
  - 인물의 마음을 이해하는 수업에서 활용할 수 있어요.
- 5~6학년군 실과
  - 절차적 문제해결 수업에서 활용할 수 있어요.

마법에 걸린 병

고경숙 글 · 그림 | 재미마주

 책과 놀이 소개

장난꾸러기 마법사가 마법으로 병에 주문을 걸었다. 사람들이 사 간 병은 알 수 없는 마법에 걸려 있어서 뚜껑을 열었을 때 그들을 당황하게 만든다. 하지만 결국 함께하는 즐거운 추억을 선물해 준다. 과연 아직 찾지 못한 병에는 어떤 주문이 걸려 있을까? 우리도 마법사가 되어 주문을 외우며 상상력을 발휘해 보자.

 책놀이 목표

- 상상놀이의 즐거움을 느껴본다.
- 질문과 대답으로 친구의 생각을 예측할 수 있다.

 책놀이 자료

그림책, A4 종이, 색연필

 책놀이 방법

1. 마음열기

　병 속 물건을 알아맞힌다.
　　- 어제 마트에서 '탕탕 사이다'라고 적힌 병을 샀어요. 무엇이 들어있을까요?

2. 그림책 감상

① 제목을 보고 이야기를 나눈다.

② 병 속에 무엇이 들어있을지 상상하며 읽는다.
  - '하하물비누' 병 속에는 무엇이 들어있을까요?

3. 책놀이 : 나만의 마법 병

① 4~5명씩 모둠을 나눈다.

② A4 종이를 반으로 접어 앞장에 자신만의 마법 병을 그림으로 그린 후, 뒷장에는 병 속에 무엇이 들어있는지 글로 적거나 그림으로 그린다.

③ 자신이 만든 마법 병의 이름을 정한다.

④ 모둠원이 노래를 부르고 나서 첫 번째 친구의 마법 병 이름을 보고 무엇이 들어있는지 다섯 번의 질문으로 알아맞힌다.
  - ♪마법에 걸린 병 마법에 걸린 병 마법에 걸린 병

⑤ 각 모둠에서 가장 재미있었던 마법 병 한 개를 선택해 전체 놀이로 진행한다. 이때 질문은 열 개 정도로 한다.

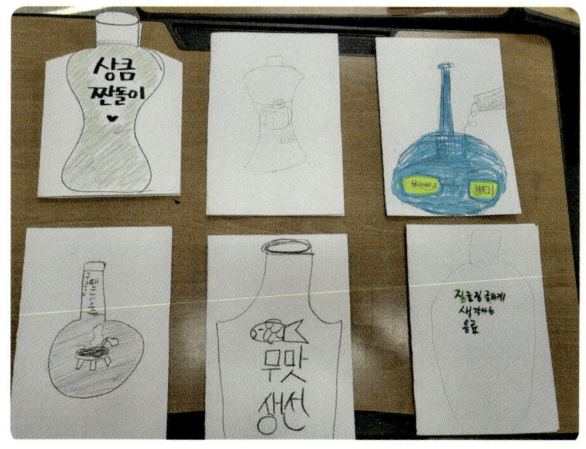

4. 책놀이 마무리

① 활동을 회상하며 이야기 나눈다.
- 가장 재미있었던 마법 병은 어떤 병이었나요?
- 마법에 걸린 병을 발견한다면 어떤 기분이 들까요?

② 상상놀이의 즐거움에 관해 이야기 나눈다.
- 언제 상상을 가장 많이 하나요?
- 주로 어떤 상상을 하나요?
- 상상을 하면 무엇이 좋을까요?

책놀이 메모

① '나만의 마법 병' 놀이를 할 때 교사의 마법 병을 예시로 소개할 수 있다.
② 미리 준비한 마법 병 도안을 활용할 수 있다.

책놀이 뒷이야기

교사

> 책을 함께 읽어보며 교사는 상상하지도 못한 기발한 생각들을 아이들이 하고 있다는 것을 알게 되었고, 나름의 이유를 갖고 설명하는 모습도 인상적이었다. 책을 읽으며 친구들의 상상을 즐기느라 많은 시간이 들어 나만의 마법 병을 만드는 시간이 부족했다. 2차시 정도로 여유를 갖고 미술과 연계하여 진행하면 더 효과적일 것이다. 모둠원의 질문에 열성적으로 답하는 모습에서 자신의 작품에 대한 자부심을 느끼는 것 같았다. 기발한 생각을 해낸 친구들을 서로 칭찬하고 재미있어하는 모습이 좋았다.

어린이

★ 친구들과 추리하다 보니 협동심을 기를 수 있었던 것 같다.

★ 내가 쓰고 싶거나 그린 것을 병에 넣어 맞추는 게임이 창의적이고 재미있었다.

★ 노래가 중독성이 있어서 매우 재미있었다.

★ 다른 책놀이보다 문제를 맞히는 게 더 재미있었다.

★ 병 안에 있는 동물을 맞히는 것과 다른 친구들의 생각을 맞히는 것이 재미있었다.

★ 책에서 나오는 병 안에 어떤 동물이 있는지 맞히는 재미가 있었다.

교육과정 활용 연계

- 1~2학년군 통합, 3~6학년 미술
  - 상상하기 수업에서 활용할 수 있어요.

모모모모모

지은이 밤코 | 향

 책과 놀이 소개

벼의 한살이와 농사짓는 농부의 수고로움을 말놀이처럼 재미나게 표현한 책이다. 글자가 그림처럼 표현되어 있어 작가의 기발한 상상력과 창의성에 입이 떡 벌어진다. 그림을 몸으로 표현해보는 놀이를 통해 밥 한 그릇에 대한 고마움을 유쾌하면서도 감동적으로 느껴보자.

 책놀이 목표

- 말놀이를 통해 벼의 한살이 과정을 알 수 있다.
- 쌀 한 톨이 밥상에 오르기까지 농부의 수고로움을 알 수 있다.

 책놀이 자료

그림책, 벼의 한살이 카드 6장

책놀이 방법

1. 마음열기

    ① 볍씨를 보며 이야기 나눈다.

    - 이것은 씨앗인데 나중에 무엇으로 자랄까요?

    ② 전래놀이 '쌀보리' 게임을 한다.

2. 그림책 감상

① 표지 그림을 탐색하며 이야기 나눈다.
   - 밀짚모자 쓰고 장화 신고 뭘 하러 가는 걸까요?
② 과정을 이해하기 쉽게 책의 내용을 간략하게 알려주고 읽는다.
   - 이 책은 볍씨가 밥이 되기까지의 과정을 보여주는 책이야.
③ 그림을 단서로 내용을 예측하며 읽는다.
   - '모내기'란 무엇을 한다는 뜻일까요?
④ 글을 단서로 내용을 예측하며 읽는다.
   - 벼 사이에 자란 초록 풀을 뭐라고 할까요?
⑤ 그림의 상황에 어울리는 표정과 동작을 곁들여 읽는다.

3. 책놀이 : 벼농사 말놀이 '모모모모모'

① 여섯 모둠으로 나누고 각 모둠원의 순서를 정한다.
② 모둠별로 벼의 한살이 카드 한 장을 선택하고 동작을 만든다.
③ 모두 둘러서서 각 모둠에서 만든 동작을 보여주고 다 함께 연습한다.
④ 동작과 함께 '벼의 한살이' 노래를 다 함께 부른다.
   - ♪ ('돌과 물 : 바윗돌 깨뜨려'를 개사) 볍씨가 싹트면 모모모, 모모가 자라면 벼벼벼, 벼벼가 여물면 탈탈탈, 탈탈탈 털어서 쌀쌀쌀, 쌀 쌀쌀쌀은 우리 밥, 짚 짚짚짚은 소먹이. 남기지 마!
⑤ '벼의 한살이 노래'로 놀이를 시작한다.
⑥ 시작 모둠의 첫 번째 친구가 자기 모둠의 이름을 동작과 함께 외친 다음 다른 모둠의 이름을 동작과 함께 외친다. 받는 모둠도 똑같이 반복한다.
   - 주기 : 모모모모모-쌀쌀쌀쌀쌀
   - 받기 : 쌀쌀쌀쌀쌀-벼벼벼벼벼

⑦ 각 모둠에서 자신의 순서를 잊거나 동작이 틀린 사람은 그 자리에 앉는다.

⑧ 가장 많은 수가 남은 모둠이 승리한다.

⑨ 가장 많은 인원이 남은 모둠이 승리한다.

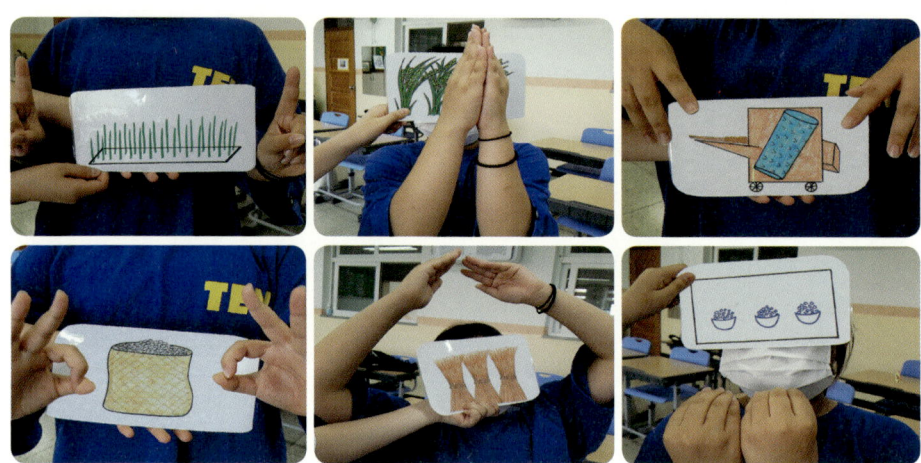

4. 책놀이 마무리

① 활동을 회상하며 이야기 나눈다.
  - '모모모모모' 놀이를 하면서 기억에 남는 동작은 어떤 것이었나요?

② 농부의 수고로움에 관해 이야기 나눈다.
  - 쌀이 식탁에 오기까지의 과정을 알고 어떤 생각이 들었나요?
  - 농부에게 감사함을 전한다면 어떤 말을 하고 싶은가요?

🐸 **책놀이 메모**

① 동작을 하면서 놀이하는 것을 어려워하는 경우, 동작 없이 말놀이로만 진행할 수 있다.

② 틀려서 자리에 앉은 친구들도 앉아서 계속 놀이에 참여할 수 있도록 한다.

💡 책놀이 뒷이야기

교사 1

'벼의 한살이'에 대한 정보와 '말의 재미'까지 느낄 수 있었던 책으로 아이들과 함께 읽는 것만으로도 무척 즐거운 시간이었다. 게다가 TV 예능프로그램에 나올법한 놀이의 형식에 아이들이 무척 즐거워했으며, 수업에도 적극적으로 참여했다. 아이들의 웃음 포인트는 바로, 모둠별 동작! 우리 모둠의 동작뿐만이 아니라 상대 모둠들의 동작도 모두 외워서 적절한 타이밍에 주기와 받기를 해야 했기 때문에 정신을 똑바로 차릴 수밖에 없었다. 놀이가 진행될수록 아이들의 목소리는 더욱 커지고, 동작은 정확해지는데 그 모습에 서로 웃음을 터뜨리고 말았다. 우리 반이 이렇게 다 함께 집중한 적이 있었던가. 수업이 끝나고 식생활관에 가는데 아이들이 학교에 심어놓은 '모'(우리 학교는 스쿨팜 사업 중)를 보고 가자고 하였다. 등·하교 할 때에 매일 봤을 '모'인데도 책 한 권과 놀이로 아이들이 새롭게 관심을 갖기 시작한 것이다. 그때의 '모'는 전에 봤던 '모'와는 다른 느낌이었으리라. 우리 반 친구들 역시 '모' 앞에서 "모 – 모모모 모!"를 외친다. "선생님~! 가을에 여기 다시 나와서 벼 – 벼벼벼벼해요!" 참 귀엽다.
"그럼 우리 이제 냠 – 냠냠냠냠하러 갈까?"

교사 2

올해 아이들과 스쿨팜 사업으로 벼의 한살이를 살펴보아서 그런지 아이들이 볍씨 사진에 큰 관심을 보였다. 제목만 봐서는 정말 '모'지? 인데, 마음 열기 덕분에 아이들이 그 '모'를 딱 알아봤다. 짧고 간결한 말이 아이들을 집중하게 했고 글자가 눕혀있고 잘릴 때 그것이 의미하는 것을 바로 파악했다. 볍씨가 자라 쌀이 되기까지의 각 과정을 간결하게 다섯 자로 표현하니 입에 착 달라붙었다. '모-모,모모모', '벼-벼,벼벼벼', '탈-탈,탈탈탈', '쌀-쌀,쌀쌀쌀', '짚-짚,짚짚짚', '냠-냠,냠냠냠' 여섯 개의 모둠이 공격과 방어를 하면서 어깨를 들썩이며 매우 신났다. 공격에 머뭇거리는 아이를 위해 '한 박자 쉬~고!'를 외치며 탈락자 없이 놀이를 마무리했다. 리듬을 살리느라 무릎을 많이 쳐서 아프다며 하소연을 하는데, 말과 다르게 표정은 웃고 있다. 참 반가운 엄살이었다.

어린이

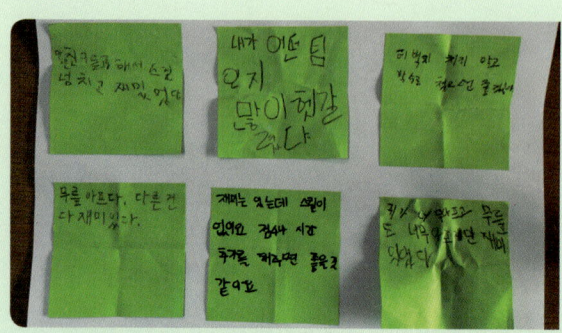

★ 무릎 아프다. 다른 건 다 재미있다.

★ 허벅지 치지 말고 박수로 치면 좋겠다.

★ 많은 친구들과 해서 스릴 넘치고 재밌었다.

★ 귀가 너무 아프고 무릎도 너무 아프지만 재미있었다.

★ 내가 어떤 팀인지 많이 헷갈렸다.

★ 재미는 있는데 스릴이 없어요. 점수나 시간 추가를 해주면 좋을 것 같다.

 교육과정 활용 연계

- 1~2학년군 국어
  - 말놀이 수업에서 활용할 수 있어요.
- 1~2학년군 통합
  - 동네 사람들이 하는 일에 대해 알아보는 수업에서 활용할 수 있어요.
- 3~4학년군 과학
  - 식물의 한살이 수업에서 활용할 수 있어요.
- 1~6학년 창의적 체험활동
  - 진로활동 수업에서 활용할 수 있어요.

몽돌 미역국

권민조 글 · 그림 | 천개의 바람

 책과 놀이 소개

한국인이 사랑하는 음식! 구수하면서 뜨끈하니 허기진 우리 몸을 포근하게 감싸주는 미역국! 수없이 먹은 미역국이지만 미역국의 유래에 대해 생각해 본 적은 없었다. 이 책은 미역국의 유래를 상상하여 지은 책이다. 아버지 용의 간절함, 인간들의 협력으로 여러 미역국이 탄생했다. 이야기가 정말 그럴듯해서 아이들이 '이 이야기 진짜예요?'라고 물어볼 정도였다. 작가의 상상력은 여기에서 더 나아가 '우리 어머니들이 이러한 이유로 출산 후 미역국을 먹었을 것이다.'라고까지 이어진다. 딸에 대한 아버지의 사랑 덕분에 전국 곳곳의 특산물로 만든 다양한 미역국의 종류와 재료를 알아보는 놀이를 만들었다. 아이들은 미역국을 먹어보기만 했지 직접 만들어 본 적이 없는 경우가 많기에 놀이를 하면서 자연스럽게 미역국에 들어가는 재료를 익힐 수 있다.

 책놀이 목표

- 미역국에 담긴 의미를 알 수 있다.
- 미역국의 유래를 통해 부모님께 감사하는 마음을 갖는다.

 책놀이 자료

그림책, 미역국 카드, 미역국 재료 카드

🐸 책놀이 방법

1. 마음열기

미역국을 먹은 경험을 이야기 나눈다.

- 미역국은 언제 먹을까요?
- 생일에 미역국을 먹는 이유를 알고 있나요?.

2. 그림책 감상

① 제목을 읽으며 이야기의 내용을 예측한다.
- 몽돌 미역국은 무엇으로 끓인 미역국일까요?
- 몽돌을 알고 있나요?

② 상황을 반영하여 읽는다.

③ 그림에 첨가되어 만화적으로 표현한 글은 상황에 맞게 문장 사이에 첨가하여 읽는다.

④ 문헌에 따른 미역국의 유래를 소개한다.

3. 책놀이 : 미역국 재료를 얻어라!

① 4명씩 모둠을 나눈다.

② 각자 미역국 카드를 1장씩 뽑고 선택한 미역국의 재료를 확인한다.
- 쇠고기 미역국, 들깨 미역국, 성게 미역국, 조개 미역국

③ 책상 위에 40장의 재료 카드를 뒤집어 펼쳐 놓는다.

미역국카드	재료 카드				
쇠고기 미역국	미역 2장	마늘 2장	들기름 2장	간장 2장	쇠고기 2장
들깨 미역국	미역 2장	마늘 2장	들기름 2장	간장 2장	들깨 2장
성게 미역국	미역 2장	마늘 2장	액젓 2장	소금 2장	성게 2장
조개 미역국	미역 2장	마늘 2장	액젓 2장	소금 2장	조개 2장

[재료 카드 예시]

④ 순서를 정하여 카드를 2장씩 뒤집는다. 2장의 카드가 같은 그림이면 2장의 카드를 가져가고, 다른 그림이면 원래 위치에 뒤집어 놓는다.

⑤ 자신이 선택한 미역국의 모든 재료를 먼저 얻는 사람이 승리한다.

⑥ 남은 친구들도 자신의 모든 재료를 획득할 때까지 놀이를 진행한다.

⑦ 놀이가 끝난 후 자신이 모은 재료 카드로 미역국 만드는 방법을 소개한다.

4. 책놀이 마무리

① 활동을 회상하며 이야기 나눈다.

- 내가 미역국을 끓인다면 누구에게 제일 먼저 주고 싶나요?

② 낳아주신 부모님께 감사의 마음을 전하는 시간을 갖는다.

- 부모님께 미역국을 끓여드리면서 꼭 해드리고 싶은 말은 무엇인가요?

🐸 책놀이 메모

① 미역국의 종류는 지역 특색을 반영하여 변경할 수 있으며, 이에 맞게 재료도 수정한다.
② 모둠별 미역국 카드의 수는 모둠원 수에 따라 조절할 수 있다.

🎈 책놀이 뒷이야기

교사 1

> 보통 음식 이름이 그림책의 제목으로 쓰이면, 아이들은 제목을 보자마자 먹고 싶다고 한다. '알사탕'도 그랬고, '레모네이드가 좋아요'도 그랬고, '고구마구마'도 그랬다. 그런데 이 책을 보자 아이들이 고개를 갸웃거린다. 미역국은 먹는 건데 몽돌은 못 먹는 것 아닌가. 아이들을 궁금하게 한다면, 그래서 얼른 교사가 읽어주기를 바란다면 절반은 성공이다. 앗싸! 미역국의 기원에 관한 전설(?)같은 이야기가 끝이 나고 놀이가 시작되었다. 평소 교구 없이 맨손으로 놀이를 진행하곤 하는데, 이번 책놀이를 위해 미역국 카드를 공개하니 아이들 눈이 휘둥그레진다. 남은 절반의 절반도 성공이다. 오~예! 아이들이 무릎담요를 테이블보 삼아 책상 위를 세팅하기 시작한다. 카드놀이이다 보니 교사가 처음에 설명만 잘 해주면 아이들끼리 알아서 잘 논다. 교사가 처음부터 끝까지 사회를 봐야 하는 놀이보다 훨씬 수월하다. 또 해도 되냐고 아이들이 묻는다. 그렇다면 남은 절반의 절반도 성공이다.

교사 2

> 아이들은 먹는 것을 주제로 한 그림책을 좋아한다. 그리고 미역국은 쉽게 접하는 음식이기에 흥미롭게 책을 대했다. 아이들은 표지를 보며 처음에는 몽돌이 떡인 줄 알았다고 한다. 딸을 걱정하는 아빠 용의 마음과 노력이 미역국의 탄생을 가져왔고, 미역국을 먹으면 시험을 망치게 된다는 미역국의 유래를 상상하여 재치있게 담았다. 본문 외에 삽화에 담겨 있는 인물들의 대사도 아이들은 놓치지 않고 읽었다. 이 재치있는 이야기에 이어서 미역국의 여러 종류와 각 미역국에 필요한 재료를 자연스럽게 익힐 수 있는 놀이가 있어 참 좋았다.

어린이

★ 똑같은 재료 카드를 찾을 때 뿌듯하면서 신났고 못 찾을 때는 답답했다
★ 찾는 재미도 있었고 아찔해서 재미있었다. 하지만 다른 아이들이 이길 때 기분이 안 좋았다.
★ 미역국 재료가 뭔지 알았고 여러 가지 미역국이 있다. 그리고 이 놀이하면서 미역국이 먹고 싶었다.
★ 찾는 게 재미있었고, 찾았을 때 쾌감이 좋았다.

교육과정 활용 연계

- 1~2학년군 통합
  - 우리나라 전통음식 알기와 연계한 수업에서 활용할 수 있어요.
- 5~6학년군 실과
  - 가족의 소중함을 알아보는 수업에서 활용할 수 있어요.
  - 음식 만들기 수업에서 활용할 수 있어요.
- 1~4학년 국어
  - 사물을 소개하거나 차례대로 말하는 수업에서 활용할 수 있어요.

문장부호

난주 글 · 그림 | 고래뱃속

 책과 놀이 소개

책 속 그림 안에 문장부호가 숨어 있다. 자연의 흐름에 따라 생겼다 사라지는 모습을 보며 문장부호를 떠올려 점묘법으로 표현했다. 글의 내용도 문장부호를 살려 아이들이 재미있게 찾아내고 이름을 불러줄 수 있도록 멋지게 표현해준 책이다. 내 생각을 명확하게 표현해 줄 문장부호를 만나보자.

책놀이 목표

- 그림에서 문장부호를 찾을 수 있다.
- 놀이를 통해 즐겁게 문장부호를 익힌다.
- 문장부호에 어울리게 표현할 수 있다.

 책놀이 자료

그림책, 문장부호 장갑, 문장 카드, 문장부호 카드, 뽑기통

 책놀이 방법

1. 마음열기

   '나는 무엇일까요?' 퀴즈로 주제를 떠올린다.
   - 콩알, 야구방망이, 귀, 콩나물

- 이것을 사용하면 의미를 더 정확하게 전달할 수 있어요.
- 문장마다 따라다녀요.

2. 그림책 감상

① 제목을 가리고 앞표지를 탐색한다.
② 문장부호의 느낌을 살려 읽는다.
③ 마지막까지 읽은 후 제목을 알아맞힌다.
④ 그림 속에 숨은 문장부호를 찾아보며 처음부터 다시 그림책을 감상한다.
- 그림책 표지에는 어떤 문장부호가 숨어 있나요?
- 찾은 문장부호 이름은 무엇일까요?

3-1. 책놀이 : 노래해! 문장부호!

* 준비물 : 문장부호 장갑

① 문장부호 장갑으로 문장부호 이름과 모양을 익힌다.
② '개나리' 동요를 개사한 '문장부호' 노래를 다 함께 부른다.

♪ 주는 노래		♪ 받는 노래
문장부호 사총사 누가 누가 있을까?	→	마침표, 물음표, 느낌표, 쉼표.
끝나는 문장 뒤엔 누가 누가 올까요?	→	끝나는 문장 뒤엔 마침표가 오지요.
묻는 문장 뒤엔 누가 누가 올까요?	→	묻는 문장 뒤엔 물음표가 오지요.
느끼는 문장 뒤엔 누가 누가 올까요?	→	느끼는 문장 뒤엔 느낌표가 오지요.
부르는 말 뒤엔 누가 누가 올까요?	→	부르는 말 뒤엔 쉼표가 오지요.

3-2. 책놀이 : 집어! 문장부호!

* 준비물 : 문장 카드, 문장부호 카드, 뽑기통

① 4명씩 모둠을 나눈다.
② 책상 위에 문장부호 카드가 보이도록 펼쳐 놓는다. 문장부호 카드는 문장 카드에 해당되는 문장부호별 × 모둠원 × 모둠 수만큼 준비한다.
③ 한 손(사용하지 않는 손)은 등에 대고, 한 손(사용할 손)은 귀를 잡는다.
④ 교사 또는 술래가 뽑기통에서 문장을 뽑아 읽어준다.
⑤ 귀를 잡은 손의 검지 손가락으로 해당 문장부호 카드를 끌어오며 문장부호의 이름을 외친다.
⑥ 문장부호를 가장 많이 모은 친구가 승리한다.

 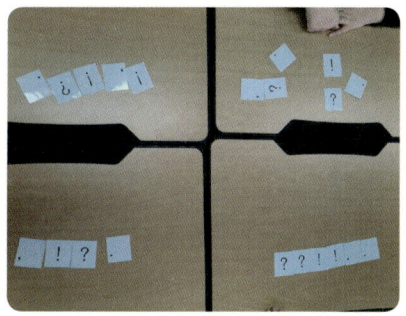

3-3. 책놀이 : 보여줘! 문장부호!

* 준비물 : 문장부호 카드(모둠 수만큼)

① 4명씩 모둠을 나누고 순서를 정한다.
② 모둠별로 한 개의 문장부호를 뽑은 후, 정해진 시간 동안(약 1분 30초 정도) 협동하여 몸으로 문장부호를 어떻게 표현할지 상의한다.
③ 전체 친구들이 '즐겁게 춤을 추다가 그대로 멈춰라!' 노래를 부른 후 발표할

모둠을 향해 '보여줘, 문장부호!'를 외치면 모둠의 문장부호를 몸으로 표현한다.

④ 몸으로 표현한 문장부호의 이름을 맞춘다.

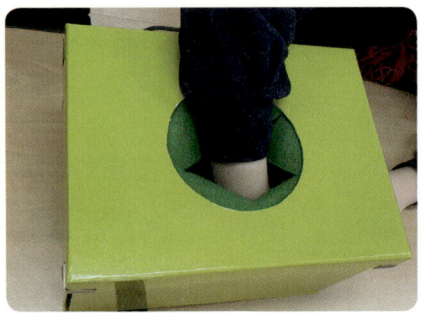 

3-4. 책놀이 : 줄줄이 말해요!

① 4명씩 모둠을 나눈다.

② 모둠원이 상의하여 네 가지 문장부호가 들어간 이야기를 만든다.

③ 모둠이 만든 이야기를 문장부호의 느낌을 살려 역할을 나눠 발표한다.

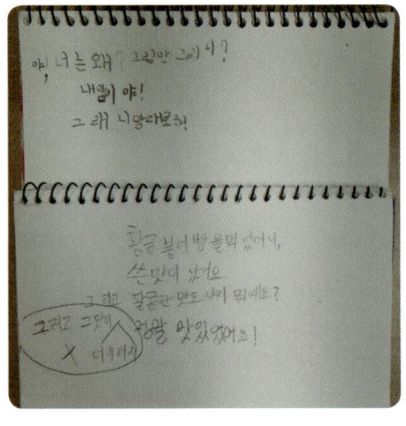

모둠 1:
야, 너는 왜 그림만 그리니?
내 맘이야!
그래, 니 맘대로 해.

모둠 2:
황금 붕어빵을 먹었더니, 쓴맛이 났어요.
그리고 달콤한 맛도 나지 뭐예요?
그 맛이 어우러져 정말 맛있었어요!

4. 책놀이 마무리

① 문장부호의 쓰임에 대해 이야기 나눈다.

　- 만약에 문장부호가 없다면 어떻게 될까요?

② 문장부호 노래를 다시 한번 불러본다.

🐸 책놀이 메모

① '노래해! 문장부호!' 놀이는 노래를 익힌 후 '문장부호 OX퀴즈'로 진행할 수 있다.
② '집어! 문장부호!' 놀이에 사용하는 문장 카드는 그림책 속 문장이나 학급에서 실시하고 있는 온 책 읽기 도서의 문장을 활용할 수 있다.
③ '줄줄이 말해요!' 놀이에서 활용하는 문장부호 수는 모둠원 수와 동일하게 하며 각 모둠에서 만든 이야기는 모둠원이 한 문장 이상 발표하도록 한다.

🎈 책놀이 뒷이야기

교사

> 　문장부호 그림책을 보자마자 1학년 통합 교과 속 조상들의 생활 모습을 점묘법으로 표현하는 활동과 국어 교과의 문장부호 수업을 연계하여 구성하면 좋겠다는 생각이 들었다. 아이들에게 그림책을 읽어주자 아이들은 그동안 봐 왔지만 놓쳤던 자연의 아름다운 모습을 그림에서 발견하며 책 속으로 빠져들었다. 또 그림과 문장부호가 일치하는 것을 찾아내며 "너무 재미있다!", "신기하다!"고 감탄했다. 놀이를 시작하면서 문장부호 장갑을 "짠"하고 보여주며 노래를 하니 아이들도 자신의 손바닥을 선생님과 똑같이 맞춰가며 노래를 부른다. 어떤 아이는 노래 부르는 동안 자신의 손바닥에 문장부호를 얼른 그려 넣고는 선생님의 율동을 따라 한다. '집어! 문장부호!' 놀이에서는 귀를 쫑긋해가며 열심히 듣고 어울리는 문장부호를 모으기 위해 최선을 다한다. 역시, 책상 앞에 앉아서 지식을 접하는 것보다 노래로 표현하기, 몸으로 표현하기를 좋아하는 우리 반 아이들! 배움은 책상이 아니라 체험에서 온다는 것, 즐거움이 클 때 배움도 크다는 것을 다시 한번 느꼈다.

어린이

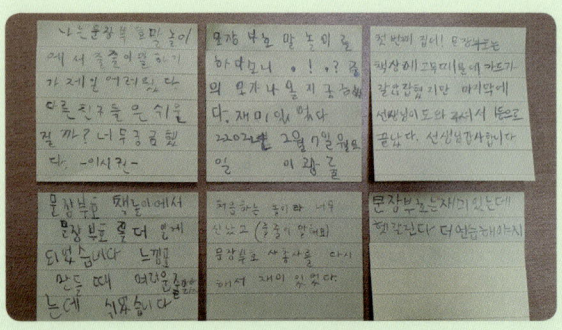

★ 처음하는 놀이라 너무 신났고 특히 '줄줄이 말해요!' 놀이는 문장부호 사총사를 다시 해서 더 재미있었다.

★ '보여줘! 문장부호!' 놀이에서 우리 모둠은 느낌표가 걸렸는데 어려울 것 같았지만 친구들과 함께 해서 재미있고 쉬웠다.

★ 문장부호 책놀이 중 '보여줘! 문장부호'를 하다 보니 우리 모둠에는 어떤 문장부호가 나올지 궁금했다. 재미있었다.

 교육과정 활용 연계

- 1~2학년군 국어
  - 문장부호 수업에서 활용할 수 있어요.

바람에 날린 작은 신문

호세 사나브리아 글 | 마리아 라우라 디아즈 도밍게스 그림 | 윤혜정 옮김 | 아르볼

책과 놀이 소개

갑자기 불어온 바람에 신문이 날립니다. 곳곳으로 흩어진 신문들이 다양한 사람을 만나 그들을 위로하고 돕습니다. 마침내 신문의 본래 목적인 읽어주는 사람도 만납니다. 신문을 읽고 행복해하는 사람을 보면서 신문은 자신이 태어난 이유를 깨닫고 행복해합니다. 신문을 읽으며 밝은 표정을 짓고 있는 사람의 모습이 앞표지에서 보이네요. 그에게 행복을 준 기사는 무슨 내용일까요? 기사의 내용을 예상해 보고, 우리도 다른 사람에게 행복한 소식을 전해줍시다.

책놀이 목표

- 신문 놀이를 통해 신문의 역할을 알 수 있다.
- 신문지를 활용한 놀이를 통해 창의적 사고의 즐거움을 느껴본다.

책놀이 자료

그림책, 신문지, 편지지, 필기도구, 테이프, 초시계, 풍선, 신나는 노래

책놀이 방법

1. 마음열기

　소식을 듣는 방법에 대해 이야기 나눈다.
　　- 새로운 소식을 어떻게 알게 되었나요?

2. 그림책 감상

① 눈을 감고 그림책의 글을 들으며 이야기를 감상한다.

② 주인공 '나'는 누구일까 알아맞혀 본다.

- 그렇게 생각한 이유는 무엇일까요?

③ 그림을 감상하며 그림책을 다시 읽는다.

④ 마지막 장면의 문장을 활용해 이야기 나눈다.

- 신문이 세상에 태어난 이유는 무엇일까요?

⑤ 책 내용을 회상하며 이야기 나눈다.

- 그림책에 등장한 신문은 어떤 일들을 했나요?

3-1. 책놀이 : 신문지 트위스트

＊준비물 : 초시계, 신나는 노래, 신문지

① 두 모둠으로 나눈다.

② 각 모둠에서 한 명씩 나와 각각 신문지 위에 올라선다.

③ 신나는 노래에 맞춰 제한 시간 동안 트위스트를 추며 발로 신문지를 조각낸다.

④ 가장 많은 조각을 낸 팀이 승리한다.

3-2. 책놀이 : 목걸이가 전하는 소식

*준비물 : 신문지

① 두 모둠으로 나눈다.
② 모둠원에게 각각 신문지 한 장씩을 제공한다.
③ 신문을 읽고 전하고 싶은 행복한 기사에 동그라미를 한다.
④ 각 모둠끼리 신문을 모아 훌라후프 크기의 큰 목걸이를 한 개씩 만든다.
⑤ 모둠끼리 모두 손을 잡고 길게 한 줄로 선다.
⑥ 손을 놓지 않고 신문지 목걸이를 소식과 함께 팔, 머리, 다리, 팔의 순서로 마지막 친구까지 전달한다.
⑦ 마지막 친구는 전달받은 소식을 칠판에 쓰고 줄의 맨 앞에 선다.
⑧ 모든 사람이 다 할 때까지 진행한다.
⑨ 칠판에 적힌 소식을 다 함께 읽어 본다.

3-3. 책놀이 : 풍선 소식 나르기

*준비물 : 초시계, 신문지, 풍선

① 4명씩 모둠을 나눈다.
② 각 모둠에게 각각 신문지 한 장씩 제공한다.

③ 행복한 소식을 미리 넣어둔 풍선을 모둠 수 만큼 준비한다.

예) 자유시간 1시간, 청소시간 면제, 사탕 먹기, 숙제 면제, 보드게임 1시간 등

④ 두 모둠씩 신문지 위에 풍선을 올려 모둠원이 힘을 합해 반환점을 돌고 온다.

⑤ 먼저 도착한 모둠의 풍선을 터뜨려 풍선 안에 들어있는 행복한 소식을 확인한다.

⑥ 경기가 모두 끝난 후 터뜨리지 못한 풍선의 소식도 확인한다.

3-4. 책놀이 : 신문이요~ 신문!

* 준비물 : 유성펜, 신문지(A4 크기)

① 두 모둠으로 나눈다.

② 개인별로 신문지 한 장에 내가 듣고 싶은 소식, 전하고 싶은 소식을 짧게 쓴다.

③ 각 모둠에서 한 명씩 나와 신문지를 펼쳐 가슴에 붙이고 달려 상대 모둠원 중의 한 명에게 전달한다.

④ 끝까지 떨어뜨리지 않고 도착하면 신문에 적힌 소식을 큰 소리로 읽는다.

4. 책놀이 마무리

① 활동을 회상하며 이야기 나눈다.

- 오늘 받은 신문의 여러 가지 소식에서 가장 행복했던 소식은 무엇인가요?

② 신문의 가치에 대해 이야기 나눈다.
- 신문은 언제 가장 행복할까요?
- 신문이 정말 원하는 건 무엇일까요?
- 신문이 하는 여러 가지 일 중에서 가장 큰 일은 무엇일까요?

책놀이 방법

'신문지 트위스트' 놀이를 할 때에는 신문지를 가장 많이 조각낸 사람이 이기는 게 규칙이지만, 가장 춤을 잘 춘 친구를 칭찬하여 즐거운 수업 분위기를 조성한다.

책놀이 뒷이야기

교사

중학교 때로 기억한다. 당시 국어 선생님께서 빈 종이를 나누어 주시더니 '신문'으로 할 수 있는 일을 최대한 많이 써 보라고 하셨다. 신문 읽기, 콩나물 담기, 창문 닦기, 글자 오려서 비밀편지 쓰기 등을 적었던 것 같은데 선생님께서는 한 가지 사물을 보고 그것의 역할을 최대한 많이 상상해 보는 것도 창의성이라 하시며, 창의성의 중요성에 대한 수업을 진행하셨다. 사실 선생님께서 수업 중에 뭐라고 말씀하셨는지는 잘 기억나지 않지만(죄송해요, 선생님!), 신문의 다양한 역할을 고민해본 것만은 또렷이 기억난다. 친구들의 기발한 생각을 들으며 웃었던 장면, 서로 새로운 것을 발표하고자 했던 학급 공기까지 말이다. 신문이 등장하는 그림책으로 책놀이를 연구하고 개발하면서 그날의 기억이 떠오르는 것을 보며 놀이의 위대함을 다시 한번 느낀다. 공부는 기억이 안 나고 놀았던 것만 기억이 나다니. 그런데 그 놀이가 20년이 넘은 내게 영향을 끼쳐 이렇게 또 새로운 놀이를 개발할 수 있는 자양분이 되다니(감사해요, 선생님!). 오늘의 책놀이가 우리 아이들의 10년 후, 20년 후에도 영향을 끼칠 수 있다고 생각하니 가슴이 뛴다. 얘들아, 얼른 놀자.

어린이 1

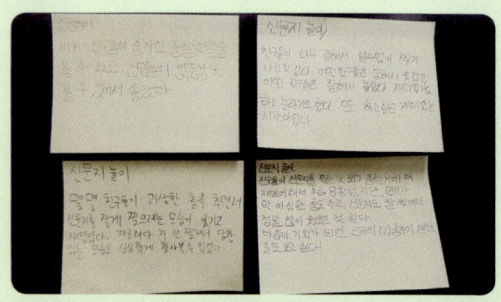

★ 친구들의 숨겨진 춤 실력을 볼 수 있고, 친구들의 엉뚱함도 볼 수 있어 좋았다.

★ 친구들이 너무 잘해서 셀 수 없이 찢겨나간 것 같다. 어떤 친구들은 못해서 웃겼고, 어떤 친구들은 잘해서 놀랐다. 재미있기도 하고 놀라기도 했다. 또다시 하고 싶은 재미있는 시간이었다.

★ 몇몇 친구들이 괴상한 춤을 추면서 신문지를 잘게 찢으려는 모습이 웃기고 재미있었다. 자르려다 잘 안 찢어져 당황하는 모습도 심심찮게 찾아볼 수 있었다.

★ 친구들이 신문지를 찢는 것보다 춤추는 게 더 재밌어서 조금 당황했지만, ○○가 막 이상한 춤도 추고 신문지도 잘 찢어서 정말 많이 웃었다. 다음에 기회가 된다면 ○○의 춤추기 실력을 또 보고 싶다.

어린이 2

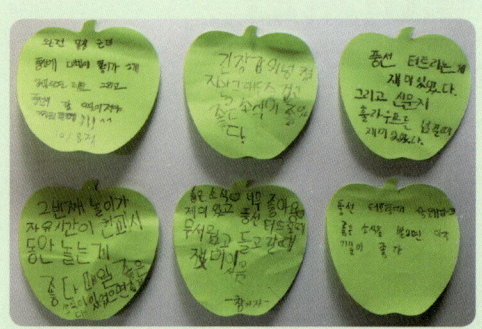

★ 완전 꿀잼. 근데 풍선에 마법의 종이가 두 개 있었으면 해요. 그리고 풍선이 잘 터져야 짜릿한데!

★ 긴장감이 넘쳤고 즐겁고 좋은 소식이 좋았다.

★ 풍선 터뜨리는 게 재밌었다. 그리고 신문지 훌라후프로 넘길 때 재미있었다.

★ '신문지 소식 나르기' 놀이에서 자유시간이 나와서 한 교시 동안 노는 게 좋았다. 매일 좋은 소식이 있었으면 좋겠다.

★ 좋은 소식 너무 좋아요. 재미있고 풍선 터뜨릴 때 무서웠고 들고 갈 때 재밌었다.

★ 풍선 터뜨릴 때 상쾌하고 좋은 소식을 받으면 아주 기분이 좋다.

 교육과정 활용 연계

- 3~4학년군 도덕
- 협동을 주제로 하는 수업에서 활용할 수 있어요.
- 3~6학년 국어
- 학급신문 만들기 수업에서 활용할 수 있어요.

붙어라 떨어져라

박영만 원작 | 이미애 엮음 | 송교성 그림 | 권혁래 감수 | 사파리

 책과 놀이 소개

주인 영감의 고약한 괴롭힘을 당하며 살았던 머슴이 어느 날 깊은 산 속 무덤 앞에서 요술 종이를 얻는다. 머슴은 평소 성실했기에 요술 종이를 얻는 복을 받을 수 있었다. 이 요술 종이는 과연 어떤 복을 가져왔을까? 그리고 무엇을 붙이고 무엇을 떨어뜨렸을까? 제목을 활용한 놀이를 통해 이기고 지는 승부보다 함께 하는 것의 즐거움을 만끽해보자.

 책놀이 목표

- 놀이를 통해 반대말을 알 수 있다.
- 반대말을 활용하여 관계 맺기를 할 수 있다.

 책놀이 자료

그림책, 반대말 카드, 반대말 목걸이, 초시계

 책놀이 방법

1. 마음열기 : 반대말 짝 찾기

  * 준비물 : 반대말 카드

   ① 다양한 반대말 카드를 섞어놓는다.
   ② 카드를 하나씩 뒤집어 반대말의 짝을 찾는다.

2. 그림책 감상

① 제목으로 책의 내용을 예측해본다.

② 이야기를 들려주듯이 자연스럽게 읽는다.

③ 반복되는 말은 동작을 곁들여 함께 읽는다.

　- (손뼉을 치듯이) 붙어라!

3-1. 책놀이 : 붙어라 떨어져라

* 준비물 : 초시계

① '그대로 멈춰라' 노래를 부르며 자유롭게 돌아다닌다.

② 노래가 멈추면 가장 가까이 있는 사람과 가위바위보를 한다.

③ 이긴 사람은 진 사람에게 '붙어라' 또는 '떨어져라'를 명령할 수 있다. 다만, 혼자 있는 사람에게는 무조건 '붙어라'를 명령해야만 한다.

④ '붙어라' 또는 '떨어져라' 명령을 받으면 모두 붙거나 떨어진다.

⑤ 제한 시간(3분) 동안 가장 많은 친구들을 붙인 사람이 승리한다.

3-2. 책놀이 : 붙어라 반대말

* 준비물 : 반대말 목걸이

① 반대말 목걸이를 한 개씩 가진다.

② '그대로 멈춰라' 노래를 부르며 자유롭게 돌아다닌다.

③ 노래가 멈추면 가까이 있는 친구와 서로의 반대말 목걸이를 확인한다.

④ 반대말을 가진 친구와는 '붙어라'를 외치며 팔짱을 끼고, 연관이 없는 단어를 가진 친구와는 '떨어져라'를 외치며 헤어진다.

⑤ 모두가 반대말 짝을 찾을 때까지 놀이를 진행한다.

⑥ 놀이가 끝나면 짝꿍끼리 반대말을 크게 외친다.

⑦ 목걸이를 바꾸어 여러 번 진행한다.

4. 책놀이 마무리

활동을 회상하며 이야기 나눈다.

- 놀이를 하면서 가장 기억에 남는 것은 무엇인가요?

 책놀이 메모

① 한글 읽기가 아직 어려운 아이들과 함께 진행하는 경우에는 반대말 카드에 그림을 곁들여 놀이에 참여할 수 있도록 한다.

② 대상 연령에 따라 반대말의 수준을 달리할 수 있다.

③ 놀이에 활용하는 반대말을 아이들이 직접 만들어 활용할 수 있다.

④ 반대말 목걸이는 각 반대말 세트를 추가로 준비하여 놀이를 할 수 있다. 예를 들면, '넓다' 2장, '좁다' 2장을 준비하여 4명이 한 모둠으로 만나게 한다.

책놀이 뒷이야기

교사 1

'붙어라 떨어져라'라는 반대말로 된 책 제목이 호기심을 자극한다. 제목만으로 어떤 이야기일까? 상상해보기를 하면서 아이들은 탱탱볼을 떠올렸고, 도깨비 바늘이 옷에 붙었던 경험, 하늘의 신이 인간 세상에 내려왔다 올라가는 것을 상상했고, 테이프로 무언가를 붙었다 떼고, 슬라임이 천장에 붙었다가 떨어지는 것 등을 상상하는 등 끝이 없었다. 역시 아이들은 어른들의 예상을 초월하는 기막힌 상상력을 보여주었다. 제법 긴 이야기였지만 '붙어라'를 함께 외치면서 책 읽기에 참여하며 이야기 속에 푹 빠졌던 즐거운 책읽기 시간이었다.

적은 수의 인원으로 '붙어라 떨어져라' 놀이를 하면서 처음에는 무조건 '붙어라'를 외쳐 놀이의 맛을 제대로 보기도 전에 한 줄이 빨리 이루어져 놀이가 쉽게 끝나버렸다. 순발력을 발휘하여 첫 승리자를 진행자로 올리고 몇 번의 놀이를 진행하는 동안 '떨어져라'의 통쾌함을 느끼면서 아이들은 고민하기 시작하였고 상황을 보아가며 '붙어라, 떨어져라'를 반복하며 놀이를 길게 이어가는 영민함까지 보인다. 뛰지도 않았는데 땀이 나도록 실컷 즐긴 놀이였다.

교사 2

'붙어라 떨어져라' 놀이는 붙고 떨어지는 것이 반복됨으로써 긴 줄을 이룬 팀은 한 팀밖에 나오지 않을 정도로 성공률은 낮았지만 아이들은 마냥 즐거워하는 놀이였다. 특히 '떨어져라' 명령어의 통쾌한 맛을 느낀 아이는 무조건 '떨어져라'를 외치며 희열을 느끼는 듯 했고, 가위바위보에 겨우 한 번 이겨 처음으로 '붙어라'의 명령어를 사용했던 아이는 '떨어져라' 외침에 세상이 무너지듯 낙담하는 모습을 보여주어 아이들은 모두 깔깔대며 웃었다. 놀이 막판에는 붙는 즉시 떨어지도록 가위바위보를 조작(?)하는 꼼수까지 부리며 놀이를 계속하려는 모습에 뿌듯한 시간이었다.

어린이

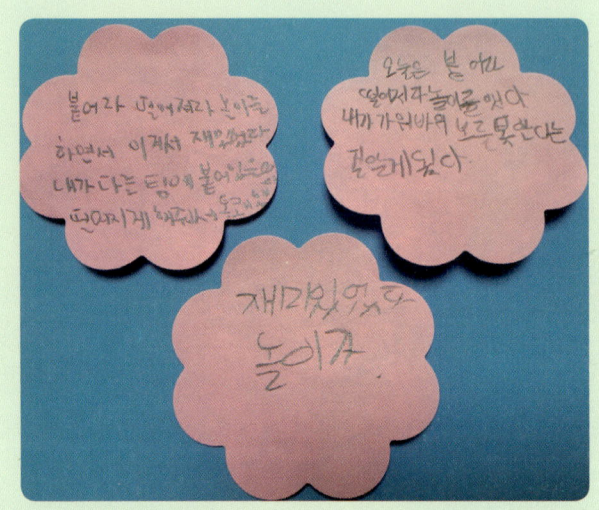

★ '붙어라 떨어져라' 놀이를 하면서 이겨서 재밌었다. 내가 다른 팀에 붙어있을 때 떨어지게 해줘서 통쾌했다.

★ 오늘은 '붙어라 떨어져라' 놀이를 했다. 내가 가위바위보를 못한다는 걸 알게 됐다.

★ 재미있었다. 놀이가.

 교육과정 활용 연계

- 3~4학년군 국어
  - 낱말 사이의 관계를 알아보는 수업에서 활용할 수 있어요.

삐약이 엄마

백희나 글 · 그림 | 책읽는곰

책과 놀이 소개

어느 동네에 악명높은 니양이가 살고 있었다. 니양이는 사람으로 치면 동네 냥아치다. 어느 날 니양이에게 깜짝 놀랄만한 사건이 발생한다. 바로 병아리의 엄마가 되었다는 것. 잠깐! 고양이와 병아리가 가족이 되었다고? 냥아치가 따뜻한 엄마가 된다고? 우리는 삐약이 엄마로 성장하는 니양이를 보며 서로 생김새도 말도 다르지만 그것을 인정하고 소통하려 노력하는 자세를 배울 수 있다. 소통 놀이를 통해 나와 다른 존재인 상대를 존중하며 서로에게 집중해보자.

책놀이 목표

- 소리와 몸짓으로 언어를 전달하는 경험을 한다.

책놀이 자료

그림책, 낱말 카드, 속담 카드

책놀이 방법

1. 마음열기

내가 좋아하는 동물에 대해 이야기 나눈다.

- 어떤 동물을 좋아하나요?

2. 그림책 감상

① 제목과 표지 그림을 탐색하며 이야기 나눈다.

- 삐약이 엄마와 고양이는 어떤 관계일까요?

② 그림을 단서로 이야기를 첨가하며 읽는다.

- (니양이가 달걀을 먹으려는 장면) 내 아기들, 안돼~~~!

③ 상황을 표현하며 읽는다.

④ 다음 장면을 예측하며 읽는다.

- (보드라운 머리통을 슬며시……) 어떤 일이 벌어질까요?

3-1. 책놀이 : 야옹-삐약 이심전심

＊준비물 : 낱말 카드

① 5명씩 모둠을 나누고 모둠별 순서를 정한다.

② 모둠별로 앞으로 나와 한 줄로 선다.

③ 맨 앞사람은 낱말 카드를 보고 뒷사람에게 말로 하지 않고 소리와 몸짓으로 낱말을 표현하여 전달한다. 이때 소리는 '삐약', '야옹' 둘 중에 하나만 선택할 수 있다.

④ 뒷사람은 앞사람의 표현을 통해 정답을 유추하고 자신의 소리와 몸짓으로 뒷사람에게 전달한다. 이때 앞사람이 '야옹'이라고 했으면 다음 사람은 '삐약'으로 소리를 낸다.

- 소리 전달 순서: 야옹-삐약-야옹-삐약-야옹

⑤ 맨 뒷사람은 어떤 낱말인지 알아맞힌다.

⑥ 제한 시간(3분) 동안 많이 맞힌 모둠이 이긴다.

3-2. 책놀이 : 고양이 병아리 생각한다

*준비물 : 낱말 카드

① 5명씩 모둠을 나누고 모둠별로 속담 카드를 선택한다.
② 모둠별로 속담 내용을 소리와 몸짓으로 어떻게 표현할지 상의하고 연습한다.
③ 첫 번째 모둠이 앞으로 나와 모둠의 속담을 소리와 몸짓으로 표현한다. 이때 소리는 '삐약'과 '야옹'을 둘 다 활용할 수 있다.
④ 나머지 모둠이 속담을 맞힌다.

4. 책놀이 마무리

활동을 회상하며 이야기 나눈다.
- 나의 표현을 친구가 알아맞혔을 때 어떤 기분이 들었나요?
- 친구에게 잘 전달하도록 어떤 노력을 하였나요?

🐸 **책놀이 메모**

① '야옹-삐약 이심전심' 놀이를 할 때 저학년의 경우 낱말의 범주를 정해준다.
② '고양이 병아리 생각한다' 놀이를 할 때 수업시간에 배운 속담을 활용하거나 속담 대신에 관용어를 활용할 수 있다. 어려운 속담의 경우 미리 안내할 수 있다.
③ 첫 번째 주자가 모르는 낱말이나 속담일 경우 '통과'하고 다음 문제를 설명할 수 있다.

책놀이 뒷이야기

교사 1

길고양이 몽이와 살기 시작할 무렵, 이 그림책을 만났다. 그때부터였다. 전에는 보이지 않던 길고양이가 자주 보이고, 고양이가 그려져 있는 책은 일단 열어보게 된 것이. '고양이가 왜 이렇게 웃기게 생겼어, 너무 귀엽잖아~'하며 이 책을 집어 들었다. 그런데 제목이 고양이 엄마가 아닌 '삐약이 엄마'라니, 대체 무슨 내용일까? 니양이의 뱃속에서 이상한 일이 벌어지고 병아리가 태어난다. 그리고 삐약이를 지극정성으로 보살피고 주변에서도 니양이를 삐약이 엄마로 받아들이고 인정해 준다. 내가 가장 좋아하는 장면은 니양이가 병아리를 낳고 살짝 핥아보는 장면이다. 아무나 핥지 않는 우리 몽이처럼 니양이가 진심으로 삐약이를 받아들였다는 것을 알기 때문에. 니양이와 삐약이처럼 서로 다르지만 인정해주면 마음이 통한다는 지혜를 우리 아이들과 나누고 싶었다. 역시나 우리 아이들은 '삐약', '야옹'이라는 말밖에 못 해도 눈빛과 온갖 몸짓으로 상대가 이해할 수 있도록 맞춰주었다. 평소에 같은 언어로 말하면서도 다툼이 있던 아이들이 소통하기 어렵게 만든 놀이에서는 너도나도 삐약이 엄마가 되었다.

교사 2

고양이가 병아리를 낳았다는 것은 아이들에게 충격적인 사건이었다. 처음에는 못됐다고 생각했던 고양이가 삐약이의 엄마가 되어 완전히 다른 고양이로 바뀌었을 때 아이들은 고양이가 착해졌다며 안심하는 듯했다. 서로 다른 언어로 표현하며 설명하는 색다른 방법에 재미있어하기도 하고 어떻게 표현할까 고민하는 모습도 인상적이었다. 이 놀이를 통해 언어가 다르고 모습이 달라도 서로 이해하려고 노력하고 존중한다면 행복할 수 있음을 알게 되었다.

어린이

★ 말하는 게 너무 힘들었고 답답했다.

★ 오늘 몸짓도 하고 삐약이 말도 했다. 친구가 해주면 골똘히 생각에 빠지고 알 듯 말 듯 했다. 설명하고 맞히는 게 어렵고 답답했지만 재밌었다.

★ 어려웠는데 재미있었다.

★ 제가 말할 차례가 되자 친구들이 맞힐 수 있을까? 긴장됐어요.

★ 재미없을 것 같았는데 해보니 재미있었어요.

★ 선생님이 좋아졌다.

★ 물건을 삐약, 야옹으로 말하는 게 어려웠지만 재미있었어요.

교육과정 활용 연계

- 1~2학년군 통합
  - '가족'을 주제로 하는 수업에서 활용할 수 있어요.
- 1~2학년군 국어
  - 말놀이 수업에서 활용할 수 있어요.
- 3~6학년 국어
  - 관용적 표현 수업에서 활용할 수 있어요.

사뿐사뿐 따삐르

김한민 글·그림 | 비룡소

책과 놀이 소개

우당탕탕, 왁자지껄. 누구 목소리가 큰가, 누가 빠른가 경쟁이라도 하듯 정글은 요란합니다. 이들과는 반대로 정글에서 늘 사뿐사뿐 걸으며 이웃을 배려하는 따삐르. 결국 따삐르는 사뿐사뿐 걷다가 표범에게 잡히고 맙니다. 따삐르를 위협하는 것은 정말 표범뿐일까요? 사실 따삐르와 정글을 위협하는 더 큰 적이 있답니다. 놀이를 통해 따삐르의 마음을 느껴볼까요?

책놀이 목표

- 놀이를 통해 멸종위기에 처한 동물의 상황을 이해한다.

책놀이 자료

그림책, 안대, 방울 발찌, 풍선

책놀이 방법

1. 마음열기

멸종위기의 동물에 관해 이야기 나눈다.
- (멸종위기 동물들의 사진을 보여주며) 이 동물들의 공통점은 무엇일까요?
예: 북극곰, 도도새, 사막여우, 반달가슴곰, 수달 등
- 동물들은 왜 점점 사라지고 있을까요?

2. 그림책 감상

① 표지 그림을 탐색하며 이야기 나눈다.
  - 그림에서 어떤 일이 벌어지고 있나요?
② 제목을 읽으며 따삐르를 소개한다.
③ 어감을 살려 읽는다.
  - 사뿐! 사뿐! 사뿐! / 홉! 홉! 홉!
④ 따삐르의 걸음을 아이들과 함께 따라하며 읽는다.

3. 책놀이 : 정글에서 살아남기

① 전체를 두 모둠으로 나누고 순서를 정한다.
② 모둠별로 사냥꾼 두 명과 따삐르의 역할을 정한다.
③ 책상이나 의자를 활용하여 사각형의 정글 공간을 만든다.
④ 첫 번째 모둠은 정글 공간으로 들어가고 두 번째 모둠은 정글 밖에 둘러선다.
⑤ 사냥꾼은 안대를 쓰고 손에 풍선을 든다. 따삐르는 발목에 방울을 단다.
⑥ 정글 밖의 친구들이 '사냥꾼이 나타났다!' 구호를 외치면 따삐르는 도망가고 사냥꾼은 풍선으로 터치하여 따삐르를 잡는다.
⑦ 잡힌 따삐르가 정글 밖으로 나오면 두 번째 모둠은 정글 공간을 좁힌다.
⑧ 따삐르가 모두 사라질 때까지 놀이를 진행한다.
⑨ 두 번째 모둠과 자리를 바꾸어 놀이를 진행한다.

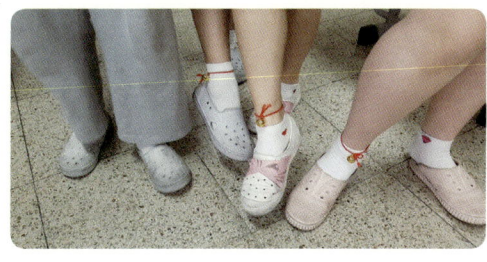 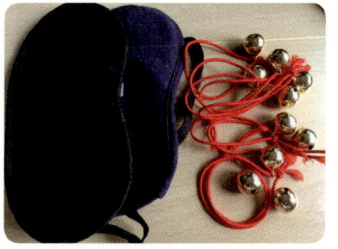

4. 책놀이 마무리

활동을 회상하며 이야기 나눈다.

- '정글에서 살아남기' 놀이를 하면서 느낀 것은 무엇인가요?

 책놀이 메모

따삐르가 무리하게 피하다가 다치지 않도록 안내한다.

 책놀이 뒷이야기

교사

> 책놀이를 하기 전, 아이들은 따삐르라는 생소한 동물에 관심을 가졌다. 그리고 밀림의 동물들이 살아남기 위해 사뿐사뿐 걸어야 했다는 내용에 안타까워했다. 사냥꾼과 따삐르 역할을 정한 후 아이들에게 놀이 장소를 밀림이라고 소개했다. 현재의 환경오염 상황과 관련지어 놀이 장소인 밀림의 면적이 환경오염으로 줄어들고 있으니 일정한 간격으로 장소를 좁혀나갈 것이라고. 처음에는 여유 있던 따삐르 역할을 맡은 학생들은 점차 면적이 좁아지자 사냥꾼을 피해 도망 다닐 곳이 없다며 난처해하기도 했다. 물론 놀이시간 자체가 즐거웠지만 따삐르와 밀림의 동물들이 처했던 상황을 간접적으로 경험할 수 있는 시간이었다.

어린이

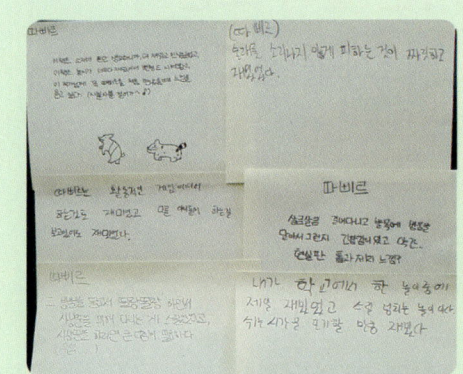

★ 이 책은 소재가 일단 생소하니까 더 재밌고 인상깊었고, 놀이가 너무 재밌어서 변형도 시켜봤고, 이 작가님께 꼭 따삐르를 처음 만났을 때 느낌을 듣고 싶다.(사뿐사뿐 걸어가~♪)

★ 방울을 달고 딸랑딸랑하면서 사냥꾼을 피해 다니는 게 스릴 있었고, 사냥꾼을 하려면 큰 다짐이 필요하다(무섭…)

★ 술래를 소리 나지 않게 피하는 것이 짜릿하고 재밌었다.

★ 살금살금 걸어 다니고 발목에 방울을 달아서 그런지 긴장감이 있고 약간… 현실판 톰과 제리 느낌?

★ 내가 학교에서 한 놀이 중에 제일 재밌었고 스릴 넘치는 놀이이다. 쉬는 시간을 포기할 만큼 재밌다.

★ 자꾸 정글이 줄어드니 도망갈 곳이 없어서 정말 힘들었다.

교육과정 활용 연계

- 1~2학년군 통합
  - 동식물을 보호하는 수업에서 활용할 수 있어요.
- 5~6학년군 사회
  - 지구촌의 다양한 환경 문제가 나오는 수업에서 활용할 수 있어요.
- 1~6학년 창의적 체험활동
  - 생태교육에 활용할 수 있어요.

생각 : 생각이 깊어지는 철학 그림책

이보나 흐미엘레프스카 글·그림 | 이지원 옮김 | 논장

 책과 놀이 소개

생각이 무엇일지 묻고 답하는 과정을 통해 '생각'에 대한 생각을 해보게 하는 책입니다. 특히 각각의 다양한 설명에 '그럴지도 몰라'라고 답하는 부분은 무척이나 따뜻하고, 생각을 하는 우리로 하여금 위로를 받는 느낌이 들게 합니다. 당신은 생각이 무엇이라고 생각하시나요? 생각놀이를 통해 생각에 빠져보도록 합시다.

 책놀이 목표

- 사람마다 생각이 다를 수 있음을 안다.
- 다른 사람의 생각을 인정하는 경험을 한다.

 책놀이 자료

그림책, 그림 카드, 붙임쪽지, 필기도구, 자석

 책놀이 방법

1. 마음열기

① 사진 또는 그림을 보여주고 이야기 나눈다.

(예: 전깃줄에 나란히 앉아 있는 참새 다섯 마리)

- 어떤 생각이 드나요? *참새 한 마리가 삐졌어요. 자기는 짝이 없다고.*

아기 참새라 엄마가 먹이 물어오기를 기다리고 있어요.

　　　　짹짹 소리 공부하고 있어요. 줄타기 연습하고 있어요.

② '생각'에 관해 이야기 나눈다.

　　- 같은 그림을 보고 다르게 생각했네요. 그렇다면 생각이란 무엇일까요?

2. 그림책 감상

① 책 속 문장을 들려주고 제목을 유추해본다.

② 표지 그림을 탐색하며 꼬리에 꼬리를 무는 질문을 통해 상상한다.

　　- 모자에 구멍이 났네요. 왜 모자에 구멍이 났을까요? *머릿속에서 생각을 빼내려고요.*

　　- 생각은 어떻게 끄집어낼 수 있나요? *말로 끄집어내요.*

　　- 눈이 가려져 있네요. 왜 눈이 가려져 있을까요? *눈을 감고 생각을 하니까요.*

　　- 왜 눈을 감고 생각을 할까요? *눈을 감으면 상상하기 쉬워요, 마음이 고요해져요.*

③ 반복되는 구절은 함께 읽는다.

　　- 그럴지도 몰라.

④ 생각을 정의한 단어들을 칠판에 적거나 단어 카드를 붙이며 읽는다.

　　예) 연기, 풍선, 거울, 유리 그릇, 깜깜한 장롱 등

⑤ 책 내용을 회상하며 이야기 나눈다.

　　- 작가가 생각한 '생각'의 정의 중에서 내가 생각하는 '생각'과 가장 비슷한 생각은 어떤 것인가요?

생각 : 생각이 깊어지는 철학 그림책

3-1. 책놀이 : 생각은 □□다

① '생각은 □□다'의 문장을 나만의 생각으로 완성한다.

② 한 사람씩 자신만의 생각을 발표한다.

③ 다른 친구들은 발표자의 생각에 공감하며 '그럴지도 몰라.'라고 말한다.

3-2. 책놀이 : 생각놀이

*준비물 : 붙임쪽지, 필기도구, 자석, 그림 카드

① 6개의 모둠으로 나누고 각 모둠에 6장의 붙임쪽지를 나눠준다.

② 모둠의 순서를 정한다.

③ 6장의 붙임쪽지에 각 모둠의 이름을 쓰고, 1~6번까지 번호를 적는다.

④ 각 모둠에게 그림 카드 10장씩을 나눠준다.

⑤ 첫 번째 모둠이 10장의 그림 카드 중 한 장을 골라 그림에 어울리는 단어를 정하고 다른 모둠에게 발표한다(선택한 그림 카드는 교사에게 전달한다).

⑥ 나머지 모둠은 10장의 그림 카드 중 첫 번째 모둠이 제시한 단어에 어울리는 그림 카드를 선택하여 교사에게 전달한다.

예를 들어, 첫 번째 모둠에서 '고백'이라는 단어를 제시했다면 나머지 다섯 모둠은 자기 모둠원이 가진 10장의 카드 중 '고백'에 가장 가까워 보이는 카드를 골라 교사에게 전달한다.

⑦ 교사는 각 모둠에서 제출한 6장의 카드를 잘 섞은 후 칠판에 자석으로 붙인다.

⑧ 각 모둠원끼리 상의하여 6장의 카드 중 제시어에 가장 어울리는 카드를 골라 해당 번호의 붙임쪽지를 교사에게 전달한다. 이때, 자기 모둠이 제시한 카드는 선택할 수 없다.

⑨ 각 모둠이 제시한 그림 카드에 붙은 붙임쪽지의 수×10점으로 점수를 계산한다.

⑩ 놀이가 끝난 후 모은 점수를 계산하여 가장 많은 점수를 획득한 모둠이 승리한다.

주제어 '정성'으로 한 생각놀이   주제어 '행복'으로 한 생각놀이

4. 책놀이 마무리

① '생각이란 □□다' 놀이에서 가장 마음에 드는 정의를 떠올려보고, 그 이유를 말해본다.

② '생각놀이' 활동을 회상하며 이야기 나눈다.
- 우리 모둠의 생각을 다른 모둠이 맞추었을 때 어떤 기분이 들었나요?
- 우리 모둠이 제시한 주제에 다른 모둠이 잘 어울리게 카드를 냈을 때 어떤 생각이 들었나요?
- 가장 기억에 남는 제시어와 그림 카드는 무엇이었나요?

🐸 책놀이 메모

① 처음에는 교사가 놀이를 진행하되, 놀이가 익숙해지면 학생들끼리 진행할 수도 있다.

② 학생 수가 적은 학교에서는 모둠을 구성하지 않고 개인별로 놀이를 진행할 수도 있다.

③ 칠판에 붙인 사진이 잘 보이지 않을 경우에는 실물화상기나 캠을 사용하여

생각 : 생각이 깊어지는 철학 그림책

사진을 크게 볼 수 있도록 한다.

④ 그림책 속표지에 생각을 그림글자로 표현한 부분이 있는데, 후속 차시로 미술과 연계하여 그림글자를 표현하는 수업을 진행해도 좋다.

⑤ 그림책 뒷부분의 부록 단어 '생각'을 표현한 자음자와 모음자 카드로 단어를 만들어보며 생각이란 무엇인지 이를 시각화하거나 언어로 표현하는 활동도 의미 있다.

책놀이 뒷이야기

교사 1

> 아이들이 하나의 주제로 충분한 대화를 원한다면, 새로운 모둠 구성으로 아이들에게 친해질 기회를 마련해주고자 한다면, 모둠 구성원끼리 다양한 생각을 나누는 시간을 갖게 하고자 한다면, 이 놀이를 추천한다. 늘 말하던 아이만 말하거나 활동에 소극적이었던 아이들이 이 놀이에서는 모둠 안에서 충분한 대화를 나누며 균형을 맞추는 모습을 보였기 때문이다. 특히 카드를 고르기 위해 "왜?"라는 질문을 서로에게 하는 모습은 무척이나 인상 깊었다. 다른 모둠의 생각을 짐작하기 위해서는 내 의견만 고집할 수 없고 여러 의견을 들어야 하기 때문이다. 우리 반 친구들은 이 놀이를 통해 사람들의 생각은 저마다 다르고, 현상을 바라보는 관점도 모두 다르다는 것을 배우는 계기가 되었다. 그리고 그림책에 나온 "그럴지도 몰라."는 서로를 인정하고 배려하는 데 밑거름이 되었다.

교사 2

생각은 우리 눈에 보이지 않는다. 아이들이 성장한다는 것은 다른 표현으로는 추상적인 개념을 이해할 수 있는 능력이 깊어진다는 의미일 것이다. 그렇기에 중학년을 대상으로 생각을 주제로 한 책을 읽고 이와 관련된 놀이를 하는 것에 대해 처음에는 확신을 갖지 못했다. 하지만 아이들은 함께 책을 읽을 때 생각에 대한 작가의 비유에 적극적으로 의견을 말했다. 이후 이어진 책놀이에서는 한 모둠에서 그림을 고르고 이를 추상적인 낱말로 제시하고 또 다른 모둠에서 그 낱말에 가장 가까운 사진을 내보이고 투표하는 방식에 금방 적응했다. 교사가 생각하는 것 이상으로 아이들은 추상적인 개념을 잘 이해하고 있었고 표현하는 능력이 충분하다!

어린이 1

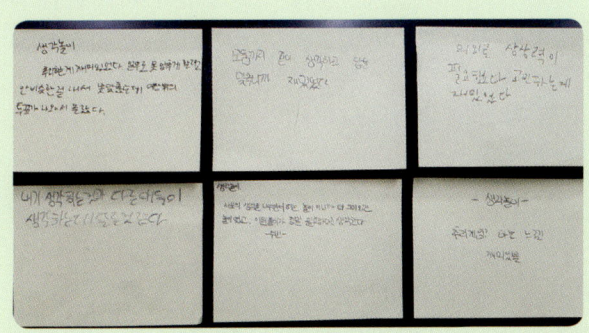

★ 추리하는 게 재미있었다. 일부러 못 맞히게 하려고 안 비슷한 걸 내서 못 맞혔는데 예상 밖의 투표가 나와서 놀랐다.
★ 모둠이 같이 생각하고 답을 맞히니까 재밌었다.
★ 의외로 상상력이 필요했다. 고민하는 게 재밌었다.
★ 내가 생각하는 것과 다른 애들이 생각하는 게 다른 것 같다.
★ 서로의 생각을 나누면서 하는 놀이이니까 더 의미 있는 놀이였고, 이런 놀이가 정말 필요하다고 생각한다.
★ 추리게임 하는 느낌. 재밌었음.

어린이 2

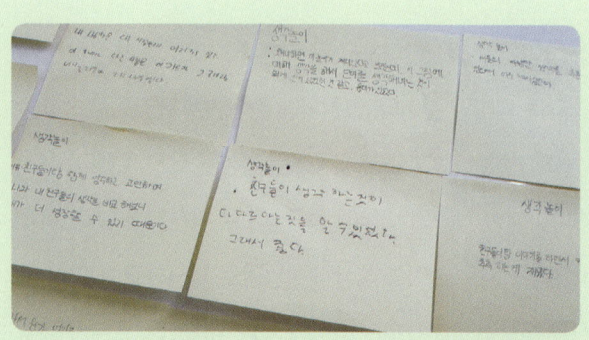

★ 한 그림에 대해 생각을 해서 단어를 생각해내는 것이 되게 신나고 흥미가 있었다.

★ 애들의 다양한 생각을 추론해보는 게 매우 재미있었다.

★ 친구들이랑 함께 생각하고 고민하며 나와 내 친구들의 생각을 비교해 보니 내가 더 성장하게 되었다.

★ 친구들이 생각하는 것이 다 다르다는 것을 알 수 있었다. 그래서 좋다.

★ 친구들이랑 이야기를 하면서 카드를 추측하는 게 재밌다.

 교육과정 활용 연계

- 5~6학년군 국어
  - 작품을 읽고 인물이 추구하는 삶을 파악하거나 인물의 삶과 자신의 삶을 관련 지어 말하는 수업에서 활용할 수 있어요.

소리괴물

이범재 기획 · 그림 | 위정현 글 | 계수나무

 책과 놀이 소개

소리괴물을 만나 본 적이 있나요? 여러 가지 소리로 너무 시끄러워 괴로웠던 적이 있고, 서로 대화가 안되는 상황을 겪어본 적이 있다면 여러분은 이미 소리괴물을 만나 본 것입니다. 이 소리괴물은 왜 만들어졌을까요? 서로의 말에 귀를 기울이지 않아 한 귀로 흘러나온 말들은 서로 떠돌다 뭉쳐서 소리괴물이 되었답니다. 소통을 싫어하는 소리괴물을 경청놀이로 물리쳐 봅시다.

 책놀이 목표

- 경청의 중요성을 알 수 있다.
- 놀이를 통해 다른 사람의 말을 잘 듣고 대답하는 경험을 한다.

 책놀이 자료

그림책, 질문 퍼즐, 대답 퍼즐, 소리괴물 그림판

 책놀이 방법

1. 마음열기

① '괴물'에 대해 이야기 나눈다.
- '괴물'을 떠올리면 어떤 느낌이 드나요?

② '소통'에 관한 경험을 나눈다.

- 가족이나 친구가 내 이야기를 들어주지 않을 때 어떤 기분이 드나요?
- 사람들이 모두 자신의 말만 한다면 어떻게 될까요?

2. 그림책 감상

① 표지를 탐색하며 이야기를 나눈다.

- (제목 일부분을 가리고) 어떤 괴물일까요?
- (괴물을 자세히 살피며) 괴물 몸에 무엇이 그려져 있나요?
- 괴물이 어떤 말을 하는 것 같나요?

② 앞면지를 탐색한다.

③ 속표지를 읽으며 이야기를 예측해본다.

④ 장면을 탐색하며 등장인물의 말을 예측해본다.

- 엄마는 방을 어지럽히고 텔레비전만 보는 아이에게 어떤 말을 하고 있을까요?

3. 책놀이 : 소리괴물 무찌르기

① 질문 퍼즐과 대답 퍼즐이 섞여 있는 통에서 퍼즐 조각을 각자 하나씩 뽑아 읽어본다.

② 교사의 '소리괴물이 나타났다' 신호에 맞춰 동시에 자신의 퍼즐 내용을 큰소리로 외친다.

③ 소리괴물 그림을 칠판에 붙이고 이야기를 나눈다.

- 다른 친구의 말을 들었나요? *전혀요.*
- 왜 듣지 못했나요? *너무 시끄러워요. 애들이 너무 소리 질러요.*
- 어떻게 하면 소리괴물을 무찌를 수 있을까요? *귀를 기울여 말을 들으면 돼요.*

④ 질문과 대답 동작을 연습한다.
  - 질문: 한 손을 입에 대고 작은 손나팔을 한다.
  - 대답: 한쪽 귀에 두 손을 모아 귀 기울이는 동작을 한다.
⑤ 자유롭게 돌아다니다 두 명이 만나 '하나둘셋' 신호에 맞추어 자신의 퍼즐에 맞는 동작을 동시에 한다. 이때, 같은 동작끼리 만나면 흩어져 다른 친구를 만나러 간다.
⑥ 질문과 대답이 만나면 질문을 먼저 하고 대답을 나중에 한다. 단, 질문과 대답이 어울리지 않으면 다른 짝을 찾아 진행한다.
⑦ 질문과 대답의 짝이 맞으면 소리괴물 그림에 퍼즐을 맞추며 소리괴물을 덮는다.
⑧ 소리괴물이 사라질 때까지 놀이를 진행한다.

질문과 대답 퍼즐   퍼즐로 괴물 덮기

4. 책놀이 마무리

활동을 회상하며 이야기 나눈다.
  - 놀이를 통해 알게 된 것은 무엇인가요?
  - 놀이를 하면서 점점 변화된 것은 무엇이었나요?

🐸 책놀이 메모

① 질문과 대답 짝을 찾았을 때 퍼즐을 보여주지 않고 서로 질문과 대답으로 짝을 맞춰볼 수 있도록 한다.
② 질문과 대답은 문장부호를 잘 살려 표현한다.

🎈 책놀이 뒷이야기

교사 1

> 아이들에게 소리괴물을 만들어 보자고 했더니 정말 귀청이 떨어질 것 같은 소리를 내며 최선을 다해 만들어낸다. 친구가 무슨 말을 했는지 들은 사람이 있냐고 물으니 전혀 없었다. 너희 소리괴물을 제대로 만들었구나! 소리괴물 무찌르기 놀이를 하며 질문에 대해 알맞은 대답인지 생각해 보는 과정에서 아이들은 친구의 말에 더욱 귀를 기울였다. 한 명 두 명 짝을 찾아 의미 있는 소통으로 소리괴물을 덮어나갔다. 그리고 소리괴물을 함께 무찔렀다는 승리의 기쁨을 느꼈다. 책놀이 덕분에 소통의 중요함을 느낀 오늘 우리 반 알림장 1번은 바로 "서로의 말에 귀 기울이기"이다. 앞으로 소리괴물이 우리 반 문턱을 넘는 일은 없을 것이다.

교사 2

> 소리괴물 그림책을 읽을 때 아이들은 사뭇 진지했다. 마치 진짜 다른 사람의 말을 들어주지 않으면 소리괴물이 나타날 것처럼……. 그리고 다른 사람이 나의 얘기를 들어주지 않았을 때의 속상한 마음도 이야기했다. 자신의 말만 하려고 하면 친구의 말이 들리지 않는다. 규칙을 정해 질문하고 답을 하자 아이들도 자신 있게 말하고 친구의 말도 경청하는 것을 보니, 나의 기분도 덩달아 좋아졌다. 이 놀이를 통해 서로의 이야기를 잘 들어주는 것의 중요성을 알고 실천하기를 바란다.

어린이

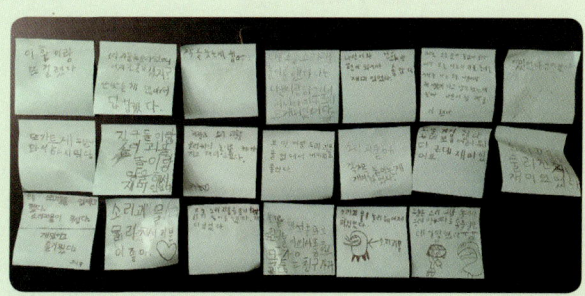

★ 소리괴물이 무섭다. 재밌었고 즐거웠다.

★ 소리괴물을 물리쳤으니 이제 조용하겠지? 안 맞는 게 많아서 답답했다.

★ 친구들이랑 소리괴물 놀이랑 말을 해서 재미있었다.

★ 소리괴물을 물리쳐서 기분이 좋아!

★ 소리괴물에 퍼즐을 붙이는 게 재미있었다.

★ 소리괴물 놀이를 할 때 진짜 올 줄 알았는데 실망했다.

교육과정 활용 연계

- 1~6학년 창의적 체험활동
  - 학기초 학급 규칙을 정할 때 활용할 수 있어요
  - 적응활동에 활용할 수 있어요.
- 1~2학년군 국어
  - 듣는 사람의 기분을 생각하며 대화하는 수업에서 활용할 수 있어요.
  - 다른 사람의 말을 잘 듣고 반응하는 수업에서 활용할 수 있어요.
- 5~6학년군 도덕
  - 갈등을 해결하는 수업에서 활용할 수 있어요.

숲속의 숨바꼭질

글 · 그림 롭 호지슨 | 최은영 옮김 | 푸른날개

 책과 놀이 소개

대부분의 그림책 속 여우는 똑똑하고 지혜로워서 늘 어려움을 잘 해결해 낸다. 하지만 '숲속의 숨바꼭질' 속 세 마리의 여우는 어리숙해서 '맛있는 토끼'를 찾아 이리저리 숲속을 헤매지만 찾지 못한다. 오히려 똘똘한 세 마리의 토끼는 보일 듯 말 듯 아슬아슬하게 여우의 뒤를 바짝 쫓아다니며 여우와 놀이 아닌 놀이를 즐기고 있다. 우리도 세 마리의 여우, 세 마리의 토끼가 되어 숨바꼭질 놀이를 해 볼까요?

 책놀이 목표

- 규칙을 지켜 숨바꼭질 놀이를 한다.
- 숨바꼭질 놀이를 하며 위치를 설명하는 말을 할 수 있다.

 책놀이 자료

그림책

 책놀이 방법

1. **마음열기**

    놀이에 관해 이야기 나눈다.

- 내가 가장 좋아하는 놀이는 어떤 놀이인가요?
- 친구들과 함께 하고 싶은 놀이는 무엇인가요?

2. 그림책 감상

① 제목과 표지 그림을 탐색하며 예측해본다.
- 술래는 누구일까요?

② 그림을 자세히 탐색하며 읽는다.
- 세 여우를 따라다니며 바라보고 있는 동물은 누구일까요?

③ 내용을 회상하며 이야기 나눈다.
- 술래는 누구였을까요?

3. 책놀이 : 꼭꼭 숨어라!

① 술래를 정한다.
② 규칙을 안내한다.
  * 규칙 1 : 장 속(청소도구함, 교사 옷장 등)이나 선생님 책상 밑 등에는 숨지 않는다.
  * 규칙 2 : 술래가 찾기 시작하면 움직이지 않는다.
③ 술래가 교실 문밖에서 20까지 센다.
④ 술래가 '찾는다!'를 외치면 모두 멈춘다.
⑤ 술래는 3개의 교실 문(앞문, 뒷문, 복도 창문) 중 하나를 선택하여 열고 제한 시간 동안 숨은 친구를 찾아 정확한 위치와 이름을 외친다.
- 1분단 책상 밑에 있는 ○○ 찾았다!
⑥ 걸린 친구는 자기 자리에 앉는다.

⑦ 살아남은 친구 중 술래를 정한다.

4. 책놀이 마무리

활동을 회상하며 이야기 나눈다.

- '꼭꼭 숨어라!' 놀이할 때 우리 교실에서 가장 잘 숨을 수 있는 곳은 어디였나요?
- 술래가 내 이름을 불렀을 때 기분이 어땠나요?
- 술래를 하면서 가장 기억나는 것은 무엇인가요?

🐸 책놀이 메모

① 교실 물건을 이동시키지 않는다.
② 겉옷이나 담요를 뒤집어쓰는 등 반칙하는 일이 없도록 한다.
③ 교실에서 술래의 목소리가 들리지 않는 경우, 마이크와 스피커를 활용할 수 있다.

책놀이 뒷이야기

교사

우리 눈에는 너무나 선명하게 보이는 토끼를 찾지 못해 배고파하는 여우를 보며 안타까워하는 아이들. 그림책을 통해 느꼈던 여우의 어리석음이 놀이를 통해 충분히 이해가 된다. 토끼가 되어 꼭꼭 숨어보니 여우에게 들킬까 봐 조마조마하면서도 나를 찾지 못하는 여우를 보니 통쾌하기도 하고 무척 재미있다. 친구들과 옛 놀이도 하고, 친구들의 이름도 불러주고, 위치를 언어로 표현하기도 하고, '일석다조'의 놀이였다. 아이들도 그림책 속 여우와 토끼처럼 늘 싸우고 오해하는 일이 많지만, 이 놀이를 통해 친구와 함께하는 것이 무척 즐거운 일이라는 것을 깨닫게 되는 아주 귀한 경험을 하게 되었다.

어린이

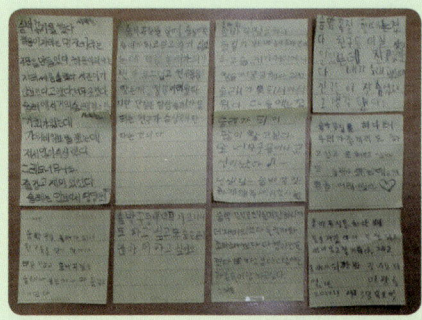

★ 술래가 되어 친구들을 많이 찾아서 뿌듯했고 숨바꼭질은 술래나 숨는 거나 다 즐겁고 재밌다.
★ 숨바꼭질을 하니 들킬까 봐 마음이 조마조마하고 술래가 어디에서 찾을지 궁금했다. 너무 웃음이 나고 신이 났다. 선생님~ 숨바꼭질하게 해 주셔서 감사합니다♡
★ 술래가 잘 찾을 줄 알았는데 잘 못 찾았다. 내가 술래를 해 보니 친구들이 잘 숨는다는 생각이 들었다.

교육과정 활용 연계

- 1~6학년 창의적 체험활동
  - 학기초 적응활동에 활용할 수 있어요.
- 5~6학년군 수학
  - 공간과 입체를 다룬 수업에 활용할 수 있어요.

아빠와 피자놀이

윌리엄 스타이그 글·그림 | 김경미 옮김 | 비룡소

 책과 놀이 소개

책 표지를 가득 채우고 있는 아이의 웃는 얼굴은 보는 이를 절로 미소 짓게 한다. 정말 행복한 표정이다. 제목을 읽자마자 이 아이가 왜 이렇게 행복한지 금방 알 수 있다. 아빠, 피자, 놀이. 세 단어로 충분하다. '아빠와 피자놀이'는 아이들이 좋아하는 음식 중의 하나인 피자를 상상과 신체놀이로 표현하고 있어 읽는 내내 웃음으로 가득하다. 가족, 상상력, 활발한 몸 움직임. 이 세 박자를 고루 갖춘 책과 놀이를 즐겨보자!

책놀이 목표

- 주변 사물을 활용해 상상 요리를 만들어 보고 창의적인 이름을 지을 수 있다.

책놀이 자료

그림책, 피자 토핑 재료(바둑알, 수모형, 나무 블록 등), 플라스틱 접시(지름 약 18cm), 보자기

책놀이 방법

1. 마음열기

① 좋아하는 음식에 대해 이야기 나눈다.

② 요리에 대해 이야기 나눈다.

- 직접 요리해 본 음식이 있나요?
- 요리해 보고 싶은 음식이 있나요?

2. 그림책 감상
① 상황과 등장인물의 정서를 반영하여 읽는다.
② 날씨로 인해 놀지 못했던 경험을 이야기 나눈다.

3. 책놀이 : 보자기 피자놀이

① 접시 돌리기로 토핑 재료를 획득한다.
  * 3~4명씩 모둠을 나눈다.
  * 각 모둠원끼리 순서를 정한다.
  * 토핑 재료를 소개한다.
  * 접시 돌리기 방법을 연습한다.
  * 각 모둠의 순서대로 접시 돌리기를 모두 성공할 때마다 재료를 한 가지씩 얻는다.
② 특별한 피자를 만든다.
  * 모둠별로 얻은 재료를 보자기 위에 올려 피자를 만든다.
  * 완성된 피자에 이름을 붙인다.
  * 모둠별로 만든 피자를 소개한다.
  * 각 모둠에서 만든 피자에 들어간 재료를 생각하며 맛을 상상해 본다.

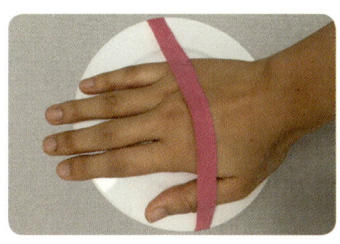 

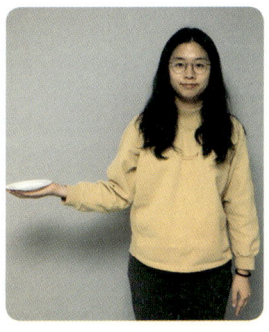
접시를 손바닥 위에 올린다.

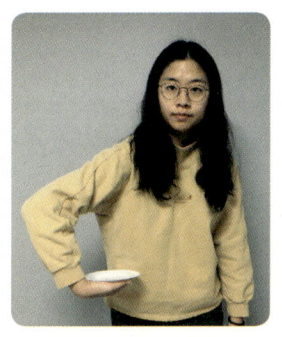
몸 안쪽(시계 반대 방향)으로 손바닥을 회전한다.

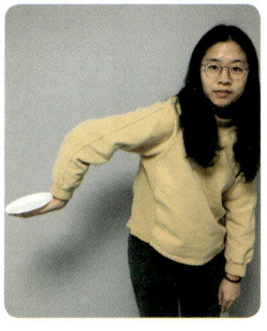
회전한 손바닥을 점차 머리 위를 향해 올린다. 접시는 수평을 유지한다.

머리 위에서 손바닥을 위로 하여 한 바퀴 돌린다.

머리 위를 거쳐 손을 몸 아래 쪽으로 이동시킨다

모든 과정에서 접시가 손바닥에서 떨어지지 않으면 성공!

아빠와 피자놀이

4. 책놀이 마무리

① 활동을 회상하며 이야기 나눈다.
  - '보자기 피자놀이'를 하며 가장 즐거웠던 것은 무엇이었나요?
② 상상 놀이에 대해 이야기 나눈다.
  - 오늘처럼 주변에 있는 사물을 가지고 상상 요리를 만든다면 어떤 요리를 만들어 보고 싶나요? *샌드위치, 비빔밥, 햄버거요.*

🐸 책놀이 메모

① 접시 돌리기를 어려워할 경우에는 고무줄을 활용하여 접시를 손바닥에 고정하여 진행할 수 있다.
② 토핑 재료의 종류가 다양할수록 아이들의 상상력을 더욱 자극할 수 있다.
③ 아이들이 토핑 재료를 던지지 않도록 지도한다.
④ 피자를 소개할 때 다른 모둠의 피자를 평가하기보다는 있는 그대로 인정하는 분위기를 형성한다.

🎈 책놀이 뒷이야기

교사 1

> 책에서는 아빠가 친구가 되어 함께 놀아주었지만 학교에는 함께 놀 친구들이 많다. 또한, 교실에는 아이들의 상상력을 자극할만한 다양한 재료들이 있다. 학교는 신체놀이를 할 충분한 요건을 가지고 있다. 책을 읽는 동안, 책놀이를 하는 동안 내내 아이들은 들떠 있었다. 책을 읽을 때는 "큭큭, 뭐야~ 저게 왜 토마토야?" 하며 눈을 떼지 못하였고 책놀이를 할 때는 준비된 토핑 재료들을 보며 "선생님, 과학 시간에 사용했던 스티로폼 공을 치즈로 사용하는 건 어때요?"라며 자신의 아이디어들을 말해주었다. 접시 돌리기를 할 때는 다행히 경쟁이 과열되지 않고 돕는 분위기였으며 이렇게 획득한 재료로 피자를 만드는 아이들의 모습은 몰입의 정점을 보여주었다.

교사 2

저학년 학생은 책을 읽을 때 마치 자신이 주인공 피트라고 생각되는 듯 도우가 된 것처럼 내용에 집중하고 신나 했다. 접시 돌리는 것을 어려워하여 두꺼운 고무줄을 이용하여 손에 고정을 시켰더니 쉽게 해냈다. 아이들에게 하이라이트는 역시 피자 만들기였다. 보자기 도우에 재료를 고루고루 올리며 가마에 굽는 시늉까지 진짜 요리사가 된 것처럼 몰입했다. 활동 시간 내내 교실이 시끌시끌했지만 아이들의 환한 표정을 잊을 수가 없다.

어린이

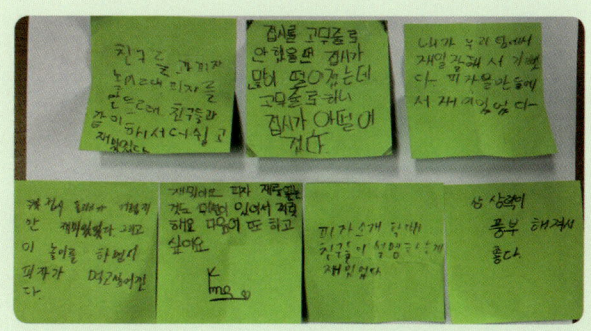

★ 친구들과 피자를 같이 만들어서 더 쉽고 재밌었다.
★ 접시를 고무줄로 안 했을 땐 접시가 많이 떨어졌는데 고무줄로 하니 접시가 안 떨어졌다.
★ 내가 우리 팀에서 제일 잘해서 기뻤다.
★ 피자 재료를 얻는 미션이 있어서 짜릿해요.
★ 상상력이 풍부해져서 좋다.

교육과정 활용 연계

- 1~2학년군 통합
  - 가족과 함께 할 수 있는 놀이 수업에서 활용할 수 있어요.
- 3~4학년군 미술
  - 연상, 상상하거나 대상을 관찰하여 주제를 탐색하는 수업에서 활용할 수 있어요.

아이스크림 걸음!

박종진 글 | 송선옥 그림 | 소원나무

책과 놀이 소개

아이들에게는 세상 모든 것이 신기합니다. 호기심 천국인 아이와 함께 길을 걷는 것은 쉬운 일이 아닙니다. 한 걸음 가서 구경하고, 또 한 걸음 가서 만져보고. 이내 "빨리 와!", "먼저 간다."라는 말이 나오게 됩니다. 하지만 주인공인 형은 동생의 눈높이에 맞춰 지혜롭게 동생을 데리고 길을 따라 집으로 갑니다. 다양한 걸음 놀이를 하다 보니 어느새 집 앞까지 왔습니다. 그리고 마지막은 아이스크림 걸음으로 가장 즐겁고 달콤한 귀가를 합니다. 주인공들처럼 우리 아이들과 함께 다양한 걸음걸이를 하며 즐겁게 놀아보는 것은 어떨까요?

 책놀이 목표

- 순우리말 걸음걸이를 알 수 있다.
- 다양한 동작으로 걸음걸이를 만들 수 있다.

책놀이 자료

그림책, 종이쪽지, 원 마커, 작은 원 마커, 긴 줄 2개, 종

책놀이 방법

1. 마음열기

걸음에 관한 이야기를 나눈다.

　- 동물들은 어떻게 걸을까요?

2. 그림책 감상

① 표지를 탐색하며 이야기 나눈다.

　- '아이스크림 걸음'이란 어떤 걸음을 말하는 걸까요?

② 등장인물의 감정을 표현하며 읽는다.

③ 리듬을 살려 읽는다.

　- 쓰윽- 탁! / 콩-콩- 콩콩콩 / 살금살금 / 겅둥겅둥 / 총총 총총총

3. 책놀이 : 도전, 60초!

① 4명씩 모둠을 나누고 모둠별 순서를 정한다.

② 책에 나온 걸음을 따라 해 본다.

③ 모둠원끼리 각 걸음을 하나씩 맡는다.

④ 모둠별로 아이스크림 걸음을 만든다.

⑤ 첫 번째 모둠은 각자 자신이 맡은 걸음 미션의 출발 위치에 선다.

〈 도전! 60초! 걸음 미션 예〉

- 걸음 미션 1) 게걸음: 책상을 두 줄로 좁게 배열하고 책상 사이를 옆으로 걸어간다.
- 걸음 미션 2) 까치걸음: 큰 원 마커를 넓은 간격으로 두어 두 발로 동시에 걷는다.
- 걸음 미션 3) 깽깽이걸음: 작은 원 마커를 좁은 간격으로 두고 한 발은 들고 한 발로 걷는다.
- 걸음 미션 4) 가재걸음: 줄에 맞춰 뒷걸음으로 걷는다.
- 걸음 미션 5) 모둠에서 만든 걸음으로 걷는다.

⑥ 첫 번째 친구가 자기가 맡은 미션 걸음으로 두 번째 친구에게 걸어가 하이파이브로 차례를 넘기고 아이스크림 걸음 출발 위치에서 모둠원을 기다린다.

⑦ 나머지 모둠원도 이어서 ⑥과 같은 방법으로 차례를 넘긴다.

⑧ 모둠원이 모두 모이면 다 같이 모둠별 아이스크림 걸음으로 도착점까지 걸어가서 종을 친다.

⑨ 60초 안에 미션 다섯 개를 마치면 성공한다.

⑩ 다른 모둠도 놀이 ⑤~⑨와 같은 방법으로 놀이를 진행한다.

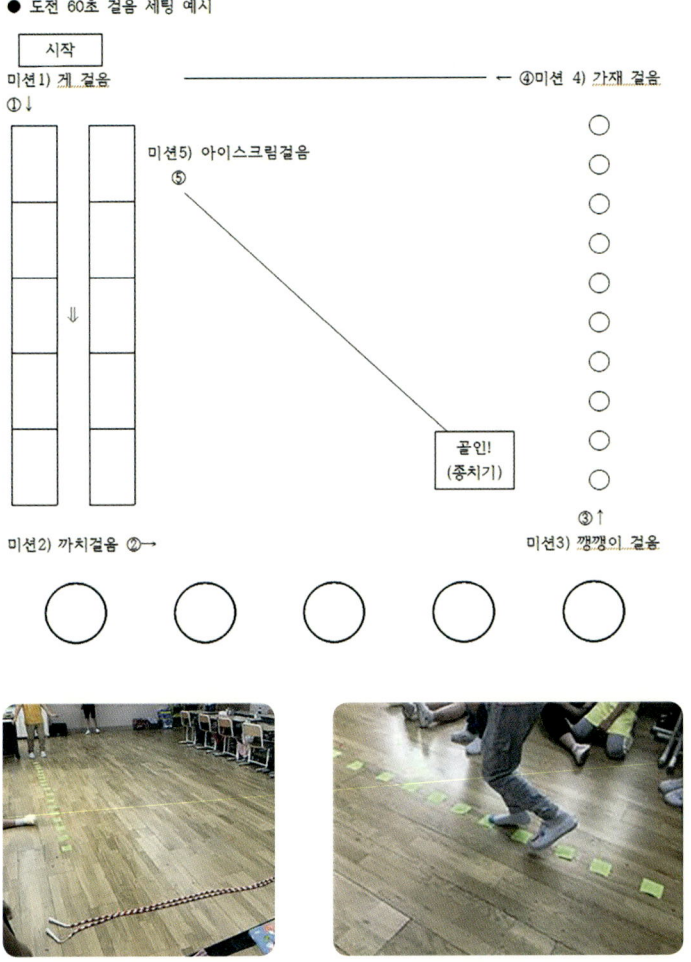

아이스크림 걸음!

4. 책놀이 마무리

활동을 회상하며 이야기 나눈다.

- 가장 재미있었던 걸음은 무엇이었나요?
- 아이스크림 걸음 중 가장 기억에 남는 걸음은 무엇이었나요?

🐸 책놀이 메모

① 장소에 따라 제한 시간을 조절할 수 있다.
② 걸음 미션은 학급의 특성에 따라 선택할 수 있다.
③ 걸음 미션을 정확한 동작으로 수행하도록 한다.

🎈 책놀이 뒷이야기

교사 1

> 제목부터 아이들의 관심을 끌 수 있는 재미있는 그림책으로, 읽는 내내 달콤한 상상을 할 수 있었다. 아이들과 여러 가지 동작으로 걸으며 재미있게 놀아보았고, 놀잇길을 만들어 걸음 미션을 수행하는 진행 방식이 흥미진진했다. 놀이가 끝난 후 아이들은 저마다 재밌는 걸음으로 화장실에 가기도 했다. 얘들아, 오늘은 황새걸음으로 점심 먹으러 가볼까?

교사 2

이 책을 읽고 놀이를 한 그날은 무척 더웠다. 앞표지에 크게 보이는 아이스크림 그림은 우리가 아는 그 맛과 그 시원함을 어찌나 잘 표현했는지. 칠판에 올려둔 이 책을 둘러싸고 아이들은 "야, 저거 월드* 아니야?", "우와, 먹고 싶다.", "도대체 아이스크림 걸음은 어떤 걸음이야?", "스크*바 아이스크림처럼 빙빙 돌면서 걷는 건가?"라며 관심을 보였다. 책을 읽을 때에는 열두 가지 걸음걸이를 따라 하며 자연스럽게 익혔다. 이어지는 책놀이 시간에는 아이들이 다양한 걸음을 구성하고 릴레이로 종점까지 도달하며 즐거움은 배가 됐다. 아이들이 자신만의 아이스크림 걸음을 선보일 때였다. 다른 모둠 아이들이 어떤 아이스크림을 표현한 걸음이라며 큰 소리로 외치는데, 그때 표정은 아이스크림 인생 10년을 걸고 말하는 듯 확신에 찬 표정이었다. 그 장면과 표정이 계속 기억에 남는다.

어린이

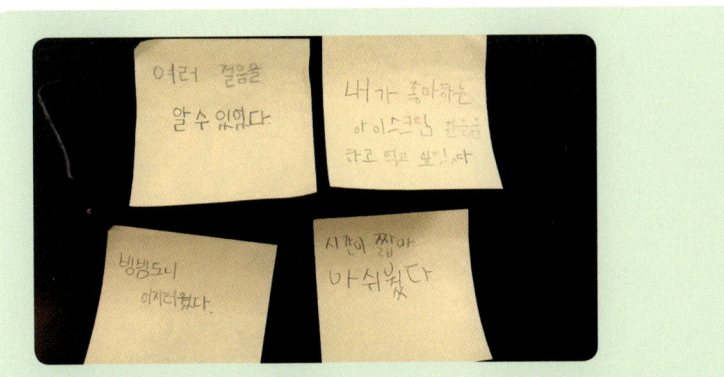

★ 여러 걸음을 알 수 있었다.
★ 내가 좋아하는 아이스크림 걸음을 하고 그 아이스크림을 먹고 싶었다.
★ 빙빙 도니 어지러웠다.
★ 시간이 짧아 아쉬웠다.

아이스크림 걸음!

교육과정 활용 연계

- 1~2학년군 통합
  - 몸으로 표현하는 수업에서 활용할 수 있어요.
- 3~4학년군 체육
  - 움직임을 표현하는 수업에서 활용할 수 있어요.

알아맞혀 봐! 곤충 가면 놀이
안은영 글·그림 | 천개의 바람

 책과 놀이 소개

우리 주변을 자세히 둘러보면 우리와 함께 살고 있는 아주 작은 곤충을 볼 수 있습니다. 곤충들은 제각각의 특징이 있고 그들만의 개성이 있습니다. 곤충을 자세히 살펴보면 곤충에 대해 더 친근하게 느낄 수 있습니다. 가면을 쓴 아이들이 곤충이 되어 설명하는 재미있는 곤충 이야기를 들어봅시다.

 책놀이 목표

- 놀이를 통해 곤충의 특징을 알 수 있다.
- 곤충의 자세한 모습을 보고 관찰의 즐거움을 경험한다.

 책놀이 자료

그림책, 곤충 그림(곤충 머리, 곤충 몸), 곤충 퍼즐

 책놀이 방법

1. 마음열기

　곤충에 관해 이야기 나눈다.
　　- 주변에서 자주 볼 수 있는 곤충에는 무엇이 있나요?
　　- 내가 좋아하는 곤충은 무엇인가요?

2. 그림책 감상

① 표지 그림에서 곤충을 찾아본다.

② 수수께끼 놀이처럼 곤충 이름을 알아맞히며 읽는다.

③ 곤충의 가면과 전체 모습을 자세히 관찰하며 읽는다.

3-1. 책놀이 : 당신은 누구십니까?

＊준비물 : 곤충 퍼즐(2조각)

① 각자 곤충 그림을 1개 뽑아 확인한다.

② 곤충 노래에 맞추어 돌아다니다 둘이 만나면 가위바위보를 한다.

③ 이긴 사람은 '당신은 누구십니까?'라고 먼저 묻는다.

④ 진 사람은 '저는 ○○의 머리입니다.' 또는 '저는 ○○의 몸입니다.'라고 대답한다.

⑤ 몸과 머리가 맞게 만나면 '찾았다!'를 외치며 그 자리에 앉는다.

⑥ 다른 친구들이 다 찾을 때까지 기다린다.

⑦ 다 찾으면 차례로 '저희는 ○○입니다!'를 외치며 일어난다.

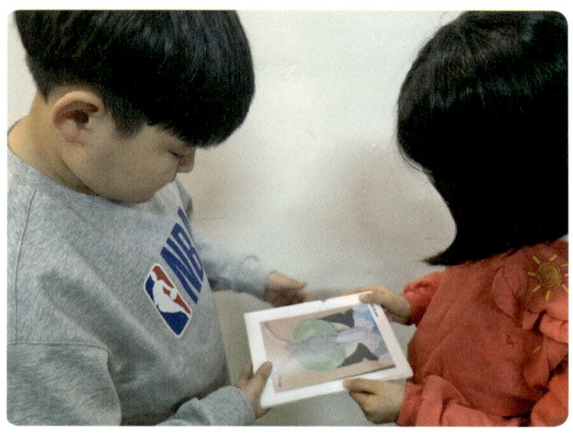

3-2. 책놀이 : 곤충 퍼즐 놀이

* 준비물 : 곤충 퍼즐(곤충별로 4조각)

① 2~4명씩 모둠을 나눈다.
② 각 모둠별로 곤충 퍼즐 2개가 섞여 있는 주머니를 가져간다.
③ 곤충 특징이 적혀 있는 뒷면이 보이도록 책상 위에 올려놓는다.
④ 가위바위보를 해서 이긴 사람이 퍼즐 조각 하나를 골라 읽는다.
⑤ 같은 곤충을 설명한 퍼즐끼리 모은다.
⑥ 퍼즐이 다 모아지면 곤충의 이름을 알아맞힌다.
⑦ 퍼즐을 뒤집어서 곤충을 완성한다.

  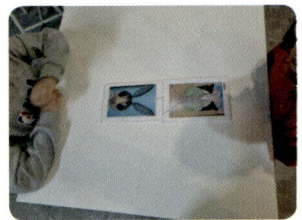

4. 책놀이 마무리

활동을 회상하며 이야기 나눈다.
 - 가장 마음에 든 곤충은 무엇인가요?
 - 가장 기억에 남는 곤충의 특징은 무엇인가요?

🐸 **책놀이 메모**

① 곤충의 모습을 정확히 익힐 시간을 충분히 주어 놀이에 쉽게 참여할 수 있도록 한다.
② '곤충 퍼즐 놀이'를 할 때 빨리 끝난 모둠끼리 퍼즐을 바꾸어 진행할 수 있다.

책놀이 뒷이야기

교사

우리 아이들은 곤충을 좋아한다. 책이 퀴즈 형식으로 구성되어 있어 잘 맞힐 수 있을 것 같았다. 하지만 좋아하기 때문에 쉽게 맞힐 것이라고 생각한 것은 오산이었다. 생각보다 곤충의 모습은 어렵게 생겼고 우리가 알고 있다고 생각한 것도 정확하지 않았다. 그래서 이 책은 아이들에게 더 재미있게 다가왔고 책을 읽는 것만으로도 즐겁게 논 느낌이었다. '당신은 누구십니까' 놀이를 할 때 많은 곤충이 나와서 헷갈렸지만 그림이 두 조각밖에 되지 않아 어렵지 않게 찾을 수 있었다. 그리고 찾는 데 오래 걸린 아이들도 남은 아이들이 적어지면서 점점 속도를 낼 수 있었다. '곤충 퍼즐 놀이'를 할 때는 곤충의 세세한 특징을 이해할 수 있었다. 아이들이 퍼즐을 받고 처음에는 어리둥절했지만 두 곤충이 섞였다는 것을 알고 빙긋이 웃었다. 가위바위보를 하고 하나씩 읽어 나가면서 "맞아!", "아니야!" 맞장구를 치며 곤충의 세계 속에서 이야기꽃을 피웠다. 그렇게 퍼즐을 특징에 따라 두 개로 분류하고 곤충 그림을 완성하였다. 퍼즐을 맞추기 위해 서로 오순도순 이야기를 나누는 것을 보니 나도 저절로 흐뭇해졌다. 놀이를 통해 아이들과 함께 곤충의 세계를 즐겁게 여행하였다.

어린이

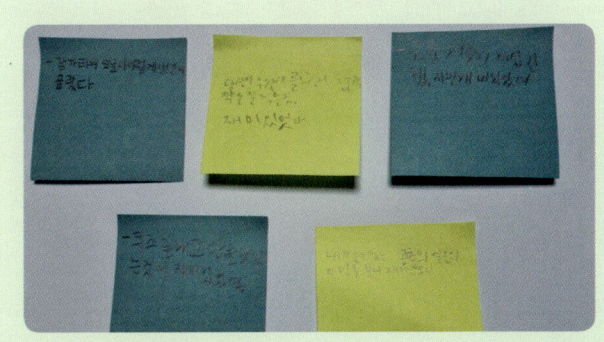

★ 내가 좋아하는 곤충의 얼굴의 가면을 보니 재미있었다.

★ 잠자리의 얼굴이 이렇게 생긴 지 몰랐다.

★ 퀴즈를 내고 답을 맞히는 것이 재미있었다.

★ 곤충 퍼즐이 어렵긴 했지만 재미있었다

★ 당신은 누구십니까를 하면서 친구랑 짝을 찾는 것이 재미있었다.

교육과정 활용 연계

- 1~2학년군 통합
  - 각 계절의 동물과 그 특징을 알아보는 수업에서 활용할 수 있어요.
- 3~4학년군 과학
  - 우리 주변의 동물을 주제로 하는 수업에서 활용할 수 있어요.
- 3~4학년군 미술
  - 자세히 관찰하는 수업에서 활용할 수 있어요.

앤서니 브라운의 마술 연필

앤서니 브라운과 꼬마작가들 글·그림 | 서애경 옮김 | 웅진주니어

 책과 놀이 소개

그림을 그리면 무엇이든 진짜가 나타나는 신기한 마술 연필을 가진 꼬마곰. 늑대와 뱀, 사자가 나타나자 꼬마곰은 마술 연필을 이용하여 이 위기를 극복해 나갑니다. 나라면 어떻게 이 위기를 극복했을까요? 우리도 마술 연필을 함께 들어봅시다. 내 그림이 변하여 누군가에게 기쁨을 줄지도 모르잖아요!

 책놀이 목표

- 주어진 제시어를 그림으로 표현할 수 있다.
- 친구의 그림을 보고 글로 표현할 수 있다.
- 제시어를 그림으로 표현하는 것이 사람마다 다름을 알 수 있다.

 책놀이 자료

그림책, 초시계, 제시어 카드, 화이트 보드, 노트, 필기도구

 책놀이 방법

1. 마음열기

　동그라미, 세모, 네모 등의 다양한 모양으로 나만의 그림을 완성해본다.

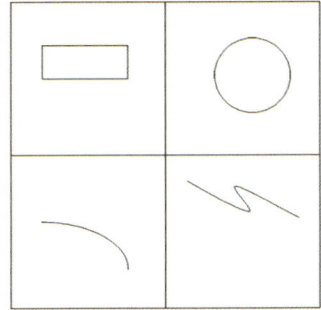

2. 그림책 감상

① 표지 그림을 탐색한다.

② 제목과 작가를 읽으며 책을 소개한다.

③ 다음 장면을 예측하며 읽는다.

- 꼬마곰은 마술 연필로 무엇을 그렸을까요?

3-1. 책놀이 : 그림 맞히기 놀이

*준비물 : 초시계, 제시어 카드, 화이트 보드

① 4~5명씩 모둠을 나누고 모둠의 순서를 정한다.

② 첫 번째 모둠이 나와 한 줄로 선다.

③ 첫 번째 친구는 선생님이 제시한 단어를 보고 제한 시간(10초) 동안 화이트 보드에 그림을 그린다.

④ 두 번째 친구는 첫 번째 친구의 그림을 보고 제시어를 유추하여 그림을 그린다.

⑤ 마지막 친구는 바로 앞의 친구가 그린 그림만 보고 제시어가 무엇인지 알아 맞힌다.

⑥ 3~5번 정도 하여 가장 많이 맞힌 팀이 승리한다.

3-2. 책놀이 : 한 바퀴 그림책

*준비물 : 초시계, 노트, 연필, 제시어 카드

① 학생 수만큼 종이를 책처럼 묶어 한 권씩 나눠준다.

② 각각 다른 제시어 카드를 한 개씩 뽑는다.

③ 모두 둥그렇게 앉아 자신이 뽑은 제시어를 확인하고 제한 시간(5~10초) 동안 첫 장에 그림을 그린다.

④ 신호에 맞춰 자신의 그림책을 동시에 한 방향으로 옆 사람에게 전달한다.

⑤ 그림을 확인하고 그림의 제시어를 예상하여 다음 장에 글로 적는다.

⑥ ③~⑤번을 반복한다.

⑦ 자신의 그림책이 도착하면 자신이 처음 그린 단어가 어떻게 변화하고 있는지 확인한다.

⑧ 친구들의 그림 변화 모습을 확인하며 이야기 나눈다.

 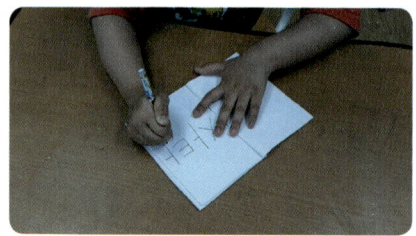

4. 책놀이 마무리

활동을 회상하며 이야기 나눈다.

- '그림 맞히기 놀이'를 하며 가장 재미있었던 점은 무엇인가요?
- 가장 기억에 남는 그림은 무엇인가요?
- '한 바퀴 그림책' 놀이를 하면서 가장 재미있었던 점은 무엇인가요?
- '한 바퀴 그림책' 놀이를 하고 나서 그림의 변화 과정을 보고 어떤 생각이 들었나요?

🐸 책놀이 메모

① 아이들이 스스로 제시어를 정해 놀이를 진행할 수 있다.
② 제한 시간은 대상의 특성에 따라 융통성 있게 조절할 수 있다.
③ 시간을 재는 방법을 다양하게 한다.
- 초시계 켜두기
- 5, 4, 3, 2, 1, 넘겨!
- 주제 노래 함께 부르기
(♪우 우 우리가 그린 그림이 어떻게 달라져 나에게 올지가 궁금하구나.
'리 리 리자로 끝나는 말' 개사)
④ 한 바퀴 그림책은 이면지를 활용하여 학생들과 함께 만들 수 있다.
⑤ 관련 그림책을 함께 읽어주어도 좋다.
예)「마술 연필을 가진 꼬마곰」,「마술 연필을 가진 꼬마곰의 모험」

🎈 책놀이 뒷이야기

교사

나는 그림을 잘 못 그린다. 시간을 많이 주면 줄수록 더 부담이다. 그런 친구들에게 이번 책놀이는 딱이다. 옆의 친구가 단어를 넘겨준다면 재빨리 특징만 잡아서 그리고 넘겨도 되니 부담이 없고, 그림을 넘겨준다면 관찰력과 상상력을 발휘하여 이게 무엇일지 단어로 써서 넘겨주면 되니 즐겁기만 하다. 실제로 놀이 과정을 살펴보니 그림을 잘 그리는 친구 옆에 앉은 아이가 옆 친구가 넘겨준 그림을 보고 답을 찾는 과정에서 도움을 받은 것은 사실이긴 하나 아이들이 좋아한 웃음 포인트는 다른 데 있었다. 바로, 그림을 오해하고 다른 단어를 쓰거나, 그 단어를 충분히 표현해내지 못하여 다음 친구가 난감한 상황을 마주할 때. 게다가 모든 아이들의 그림책에 내 흔적이 한 장씩은 꼭 담겨 있으니 내 그림책뿐만이 아니라 남의 작품을 들여다보는 재미도 무척 컸다. 세상에! 바나나가 변기가 되었다니! 도대체 그 과정에서 무슨 일이 있었던 거야? 교실에서 바로 해 보시길 추천한다. 아이들이 아니라 교사가 배꼽 잡고 교실을 뒹굴지도 모른다.

앤서니 브라운의 마술 연필

어린이

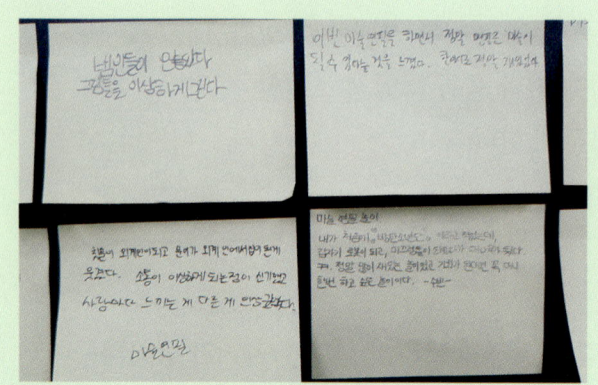

★ 범인들이 많았다. 그림들을 이상하게 그린다.

★ 이번 마술 연필 놀이를 하면서 정말 연필은 마술이 될 수 있다는 것을 느꼈다. 한마디로 정말 재미있었다.

★ 칫솔이 외계인이 되고 문어가 되고 집이 된 게 웃겼다. 소통이 이상하게 되는 점이 신기했고 사람마다 느끼는 게 다르다는 게 인상 깊다.

★ 내가 처음에 '방탄소년단'이라고 적었는데 갑자기 로봇이 되고 미끄럼틀이 되었다가 대나무가 되었다. ㅋㅋ. 정말 재밌는 놀이였고 기회가 된다면 꼭 다시 하고 싶은 놀이이다.

 교육과정 활용 연계

- 5~6학년군 미술
  - 하나의 그림을 보고, 각자의 관심 분야에 따라 서로 다르게 떠올린 생각을 알아보는 수업에서 활용할 수 있어요.
  - 대상의 특징을 단순화하여 추상으로 표현하는 수업에서 활용할 수 있어요.

야광귀신

이춘희 글 | 한병호 그림 | 임재해 감수 | 사파리

 책과 놀이 소개

옛날 우리나라 사람들은 설날이 되면 마당에 체를 걸어 놓았다고 합니다. 아둔한 야광귀신이 내려와 체를 보고 구멍을 세면 우리네 복을 가져가지 못한다고 믿었다지요. 이 책은 새해에 가족의 무사함을 비는 사람들의 마음과 재미있는 도깨비 이야기를 엿볼 수 있는 우리나라 자투리 문화를 소개한 책입니다. 야광귀신이 그랬던 것처럼 친구들과 돌아가며 수 이어 세기 놀이를 하며 수 세기의 재미도 느끼고 우리의 옛 자투리 문화에 대하여 알아봅시다.

 책놀이 목표

- 수 세기의 재미를 느끼며 놀이에 참여할 수 있다.
- 우리 나라 설날 문화에 대하여 알 수 있다.

책놀이 자료

그림책, 달걀판 4개, 주사위 2개, 바둑돌(흑,백), 소원 쪽지, 바구니

책놀이 방법

1. 마음열기

설날에 관한 이야기를 나눈다.

- 설날이 오면 무엇을 하나요?
- (표지 그림을 탐색하며) 설날 밤에 찾아오는 친구가 있는데 누굴까요?

2. 그림책 감상

① (제목 중 일부분을 가리고) 그림을 탐색하며 이야기 나눈다.
- (야광귀신을 가리키며) 무엇이 보이나요?
- (제목을 읽으며) 야광귀신이 들고 있는 것은 무엇인가요?

② 상황을 살려 읽는다.

3. 책놀이 : 야광 귀신 놀이

① 두 모둠으로 나눈다(푸카푸차 / 아카랄라).
② 소원 쪽지를 써서 각 모둠별 바구니에 모아둔다.
③ 두 모둠이 서로 마주 보고 선다.
④ 모둠별 야광귀신 주문을 외운다.
- 푸카푸차 푸초푸쿠
- 아카랄라 카부리카

④ 각 모둠의 첫 번째 주자가 주사위까지 달려가 모둠 구호를 외치며 주사위를 던진다.
⑤ 도착점까지 달려가 주사위를 던져서 나온 수만큼 바둑돌을 계란판에 넣으며 구멍수를 센다.
⑥ 돌아와 다음 주자와 하이파이브를 하고 마지막으로 센 수를 알려준다.
⑦ 다음 주자는 앞 사람의 수 다음부터 센다.
⑧ 제한된 시간 동안 정확하게 센 팀이 승리한다.

(두 모둠 다 수 세기를 정확하게 했다면 더 많은 구멍을 센 팀이 승리한다.)
⑨ 이긴 모둠원의 소원 쪽지를 진 모둠원이 읽어준다

	계란판과 바둑돌	계란판과 바둑돌	
5번주자 ○			● 5번주자
4번주자 ○			● 4번주자
3번주자 ○			● 3번주자
2번주자 ○	◇ 주사위	◇ 주사위	● 2번주자
1번주자 ○			● 1번주자

푸카푸차 모둠   아카랄라 모둠

4. 책놀이 마무리

활동을 회상하며 이야기 나눈다.
- 야광귀신 놀이를 하면서 재미있었던 것은 무엇이었나요?
- 야광귀신 놀이를 하면서 어려웠던 점은 무엇이었나요?
- 야광귀신 놀이를 해보고 새롭게 알게 된 것이 있나요?

🐸 책놀이 메모

① 모둠별 대항 놀이이므로 짝수 모둠 구성이 좋다.
② 제한 시간을 두어야 속도감 있게 놀이를 할 수 있다.
③ 주문을 외우며 숫자를 기억하는 것이 어려운 경우 주문을 생략할 수 있다.

🎈 책놀이 뒷이야기

교사

> 옛날 사람들은 왜 아둔하고 이상한 야광귀신을 믿었을까? 책을 읽으면서 이런 어리숙함과 순진함이 사람들을 잡아끄는 매력이 있었던 것이 아닐까라는 생각이 들었다. 아이들도 야광귀신 놀이를 통해 수 세기도 해보고 옛 자투리 문화도 알고 즐겁게 체험하며 놀 수 있는 계기가 되었다. 또한 이긴 팀은 기분 좋고, 수 세기를 못 해도 진 팀은 소원을 들어주는 착한 야광귀신 역할을 해볼 수 있다는 반전이 재미있게 다가왔다. 진행하면서는 소원을 생각하거나 쓰는 데 큰 시간을 쓰지 않고 직접 체험하며 노는 활동 시간에 좀 더 중점을 두었다. 또한 경기별 제한 시간을 두어 팀별로 박진감 있게 놀이를 진행했다. 책을 읽고 놀이까지 하는 데 40분이 조금 부족해서 다음 놀이 때는 시간을 넉넉하게 잡아야겠다.

어린이

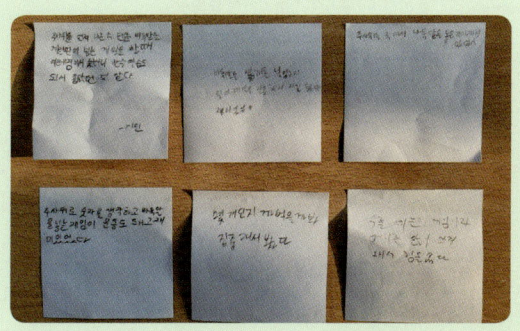

★ 주사위를 던져 나온 수만큼 바둑돌을 계란판에 넣는 게임을 할 때 여러 명이 했더니 산수 연습도 돼서 좋았던 것 같다.
★ 바둑돌을 몇 개 넣었는지 팀이 계산을 잘못해서 지긴 했지만 재미있었다.
★ 주사위를 굴려서 바둑돌을 놓는 것이 재미있었다.
★ 주사위 숫자만큼 바둑돌을 넣는 게임이 운동도 되고 재미있었다.
★ 몇 개인지 까먹을까 봐 집중해서 봤다.
★ 수를 세는 게임이라 머리를 많이 쓰게 돼서 힘들었다.

🎈 교육과정 활용 연계

- 1~2학년군 수학
  - 수 세기 수업에서 활용할 수 있어요.

어머, 이건 꼭 사야 해!

이현진 글·그림 | 노란돼지

 책과 놀이 소개

악어, 사자, 고양이는 그저 물고기 한 마리가 먹고 싶었을 뿐이다. 물고기를 사러 시장에 간 그들은 할인을 한다니까 다른 물건들만 잔뜩 사 들고 와서 집안을 어지럽힌다. 물건들에게 집을 빼앗긴 친구들이 모종의 사건으로 인해 집을 되찾게 되고 진정으로 필요한 것을 찾아가는 과정이 사랑스럽다. 책놀이를 통해 친구들과 함께 우리 집에 필요 없는 물건을 빼 보며 소비의 방향에 대해서 생각해 볼 수 있는 계기가 되었으면 한다.

 책놀이 목표

- 소비의 의미를 알 수 있다.

 책놀이 자료

그림책, 물고기 그림 2장, 풀

책놀이 방법

1. 마음열기

'쓰지 않는 물건'에 관한 이야기를 나눈다.
- 혹시 우리집에서 한 번도 쓰지 않았던 물건이 있나요?

2. 그림책 감상

① 등장인물을 소개하고 제목을 통해 내용을 예측해본다.
  - 사자가 꼭 사겠다고 하는 것은 무엇일까요?
  - 고양이가 꼭 사겠다고 하는 것은 무엇일까요?
  - 악어가 꼭 사겠다고 하는 것은 무엇일까요?

② 상황과 감정을 표현하며 읽는다.

3. 책놀이 : 이건 빼야 해

① 물고기 퍼즐을 만든다.
  * 3~4명씩 모둠을 나누고 각 모둠원끼리 순서를 정한다.
  * 모둠별로 똑같은 물고기 그림 2장씩 갖는다.
  * 물고기 그림 1장은 모둠 인원수대로 자른다.
  * 각 모둠원은 물고기 조각에 각자 자기 집에서 필요 없는 물건을 한 개씩 그려 넣는다.
  * 나머지 물고기 그림 위에 퍼즐 맞추듯 다시 붙이고 칠판에 붙인다.

② 놀이 구호 '이건 / 빼야 / 해'를 동작과 함께 연습한다.

③ 각 모둠에서 한 명씩 일어서서 마지막 구호에 세 가지 동작 중 한 가지를 취한다. 다만 선생님과 다른 동작을 해야 성공한다. 총 다섯 번의 기회 중에 세 번을 성공하면 모둠의 퍼즐 조각 하나를 뺄 수 있다.

④ 쓸모없는 물건을 빼고 난 후 남아있는 물고기 그림을 보며 이야기 나눈다.
  - 남은 물건은 어떻게 하면 좋을까요?

| 이건 | 빼야 | 해 |

4. 책놀이 마무리

① 활동을 회상하며 이야기 나눈다.

- 오늘 활동을 하고 난 후 새롭게 알게 된 것이 있나요?

② '소비'에 관해 이야기 나눈다.

- 필요 없는 물건이 쌓이지 않게 하려면 어떻게 하면 될까요?

🐸 **책놀이 메모**

① 빼야 할 물건을 정하지 못하는 경우 나눠 줄 수 있는 물건을 떠올린다.

② 놀이 구호와 동작은 놀이 진행에 중요한 요소이므로 충분히 연습 후 진행한다.

책놀이 뒷이야기

교사

> 현대 사회는 물건에 파묻혀 살아가는 시대인 것 같다. 할인과 대량 구매의 유혹에 흔들리는 오늘날의 소비 습관에 대해서 생각해 볼 수 있게 하는 책이다. 학생들도 꼭 필요한 물건이 무엇인지 생각해 보고 필요 없는 물건은 정리하며 살아가야 한다는 것을 생각해 볼 수 있게 되길 바란다. 뺄 만한 물건은 그림으로 표현하되 미술 시간이 아니므로 간단하게 표현하고 놀이에 집중했다. 전체적으로 동작을 연습하는 시간은 조금 필요했지만 다섯 번 중 세 번만 성공하면 된다고 문턱을 낮추니 즐겁게 모든 학생들이 성공할 수 있었다.

어린이

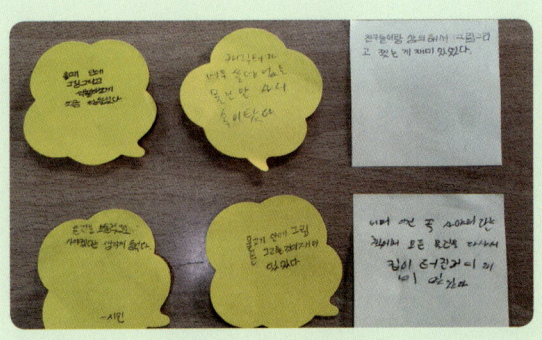

★ 물고기 안에 그림 그리고 색칠하는 게 조금 힘들었다.
★ 캐릭터가 너무 쓸데없는 물건만 사서 속이 탔다.
★ 친구들이랑 상의해서 그림 그리고 떼어내는 것이 재미있었다.
★ 물건을 효율적으로 사야겠다는 생각이 들었다.
★ 물고기 안에 그림을 그리는 것이 재미있었다.
★ '어머 이건 꼭 사야해'라는 책에서 모든 물건을 다 사서 집이 터지는 것이 재미있었다.

교육과정 활용 연계

- 5~6학년군 사회 및 실과
  - 합리적인 소비생활 수업에서 활용할 수 있어요

엄마 왜 그래

김인자 글 | 한상언 그림 | 단비어린이

 책과 놀이 소개

엄마가 무심코 던진 말들이 아이들에게 큰 스트레스로 다가온다는 것을 재밌게 풀었다. 아홉 명의 아이들이 집 안에서 얼음땡 놀이를 하다 향수병을 깨뜨렸다. 그 순간 쏟아지는 것은 향수보다도 진한 엄마의 잔소리. 방에 쫓겨 들어온 아이들은 자기 엄마의 잔소리들을 와글와글 쏟아내기 시작한다. 순간 조용히 다른 아이들의 이야기를 듣고만 있던 한 아이의 말에 모두 조용하다. "우리 엄마는 말을 못 해." 이 아이의 엄마가 말을 못하는 이유가 뭘까? 쓰러질 만한 반전이 마지막 장면에 숨어 있다. 잔소리하는 엄마에게 말대꾸하지 못하고 억눌린 감정을 책놀이를 통해서 해소해 보자.

 책놀이 목표

- 역할극을 통해 감정을 해소하는 경험을 한다.

 책놀이 자료

그림책, 역할 막대, 스트레스통(잔소리 카드)

책놀이 방법

1. 마음열기

   부모님께서 자주 하는 말에 대해 이야기 나눈다.

2. 그림책 감상

① 제목을 읽으며 상황을 예측해 본다.
- (앞표지 그림을 가리고) 다 같이 제목을 읽어보자. '엄마 왜 그래'
- 다음의 네 가지 상황에 따라 감정을 살려 제목을 읽어볼까요?

> 1) 엄마가 갑자기 이상한 행동을 했을 때
> 2) 엄마가 아픈 것처럼 보일 때
> 3) 엄마 때문에 짜증이 날 때
> 4) 엄마에게 궁금한 것을 물어볼 때

② 상황과 감정을 살려 읽는다.
③ 잔소리가 부각될 수 있도록 잔소리가 아닌 부분은 담담하게 읽는다.

3. 책놀이 : '엄마 왜 그래' 역할극

① 책 속 엄마의 잔소리가 담긴 '스트레스통'을 준비한다.
② 둘씩 짝을 지어 한 모둠씩 앞으로 나온다.
③ 역할 막대를 활용하여 역할을 정한다(엄마 / 왜 그래).
④ 엄마 역을 맡은 친구가 잔소리 카드를 뽑는다.
⑤ 엄마 역을 맡은 친구는 '레디, 액션!' 신호에 맞춰 잔소리 카드에 적힌 잔소리를 시작한다.
⑥ '왜 그래' 역할을 맡은 친구는 잔소리를 들은 후 '엄마 왜 그래'를 외친 후 하고 싶은 말을 추가한다.

4. 책놀이 마무리

① 활동을 회상하며 이야기 나눈다.
  - '엄마 왜 그래' 역할극을 하면서 가장 좋았던 점은 무엇인가요?
② '그래도 엄마가 좋아!'를 외치며 마무리한다.

🐸 책놀이 메모

① 역할을 정할 때에는 역할 막대를 두 손으로 비비다가 '멈춰!'라고 할 때 보이는 면으로 정한다. 이 과정 또한 즐거운 놀이로 활용할 수 있다.
② 엄마의 잔소리 카드를 아이들이 직접 만들어서 활용하면 훨씬 더 많이 공감할 수 있다.

🎈 책놀이 뒷이야기

교사 1

> 하나부터 열까지 다 널 위한 소리, 내가 싫다 해도 안 할 수가 없는 이야기, 머리 아닌 가슴으로 하는 이야기. 맞다, 잔소리다. 나도 모르게 흥얼거리고 있다면, 맞다. 아이유 노래다. 아이유와 슬옹이 불렀을 땐 세상 달콤했는데 우리가 들은 잔소리는(들은 것보다 말한 경험이 많다면 당신은 분명 어르신. 잔소리 경험은 나이에 비례한다. 흐흠) 왜 이렇게 싫고 쓰기만 한지. 아이들도 마찬가지다. 그림책 '알사탕'을 읽을 때도 아이들은 아빠의 잔소리가 나오자마자 귀를 막았었다. 역시나 '엄마 왜 그래'를 읽어주자 교실 곳곳에서는 탄식, 짜증의 감탄사들이 쏟아져 나온다. 어우, 아흐, 에혀, 헐, 아 놔, 아 쫌 정도로 적어볼까. 역할극을 시작하자 아이들은 그동안의 울분(?)을 담아 열연을 펼친다. 특히 '시험은 잘 봤냐'는 엄마의 잔소리에 "엄마는 공부 잘했어? 엄마 나보다 못했잖아. 엄마 왜 그래!"라고 외친 친구는 뛰어난 메소드 연기와 폭발적 인기로 남우주연상을 수상했다. '속이 시원하다, 재밌었다'라는 소감이 보인다. 그래, 너희들의 스트레스가 조금이나마 풀렸다면 선생님은 그걸로 됐다. 근데 이것만은 알아둬. 아이유가 그러더라. 사랑해야 할 수 있는 그런 이야기가 잔소리라고.

교사 2

> '엄마 왜 그래' 놀이를 할 때 '왜 그래'를 뽑은 친구는 엄마의 잔소리를 들은 후 뒷말이나 앞말을 넣는 것을 더 재미있어 했다. 실제로 엄마 역할을 맡은 친구가 "공부도 안 하고 커서 뭐가 되려고 그러니?" 하자, '왜 그래'를 맡은 친구가 "엄마도 공부 못했으면서 왜 나한테만 그래. 정말 엄마 왜 그래!" 하여 친구들의 박수를 받았고 아이들은 스트레스가 다 풀린다고 하였다. 반 전체가 둘씩 짝을 지어 돌아가면서 발표하며 웃고 소리 지를 수 있는 시간이었다.

어린이

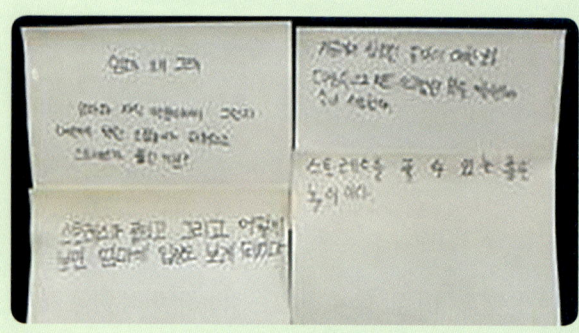

★ 엄마와 자식 역할이어서 그런지 예전에 했던 소꿉놀이가 떠올랐고 스트레스가 풀린 기분?
★ 스트레스가 풀리고 어떻게 보면 엄마의 입장도 보게 되었다.
★ 지금까지 마음속으로만 쌓아두었던 엄마에 대한 화를 말로 할 수 있어서 속이 시원했다.
★ 스트레스를 풀 수 있는 좋은 놀이이다.

 교육과정 활용 연계

- 1~6학년 국어
  - 역할극, 연극 수업에서 활용할 수 있어요.

엘리베이터에서 만났다

권옥, 양현미, 주미라, 이창순 글 | 윤혜민 그림 | 청개구리

책과 놀이 소개

현관문을 열자마자 폭탄이 쏟아진다. 엄마의 잔소리를 폭탄으로 표현하다니! 공감 백배다. 폭탄을 피하는 방법은 뭘까? 피할 수 없다면 즐겨라. 잔소리 폭탄을 만들고 터뜨리면서 잔소리 스트레스를 해소해 보자. 이 책은 아이들의 일상을 재미난 비유와 상상으로 풀어낸 동시집이다. 60편의 동시들은 아이들의 마음을 대변해주면서 어른들에게는 반성의 시간으로 다가온다. 아이들의 입맛에 딱 맞는 동시 여행, 지금부터 떠나 보자.

책놀이 목표

- 제목을 상상하며 동시를 감상할 수 있다.
- 놀이를 통해 잔소리 스트레스를 해소하는 경험을 한다.

책놀이 자료

동시집, 동시판, 잔소리 카드, 패러디 동시판, 잔소리 활동지, 접시

책놀이 방법

1. 마음열기

'소리'에 대한 이야기를 나눈다.

- 내가 가장 듣기 좋은 소리는 어떤 소리일까요?
- 내가 가장 듣기 싫은 소리는 어떤 소리일까요?

2. '잔소리' 동시 감상

① 동시판의 동시 제목을 가리고 동시를 낭송한다.
② 동시 내용을 예측하며 감상한다.
- (엄마의 잔소리 내용을 가리고) 현관문을 열자마자 쏟아지는 것은 뭘까요?
- 폭탄은 무엇을 말하는 걸까요?
③ 동시의 제목을 알아맞힌다.
④ 동시판을 보며 다 같이 동시를 낭송한다.
⑤ 잔소리에 관한 이야기를 나눈다.
- 내가 가장 듣기 싫은 잔소리는 무엇인가요?
- 어른들은 잔소리를 왜 할까요?
- 내가 해 본 잔소리는 무엇인가요?

3-1. 책놀이 : 잔소리 폭탄

*준비물 : 동시판, 잔소리 카드, 접시, 패러디 동시판, 잔소리 활동지
① 4~5명씩 모둠별로 앉아 시계방향으로 순서를 정한다.
② 책상 중앙에 잔소리 카드가 담긴 접시를 놓는다.
③ 교사의 '띵동' 시작 신호에 맞춰 잔소리 접시에서 잔소리 카드를 순서대로 한 개씩 꺼낸다.
④ '띵동띵동' 멈춤 신호에 놀이를 멈추고 다 같이 '폭탄이 멈췄다!'를 외친다.
⑤ 잔소리 카드가 없어질 때까지 반복하여 진행한다.

⑥ 각 모둠별로 폭탄이 터질 때 나는 소리를 만든다.
   (예 : 펑, 뻥뻥, 엎드려, 피해 등)
⑦ 순서에 따라 각자 가지고 있는 잔소리카드를 실감 나게 읽으면 모둠원은 앞에서 정한 폭탄이 터지는 소리를 외친다.
⑧ '잔소리 활동지'에 아이들이 직접 적어서 만든 잔소리 카드로 잔소리 폭탄 놀이를 한 번 더 진행한다.
⑨ 동시판에 아이들이 만든 잔소리 카드를 붙여 동시를 재구성한다.
⑩ 재구성한 동시를 다 같이 낭송한다.

 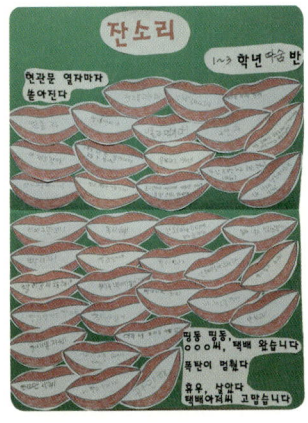 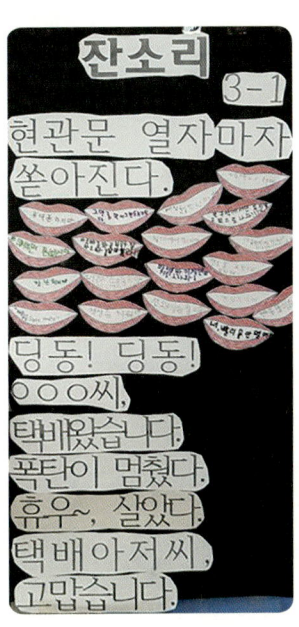

3-2. 책놀이 : 느낌 알잖아, 제목 알잖아

* 준비물 : 동시집
  ① 눈을 감고 동시집을 무작위로 펼친다.
  ② 펼쳐진 동시를 낭송한다.
  ③ 눈을 감고 동시를 감상한다.
  ④ 동시 제목을 알아맞힌다.

4. 책놀이 마무리

활동을 회상하며 이야기 나눈다.
- '잔소리 폭탄 놀이'를 할 때 가장 공감되는 잔소리는 무엇이었나요?
- 잔소리가 폭탄처럼 터져 나올 때 어떤 느낌이 들었나요?

> 🐸 **책놀이 메모**

① '잔소리 폭탄' 놀이를 할 때 시작 신호와 멈춤 신호를 익히는 연습을 하여 긴장감을 가지고 놀이에 참여할 수 있도록 한다.
② 대상과 시간에 따라 연습 게임 없이 잔소리 카드를 진행하는 놀이로 바로 시작할 수도 있다.

> 🎈 **책놀이 뒷이야기**

교사 1

제목을 알려주지 않고 동시를 들려주기만 했다. 동시를 끝까지 낭송하기도 전에 동시 제목이 '잔소리'라는 걸 금새 알아차린다. 알아차리기만 했을까? '잔소리, 잔소리, 잔소리……' '잔소리'란 제목을 엄마들이 잔소리 퍼부어대듯 소리친다. 그래서 준비했다. '잔소리 폭탄'놀이를! 그런데 놀이를 진행하려면 아이들이 활동지에 잔소리를 적어내야만 한다. 혹시 글쓰기 수업이라고 생각하지 않을까? 걱정도 잠시. 잔소리 폭탄을 터뜨려 없애자는 말에 아이들의 기억에서 어른들의 잔소리가 끝도 없이 쏟아져나온다. 잔소리를 하나하나 터뜨리는 과정에서 처음에는 수줍어 기어들어가는 목소리로 참여하던 한 아이는 놀이가 진행될수록 마치 엄마가 빙의된 듯 목청껏 소리쳐 잔소리를 쏟아내고는 '휴'하고 한숨을 쉰다. 아마도 시원했으리라! 아이들이 쓴 잔소리를 들으며 엄마로서, 어른으로서 가슴이 뜨끔뜨끔한 시간이었다.

교사 2

> 잔소리 대잔치! 엄마들 잔소리의 끝은 어디일까. 걱정 어린 엄마들의 얘기도 잔소리라고 표현하는 친구들이 있었다. 엄마의 걱정을 기분 좋게 받아들였으면 하는 마음이 들기도 했다. 아이들이 적은 잔소리 내용을 읽어 주니 여기저기서 "야! 너도?" 하는 친구들의 소리가 들려왔다. 아이들이 겪는 스트레스가 비슷하다는 생각이 들었다. 책놀이를 통해 잠시나마 스트레스를 풀어주게 되어 흐뭇한 시간이었다.

어린이

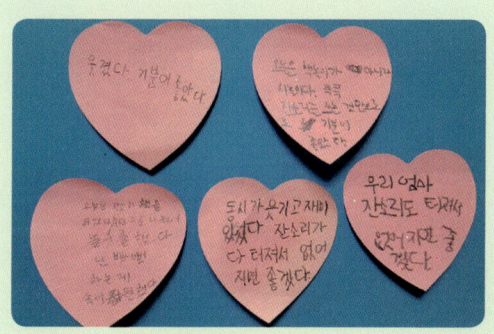

★ 웃겼다. 기분이 좋았다.

★ 오늘은 책놀이가 아니라 '시' 놀이다. 크크

★ 잔소리를 쓰는 것만으로도 기분이 좋았다.

★ 오늘은 잔소리 책을 읽었다. 두 팀으로 나눠서 놀이를 했다. 빵, 뻥 하는 게 속이 시원했다.

★ 동시가 웃기고 재미있었다. 잔소리가 다 터져서 없어지면 좋겠다.

★ 우리 엄마 잔소리도 터져서 없어지면 좋겠다.

교육과정 활용 연계

- 1~6학년 국어
  - 동시 수업에서 활용할 수 있어요.
- 5~6학년군 국어
  - 등장인물의 삶과 나를 비교하는 수업에서 활용할 수 있어요.
  - 이야기를 읽고 공감하며 대화를 나누는 수업에서 활용할 수 있어요.

여우와 두루미

이솝 원작 | 엄혜숙 글 | 한병호 그림 | 파랑새

책과 놀이 소개

출입문을 열고 들어갈 때 뒤에 오는 누군가를 위해 문을 잡고 있었던 경험이 있나요? 있다면 당신은 배려심이 깊은 사람입니다. 이 이야기는 다른 사람의 입장에서 생각하고 행동하는 배려의 개념을 쉽게 이해할 수 있는 우화입니다. 여우네 집에 초대를 받은 두루미는 기쁜 마음으로 찾아갔으나 여우가 차려놓은 맛있는 음식을 먹지 못하고 돌아옵니다. 며칠 후 두루미네 집에 초대를 받은 여우도 두루미가 내놓은 음식을 먹지 못하고 맙니다. 왜일까요?

함께 사는 세상, 다른 사람의 상황을 잘 헤아려주고 서로 배려하는 따뜻한 세상, 우리 모두 이루어 보아요.

책놀이 목표

- 놀이를 통해 등장인물의 마음을 느껴본다.
- 놀이를 통해 배려를 이해할 수 있다.

책놀이 자료

그림책, 상차림 세트 2개(음식컷, 낚시대, 긴 컵(높이20cm이상), 일회용 접시), 초시계

🐸 책놀이 방법

1. 마음열기

'초대'에 관한 경험을 나눈다.

- 초대를 받아본 적 있나요?

2. 그림책 감상

① 표지를 탐색하며 이야기 나눈다.

- 여우와 두루미에게 무슨 일이 벌어지고 있나요?

② 그림을 보고 상황을 예측하며 읽는다.

- (두루미가 음식을 먹으려는 장면) 무슨 일이 벌어진 걸까요?

③ 초대한 등장인물의 감정을 담담하게 읽는다.

④ 책 내용을 회상하며 두루미의 기분을 생각해 본다.

- 두루미는 여우가 내놓은 음식을 먹지 못할 때 어떤 기분이었을까요?

⑤ '배려'에 관한 이야기를 나눈다.

- 다른 사람의 입장이나 마음을 미리 생각하고, 그 상황에 적절하게 행동하거나 도와주는 것을 무엇이라고 할까요?

- 다른 사람에게 배려를 받아 본 적이 있나요? 어떤 마음이 들었나요?

3. 책놀이 : 초대합니다

① 앞쪽 책상 위에 상차림 세트를 준비한다.

② 두 모둠으로 나눈다.

③ 각 모둠은 상차림 세트 맞은편 출발선에 줄을 선다.

④ 교사의 '여우를 초대합니다' 출발신호에 맞춰 시간을 잰다.

⑤ 각 모둠 첫 번째 친구는 상차림으로 달려가 낚시대를 활용하여 긴 컵에 담긴

음식 컷을 한 개만 집어 모둠 그릇에 옮긴다. 돌아와서 다음 친구와 하이파이브를 한다.

⑥ 마지막 친구가 돌아올 때까지 진행한다.

⑦ 각 모둠의 최종 시간을 확인한다.

⑧ 두 번째 놀이를 하기 전에 간단한 이야기로 놀이 상황을 바꾼다.
- 두루미가 자신들의 행동을 돌이켜보며 여우를 다시 초대했답니다.

⑨ 긴 컵을 접시로 바꿔서 같은 방법으로 두 번째 놀이를 진행한다.

⑩ 첫 번째 놀이와 두 번째 놀이의 시간을 비교한다.

상차림 세트

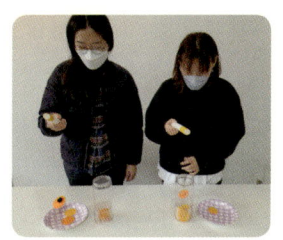
긴 컵의 음식 먹기 체험

접시의 음식 먹기 체험

4. 책놀이 마무리

활동에 대한 이야기 나눈다.
- 여우가 이 놀이를 했다면 어떤 생각을 하게 될까요?
- 서로 배려하고 살면 어떤 점이 좋을까요?

 책놀이 메모

① 다른 모둠보다 빨리해서 이기려는 목적보다 배려를 경험하는 놀이가 되도록 안내한다.

② 일상생활 속 배려 상황을 떠올리며 이야기 나누는 시간을 갖는다.

책놀이 뒷이야기

교사 1

이솝 우화가 워낙 유명해서 대부분 알고 있을 거라 생각했는데 의외로 '여우와 두루미' 이야기를 모르는 아이들이 많았다. 그래서였을까? 두루미가 여우의 초대를 받아 음식을 받고 당황하는 장면에서 글의 일부를 가리고 이유를 추측할 때 다양한 이야기가 나왔다. '음식이 별로여서', '음식이 적어서'라고 말한 아이들도 있었다. 그릇의 형태가 이유라는 것을 알자 고개를 끄덕이는 아이들도 있었고, '손으로 들고 마시면 되지 않느냐.'라고 하기도 했다. 이야기를 마치고 여우에게 '상대를 배려하는 마음'이 부족했다는 말이 아이들 입에서 나왔다. 여우와 두루미를 배려하며 각각에게 적합한 접시에 음식을 담아주자는 주제로 책놀이를 소개하자 얼른 하고 싶다며 재촉했다. 낚싯대로 옮기는 놀이는 쉽지도 어렵지도 않아 난이도가 딱 좋았다. 한 모둠이 먼저 다 옮겼어도 진짜 목적은 '음식 옮겨 담기'에 있으니 다른 모둠 아이들도 끝까지 음식을 옮기며 승패보다 놀이에 집중했다. 아이들 덕분에 여우와 두루미 모두 편하게 음식을 먹은 것 같아 보람을 느끼며 박수로 마무리했다.

교사 2

제목을 읽는 순간 이야기의 내용을 알고 있는 아이들이 많았다. 아이들은 서로 등대고 앉은 표지 그림의 여우와 두루미의 눈빛만으로 많은 상상력을 동원했다. '처음에 둘은 사이좋은 친구였는데 초대 이후 기분이 나빠져서 서로 싸우게 되었다', '서로 싸워서 여우가 화해하려고 두루미를 초대했다' 등. 아이들의 상상력이 이야기를 모르는 아이들에게도 이야기에 대한 호기심을 갖게 만들었다. 두루미와 여우가 각각 차린 음식을 먹지 못하는 장면에서는 '그릇을 들고 마시면 된다'라는 해결책을 제시하기도 했다. 여우와 두루미의 초대 목적을 드러내지 않으려고 최대한 감정을 넣지 않고 담담하게 읽었지만 아이들은 여우가 두루미를 골탕 먹이려고 넓은 그릇에 음식을 담았고, 두루미는 복수하려고 여우를 초대했다고 한다. 이 이야기에서 '배려'를 생각하길 바랐던 기대감이 와르르 무너지는 순간이었다. 하지만 여우의 입장에서 자신의 부족함을 스스로 체험하게 하는 놀이를 통해 '그러니까 배려를 배웠어야지' 하는 한 아이의 후기가 마음을 달래주었다.

어린이 1

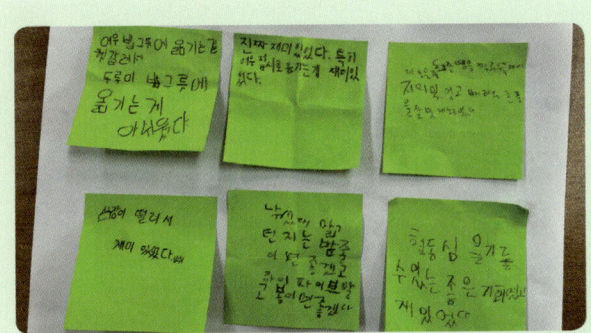

★ 심장이 떨려서 재미있었다.
★ 여우 밥그릇에 옮기는 걸 헷갈려서 두루미 밥그릇에 옮기는 게 아쉬웠다.
★ 진짜 재미있었다. 특히 여우 접시로 옮기는 게 재미있었다.
★ 동그랑땡을 여우와 두루미에게 옮겨주는 게 재미있었고 배려와 존중을 잘 알게 되었다.
★ 협동심을 기를 수 있는 좋은 기회였고 재미있었다.

어린이 2

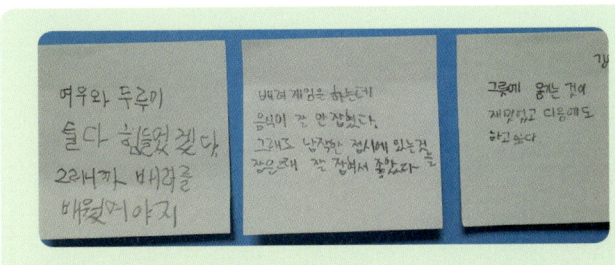

★ 여우와 두루미 둘 다 힘들었겠다. 그러니까 배려를 배웠어야지.
★ 배려 게임을 하는데 음식이 잘 안 잡혔다. 그래도 납작한 접시에 있는 것을 집을 때 잘 잡혀서 좋았다.
★ 그릇에 옮기는 것이 재밌었고 다음에도 하고 싶다.

교육과정 활용 연계

- 1~2학년군 통합
  - 배려를 주제로 하는 수업에서 활용할 수 있어요.
  - 내 이웃에 대해 알아보는 수업에서 활용할 수 있어요.
- 3~6학년 도덕
  - 배려를 주제로 하는 수업에서 활용할 수 있어요.
- 1~6학년 창의적 체험활동
  - 인성교육 수업에서 활용할 수 있어요.

열려라 문

박정선 기획·글 | 이수지 그림 | 비룡소

 책과 놀이 소개

'열려라 문' 제목을 읽는 순간 '열려라 참깨' 이야기가 떠오르며 어떤 이야기일지 호기심이 발동한다. 재빨리 표지를 열어보았다. 생활 속에서 열고 닫는 다양한 문들의 작동원리와 문을 열 때 들리는 소리를 의성어와 의태어로 표현한 짧은 텍스트는 정보 제공을 목적으로 하는 책처럼 느껴져 실망하려던 찰나, 아! 이거 그림책이지. 토끼와 오리의 생활이 보이고 둘의 대화를 상상하는 재미가 있었다. 그렇다. 간장은 찍어 먹어야 제맛이듯 문은 열어보아야 제맛이다. 아이들과 함께 다양한 문을 통해 상상하는 즐거움을 느껴보자.

 책놀이 목표

- 문이 작동할 때 들리는 의성어와 의태어를 안다.
- 다양한 상황을 동작으로 묘사할 수 있다.
- 동작을 보고 장소와 상황을 예측할 수 있다.

 책놀이 자료

그림책, 보자기, 의성어/의태어 카드

🐸 책놀이 방법

1. 마음열기 : 의성어 · 의태어로 상상하기

   낱말을 소리 내어 읽어보고 무엇을 표현한 흉내말인지 알아맞힌다.
   - '쭉, 쩍, 빙글, 빙빙, 쓱-, 스르르, 차르륵, 딸깍, 찰칵, 끼익'

2. 그림책 감상

   ① 글을 가리고 그림으로만 감상하며 이야기를 상상해본다.
   ② 의성어, 의태어를 알아맞히며 다시 한번 그림책을 감상한다.

3. 책놀이 : 마임극 '열려라 문'

   ① 4~5명씩 모둠을 나눈다.
   ② 각 모둠별로 문의 이름이 적힌 보자기를 하나씩 선택한다.
   ③ 각 모둠이 선택한 문을 열면 사람들이 무엇을 하고 있을지 상상한다.
      예) 교실문, 백화점문, 내 방문, 병원문, 화장실문, 영화관문 등
   ④ 모둠원끼리 상의하여 역할을 정하고 단계별로 동작을 연습한다.
      * 1단계 : 문을 열면 보이는 장소에서의 상황을 정지화면으로 표현한다.
      * 2단계 : 움직임으로 표현한다.
   ⑤ 모둠별로 앞에 나와 마임극으로 보여준다.
      - '열려라 문'하면 문이 열립니다.
   ⑥ 관객(다른 모둠원)은 2단계까지 진행한 후 어느 곳의 문인지 알아맞힌다.

4. 책놀이 마무리

   활동을 회상하며 이야기 나눈다.

- '열려라 문' 활동을 하면서 가장 재미있었던 문은 어떤 문이었나요?
- 꼭 열어보고 싶은 문이 있다면 어떤 문인가요?

🐸 책놀이 메모

① 알아맞히지 못 할 경우에는 소리를 넣은 3단계를 추가할 수 있다.
② 문 여는 소리는 책에 나오는 의성어, 의태어 외에도 다양하게 표현할 수 있다.

🎈 책놀이 뒷이야기

교사 1

> 그림책에 나오는 여러 문 중 아이들이 가장 낯설어하는 문은 무엇이었을까? 바로 열쇠로 여는 문이다. 아이들은 해당 장면을 보더니 '미국 영화에 나오는 집이다'라고 하였고, 모두 동의하였다. 물론 나도 동의한다. 할리우드 영화에서 비밀번호를 누르고 도어락 열리는 소리가 들리며 집 안으로 들어가는 장면을 본 기억이 없기 때문이다. 혹시 외국 작가일까 싶어 다시 앞표지를 살펴보는데 글, 그림 작가 모두 한국 이름이다. 왜 빠트리셨을까? 이렇게 익숙한 문을. 아이들의 이야기를 들으며 아이들이 말하는 익숙한 문들에 대해 생각해봤다. 그러다 그 문이 어쩌면 아이들의 가정환경, 생활환경이나 문화환경 등에 영향을 받을 수밖에 없었을 거라는 데 생각이 미쳤다. 아, 그래서 작가님이 언급도 안 하고 그림도 안 그리셨구나. 누구나 봤을 법한, 누구나 있을 법한, 누구나 경험해봤을 법한 문만 보여줬구나. 빠트린 게 아니라 일부러 안 넣으신 거구나.
>
> 학급의 90%가 넘는 아이들이 비교적 아파트에서 생활하고 있는 학군의 특성상 도어락이 있는 현관문은 우리 반에는 자연스럽지만, 그렇지 않은 학급도 있을 것이다. 그림책 장면으로 아이들을 불편하게 하고 싶지는 않으셨을 거다. 그래서 '열려라 문' 놀이도 누구나 직접적이든 간접적이든 경험해봤을 만한 장소를 문제로 제시해야 한다. 그래야 모든 아이들이 즐겁다. 할 얘기를 다 똑같이 가지고 있으므로…….

교사 2

쉬는 시간에 친구와 어울리지 않고 선생님 주변을 돌아다니는 아이가 있다. '선생님은 쉬는 시간에 무얼 하고 있나'가 주 관심사다. 책놀이를 준비하는 나에게 "선생님, 이 책은 곰이에요, 문이에요?" 말을 건다. 아이의 장난기 있는 눈빛에 이렇게 대답했다. "글쎄, 잠시 후에 같이 읽어볼까?" 책 소재가 '문'이라는 것을 알자 아이들의 눈빛이 반짝거리며 알고 있는 문을 다 말하고 싶어 입이 근질거린다. 책에서 다양한 문의 종류를 다루었다면 책놀이에서는 아이들이 문을 통해 들어가는 '장소'를 표현하게 하여 참여를 높였다. 아이들이 경험한 장소이기 때문에 신나게 온몸으로 묘사했고 답을 외치는 아이들도 신났다. 우리 반에서 빵 터진 문은 '내 방문'이었다. 바로 답이 나오진 않았는데 한 아이가 맞추자 주변에서 탄성이 나왔다. '아! 맞다, 맞다. 대박! 내 방 맞네!' 이렇게 서로에게 호응하며 서로 마음의 문을 열고 들여다보며 행복한 시간을 보냈다.

교사 3

아이들이 좋아한 문은 '내 방문'이었다. 문이 열리자 아이들은 저마다 다른 포즈를 취하고 있었다. 아이들이 '내 방'에서 시간을 보내는, 솔직한 모습을 볼 수 있었다. 잠을 자는 장면, 스마트폰을 보는 장면, 게임하는 장면, 전화 통화하는 장면을 보던 아이들은 극장문이나 교실문보다 혼란스러운 다양한 장면 표현에 당황했다. 3단계 힌트까지 보고서야 정답을 맞추었는데 다른 제시어에도 아이들의 표현이 더 풍부하고 다양하면 재미있을 것 같다는 생각이 든다. 그러기 위해서는 아이들의 머리와 마음의 문도 열어야 할 텐데……. 자유롭게 생각을 표현할 수 있도록 말이다.

어린이 1

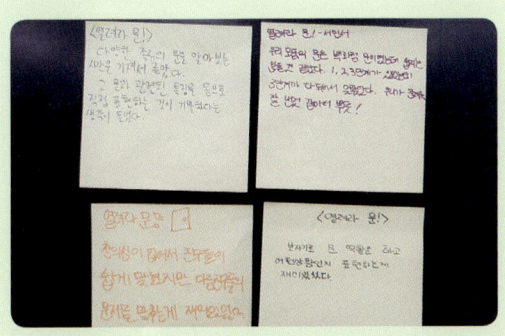

★ 다양한 종류의 문을 알아보는 시간을 가져서 좋았다. 그 문과 관련된 특징을 몸으로 직접 표현하는 것이 기발하다는 생각이 들었다.
★ 우리 모둠의 문은 백화점 문이었는데 쉽지는 않았다. 1, 2, 3 단계가 있었는데 3단계가 다 되어서 맞혔다. 우리가 문제를 잘 낸 것 같아서 뿌듯!
★ 보자기로 문 역할을 하고 어떤 상황인지 표현하는 게 재미있었다.

어린이 2

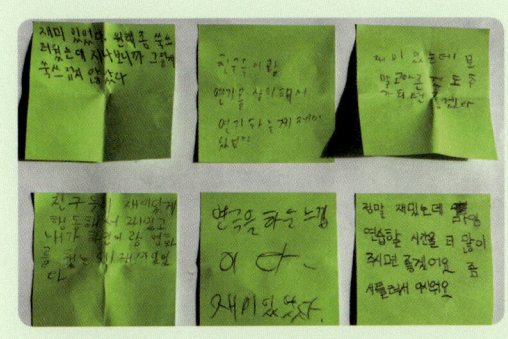

★ 연극을 하는 느낌이다. 재미있었다.
★ 재미있었다. 원래 좀 쑥스러웠는데 지나보니까 그렇게 쑥스럽지 않았다.
★ 친구들이 재미있게 행동해서 재밌고, 내가 ○○랑 극장문을 했는데 재미있었다.
★ 친구들이랑 상의해서 연기하는 게 재미있었다.
★ 정말 재밌는데 마임 연습할 시간을 더 많이 주시면 좋겠어요. 좀 서툴러서 아쉬워요.
★ 재미있는데 문 말고 다른 것도 추가되면 좋겠다.

교육과정 활용 연계

- 1~2학년군 국어
    - 소리와 모양을 흉내 내는 수업에서 활용할 수 있어요.
- 1~6학년 국어
    - 역할극이나 연극 수업에서 활용할 수 있어요.

완벽한 타이밍

남동완 글·그림 | 킨더랜드

 책과 놀이 소개

우리는 일상생활에서 모든 것이 완벽하게 들어맞을 때 '타이밍이 기가 막힌다!'라고 말한다. 타이밍이 완벽할 때의 쾌감! 정말 짜릿하다. 아이들에게 타이밍이 필요할 때가 언제일까? 단체 생활이 일상인 아이들에게 갑작스러운 생리현상으로 곤란할 때가 있다. 더군다나 그것을 해결하기 어려운 상황이라면? 이 책은 주인공이 수학여행을 가는 도중 차 안에서 방귀를 참으면서 이야기가 시작된다. 차 속은 밀폐되어 있고 친구들은 아주 가까이에 있다. 방귀는 어서 나가고 싶다며 주인공의 엉덩이를 자극한다. 이 위기를 벗어날 수 있는 방법은 오직 하나, 완벽한 타이밍을 찾는 것이다! 책을 읽고 아이들과 '완벽한 타이밍'을 경험할 수 있는 놀이를 함께 하면 아이들은 책의 재미를 배로 느낄 것이다. 방귀를 뀌려는 친구는 상대 친구의 타이밍을 절묘하게 맞추어야 하고 타이밍이 완벽한지 판별하는 판정단 친구들까지. 아이들은 과연 타이밍을 얼마나 정확하게 맞출 수 있을 것인가!

 책놀이 목표

- 놀이를 통해 타인의 마음을 이해할 수 있다.

 책놀이 자료

그림책, 뻑뻑이(대형:45×55㎜) 4~5개, 얇은 방석, 심벌즈, OX판, 초시계

🐸 책놀이 방법

1. 마음열기

타이밍에 관한 이야기를 나눈다.

- '타이밍'의 뜻을 알고 있나요?

(타이밍: 주변의 상황을 보아 좋은 시기, 동작의 효과가 가장 크게 나타나는 순간. 출처_표준국어대사전)

- 타이밍이 잘 맞았던 경험이 있나요?

2. 그림책 감상

① 앞표지 그림을 탐색하며 이야기 나눈다.

- 표지 그림에서 완벽한 타이밍은 어떤 순간을 말하는 것일까요?

② 등장인물의 정서를 반영하여 실감 나게 읽는다.

3. 책놀이 : 타이밍 운동회

① 놀이에 등장하는 역할을 소개한다.

- 판정단 5명, 방귀 뀌는 역할 1명, 심벌즈 치는 역할 1명

② 각 역할에 따른 자리 배치를 설명한다.

판정단1	판정단2	판정단3	판정단4	판정단5

심벌즈 치는 역할
(↓ 방향을 보며 앉기) 　　　방귀 뀌는 역할
(← 방향을 보며 앉기)

판정단 역할　　　　　심벌즈 치는 역할　　　　　방귀 뀌는 역할
희망자 줄　　　　　　희망자 줄　　　　　　　　희망자 줄

③ 희망하는 역할을 정하고 각 역할 자리에 앉는다.
  (각 역할 수가 맞지 않는 경우 자신의 역할을 수행한 후 다른 역할을 더 할 수 있다.)
④ 제한 시간 2분 동안 심벌즈를 20번 친다.
⑤ 방귀 뀌는 역할을 맡은 친구는 심벌즈 소리에 맞춰 엉덩이로 의자 위의 뻑뻑이 소리를 울리며 타이밍을 맞춘다.
⑥ 판정단은 두 소리의 타이밍이 일치할 땐 O, 일치하지 않을 땐 X로 판정한다. 이때 O가 과반수가 되어야 타이밍이 일치한 것으로 인정한다.
⑦ 희망자 줄에서 지켜보는 친구들은 타이밍이 일치한 횟수를 센다.

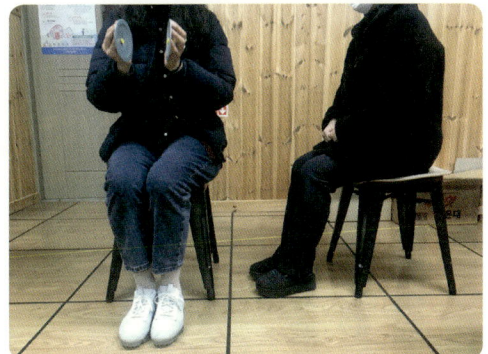

완벽한 타이밍

4. 책놀이 마무리

① 활동을 회상하며 이야기 나눈다.
  - '타이밍 운동회' 놀이를 하면서 타이밍이 맞았을 때 기분이 어떠했나요?
② 타이밍이 필요했던 상황 또는 타이밍이 맞아서 좋았던 경험을 나눈다.
③ 타이밍이 꼭 필요한 순간들을 이야기 나눈다.

   - *라면이 맛있게 익는 타이밍*

   - *친구에게 사과할 타이밍*

   - *계란 노른자를 반절만 익히는 타이밍*

   - *오줌이 급하게 마려웠을 때 집에 도착하는 타이밍*

🐸 **책놀이 메모**

① '타이밍 운동회' 놀이를 할 때 방귀 뀌는 사람이 앉는 의자는 딱딱한 것이 좋다. 의자가 푹신하면 삑삑이 소리가 잘 나지 않는다.
② 대상에 따라 제한 시간과 심벌즈를 치는 횟수를 조절할 수 있다.
③ 타이밍의 일치 여부를 판단하는 것은 판정단의 재량이지만 사전에 타이밍을 어느 정도까지 허용할지 합의하는 것이 좋다. 너무 완벽하게 일치해야 한다는 기준을 두는 경우 놀이가 경직될 수 있음에 유의한다.
④ 판정단이 판정을 할 수 있는 시간적 여유를 주며 심벌즈를 치도록 한다.

책놀이 뒷이야기

교사 1

> 아이들이 좋아하는 이야기, 똥 그리고 방귀. 똥이랑 방귀 단어만 나와도 아이들은 배를 잡고 웃기 시작한다. 그러니 이 책은 무조건 성공! 방귀 뀌는 데 이보다 더 완벽한 타이밍은 없을 것이기 때문이다. 게다가 방귀는 교실에서 참아야 하거나 티 안내고 조용히 해결해야 하는 것(?)이었는데, 놀면서 방귀를 크게 뀌라니, 이것 참 속 시원하다. 아이들은 놀이를 하면서 진짜 방귀를 뀌었을지도 모르겠다. 하지만 괜찮다. 아무도 모른다. 그 친구에게는 완벽한 타이밍이었을 테니까.

교사 2

> 학창시절, 수업 시간에 방귀가 나오려할 때 느꼈던 긴장감을 기억하는가? 이런 경험은 누구에게나 있을 것이다. 이 책은 대다수가 가지고 있는 경험을 소재로 하여 공감을 끌어내고 있다. 주인공이 겪는 어려움을 학생 모두가 걱정해주고 각자 노하우를 바탕으로 주인공에게 조언을 해준다. 책을 감상한 후 이어지는 책놀이를 통해 아이들에게 '모두 앞에서 대놓고 방귀를 뀔 수 있는 기회'를 제공한다. 설정임에도 불구하고 일부 아이들은 쑥쓰러워하며 심벌즈, 판정단 역할만 하기도 했다. 용기 있는 아이들은 방귀 뀌는 역할만 하며 열심히 타이밍을 맞추어 뀌려고 집중했다. 판정단들은 타이밍으로 인정해줄 것인지 사뭇 진지한 표정으로 임했다. 책과 책놀이는 마치 하나같았다.

어린이

★ 박자(타이밍)를 맞추면 좋고 안 맞아도 괜찮았고 보기만 해도 좋았다.
★ 박자(타이밍) 맞추는 게 조금 어려웠지만 순발력을 기를 수 있었다.
★ 방귀 뀌는 사람, 심벌즈 치는 사람, 심사위원을 모두 할 수 있어서 좋았다.

 교육과정 활용 연계

- 1~2학년군 국어
  - 경험과 느낌을 나누는 수업에서 활용할 수 있어요.
- 1~6학년 국어
  - 인물의 마음을 알아보는 수업에서 활용할 수 있어요.

우당탕탕, 할머니 귀가 커졌어요

엘리자베트 슈티메르트 글 | 카롤리네 케르 그림 | 유혜자 옮김 | 비룡소

 책과 놀이 소개

아파트 생활이 보편화되면서 층간소음 문제가 심각하게 대두되고 있다. 이 그림책은 많은 사람들에게 스트레스를 주는 이 문제를 유쾌하게 풀어내고 있다. 위층에서 나는 소리에 예민한 아래층 할머니는 어느 날부터 위층에서 소리가 들리지 않자 자신의 귀가 아픈 것으로 생각하고 의사를 찾아간다. 그런데, 세상에! 병명은 '못 들어서 생기는 병'이란다. 작가는 이 병을 어떻게 치료할 것인가? 무척 궁금하다. 이 책은 층간소음 문제를 과장된 그림으로 재미있게 표현한 그림책이기에 즐길 수 있는 묘미를 제공한다. 책놀이를 통해 건강한 소리의 가치를 이해할 수 있다면 공동주택에서도 행복하게 살 수 있지 않을까?

 책놀이 목표

- 층간소음에 관심을 갖는다.
- 이웃과 더불어 살아가는 데 필요한 가치를 이해한다.

책놀이 자료

그림책, 안 들려 카드

🐸 책놀이 방법

1. 마음열기

　① 주변에서 나는 소리에 관해 이야기 나눈다.

　　- 집에 있을 때 주변에서 들을 수 있는 소리에는 어떤 것이 있나요?

　　　옆집에서 현관문 닫는 소리요.

　　　윗집에서 청소기 돌리는 소리요.

　② 소리가 사라진다면 어떤 일이 생길지 상상해본다.

2. 그림책 감상

　① 표지를 탐색하며 이야기 나눈다.

　　- 할머니는 무엇을 하고 있는 걸까요?

　② 그림을 탐색하며 이야기 나눈다.

　　- 행복해하는 위층 가족이 미처 생각하지 못한 것은 무엇일까요?

　③ 다음 장면을 예측하며 감상한다.

　　- (식구들이 춤을 추는 장면에서) 어떤 일이 벌어질까요?

3-1. 책놀이 : 안 들려!

＊준비물 : 안 들려 카드

　① 입 모양을 잘 움직이는 '입체조'를 해본다.

　　- 마/먀, 모/묘, 무/뮤, 므/미

　② 두 모둠으로 나누고 각 모둠 진행자를 2명씩 정한다.

　③ 각 모둠 진행자는 안 들려 카드를 보고 소리 내지 않고 입 모양으로만 낱말을 보여준다.

- 시작 구호는 '소리를 보여주세요'
④ 각 모둠원은 입 모양을 보고 어떤 낱말인지 알아맞힌다.
⑤ 각 모둠의 안 들려 카드는 동시에 제시하고 한 모둠이 먼저 정답을 맞히면 다음 문제로 넘어간다.
⑥ 정답을 많이 맞힌 모둠이 승리한다.

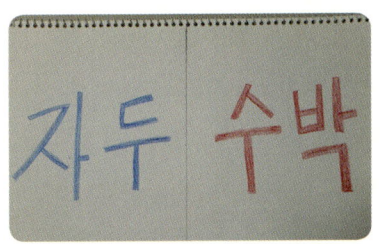

안 들려 카드 예 :

단계		모둠 1	모둠 2
1	음식	사과, 고추, 피자 등	딸기, 오이, 김밥 등
2	동물	양, 사자, 다람쥐 등	뱀, 사슴, 호랑이 등
3	문장	조용히 해 주세요	할머니, 안녕하세요?

3-2. 책놀이 : 볼륨을 조절해요

① 5단계 발성법을 단계별 손가락 동작과 함께 연습한다.
(단계별로 손가락 한 개씩을 추가한다.)

- 안녕 → 안녕~ → 안녕~~ → 안녕~~~ → 안녕~~~~

② 인사 노래를 부르며 자유롭게 돌아다니다 노래가 멈추면 교사의 손가락 동작에 따라 가까이 있는 친구와 단계별로 소리를 조절하여 인사를 나눈다.

4. 책놀이 마무리

① 활동을 회상하며 이야기 나눈다.
- '안 들려!' 놀이를 하면서 가장 어려웠던 점은 무엇이었나요?
② 소리에 관한 이야기를 나눈다.
- 우리 집에 어떤 소리가 들리면 좋을까요?

책놀이 메모

'안 들려!' 놀이에서 진행자를 정하지 않고 돌아가면서 문제를 낼 수 있다.

 책놀이 뒷이야기

교사

아쉽다. 코로나19로 평소 못하는 활동이 참 많지만, 이 놀이를 놀이대로 못하는 것은 나의 아쉬움 리스트에 올라갈 만하다. 소리를 내지 않고 입 모양만으로 단어를 전달해야 한다니. 상상만 해도 설레는 놀이 아닌가. 이 놀이가 가능하다면 그건 분명 코로나가 끝난 세상일 테니 말이다. 그래서 놀이를 약간 변형하여 진행하기로 하였다. 입 모양을 보여줄 수 없다면? 몸으로 보여주지 뭐. 할머니 귀에만 안 들리게 하면 되지 않겠어? 교사의 놀이 방법을 들은 아이들은 저마다 의견을 내기 시작했고 규칙은 아래와 같이 변경되었다.

① 4~5명씩 모둠을 나눈다.
② 문제 내는 사람을 마주 보고 나머지 모둠원이 의자에 앉는다.
③ 문제를 든 교사는 앉아 있는 친구들 뒤에 서되, 문제 내는 사람과 마주 본다.
④ 문제를 낸 친구는 의자로 돌아가서 앉고, 다음 순서의 친구가 앞에 나가서 문제를 낸다.
⑤ 이때 의자에 팀원들이 잘 앉아있는 것을 교사가 확인 후 다음 문제를 넘겨 부정행위를 방지한다.

예능에서 많이 보던 놀이방식이라 아이들은 규칙을 금방 습득했고, 몸으로 문제도 곧잘 내었다. '김밥'도 어찌나 맛깔스럽게 싸는지 진짜 김밥이 눈앞에 있는 것 같았고, '콜라'와 '사이다'는 둘의 차이를 오묘하게 몸으로 흉내를 내는데 기가 막혔다. 하지만 '참외'는 달랐다. 멜론처럼 꼭지가 있는 것도 아니고 토마토처럼 피자 위에 깔 수도 없었다. 이 글을 읽고 있는 그대. 지금 바로 참외를 몸으로 표현해 보시라. 맞힌 사람과 친해질 것이 분명하다.

어린이

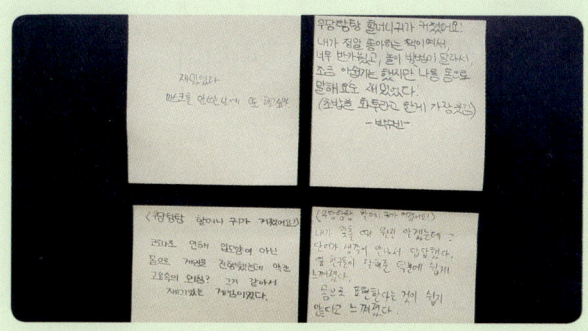

★ 재밌었다. 마스크를 안 쓴 날에 또 하고 싶다.

★ 내가 정말 좋아하는 책이어서 너무 반가웠고, 놀이 방법이 달라서 조금 아쉽기는 했지만, 나름 '몸으로 말해요'도 재밌었다. 초밥을 화투라고 한 게 가장 인상적!

★ 코로나로 인해 입 모양이 아닌 몸으로 게임을 진행하였는데 약간 고요 속의 외침? 그거 같아서 재밌었다.

★ 내가 맞힐 때는 뭔지 알겠는데 그 단어가 생각이 안 나서 답답했다. 옆 친구들이 잘해준 덕분에 쉽게 느껴졌다. 몸으로 표현한다는 것이 쉽지 않다고 느꼈다.

교육과정 활용 연계

- 1~2학년군 통합
  - 이웃 간의 예절을 주제로 하는 수업에서 활용할 수 있어요.
- 3~6학년 도덕
  - 배려를 주제로 하는 수업에서 활용할 수 있어요.
- 1~6학년 창의적 체험활동
  - 학기초에 학급 규칙을 만드는 활동에서 활용할 수 있어요.

이건 내 모자가 아니야

존 클라센 글·그림 | 서남희 옮김 | 시공주니어

책과 놀이 소개

자기 것이 아닌 것을 알면서도 당당하게 모자를 쓰고 가는 작은 물고기는 덩치 큰 물고기에게 작은 모자는 어울리지 않을 것이라고 생각한다. 자신을 아무도 보지 못할 것이라고 생각하지만, 누군가는 보고 있고, 아무도 자신이 가는 곳을 가르쳐 주지 않을 것이라고 생각하지만, 가르쳐 준다. 자신만의 기준으로 판단하는 작은 물고기와 작은 모자를 찾는 큰 물고기의 이야기가 많은 생각을 하게 하는 그림책이다.

책놀이 목표

- 표정과 눈빛으로 생각을 알아차릴 수 있음을 안다.
- 주어진 그림으로 상상하여 이야기를 만들 수 있다.

 책놀이 자료

그림책, 색종이

책놀이 방법

1. 마음열기

'어울린다'에 관한 이야기를 나눈다.

- (다양한 모자를 보여주며) 나에게 어떤 모자가 어울릴까요?

- 왜 그 모자를 선택했나요?

- 무엇을 근거로 '어울린다'와 '어울리지 않는다'를 판단하는 걸까요?

2. 책놀이 : 내 이야기 들어볼래?

① 3~4명씩 모둠을 나눈다.

② 그림책 속 3~4장면의 그림을 탐색한다.

③ 모둠별로 장면의 순서를 정하고 등장인물의 생각을 상상해본다.

④ 모둠원끼리 역할을 나누어 연극처럼 이야기를 들려준다.

3. 그림책 감상

① 그림책 표지를 보며 책의 내용을 상상한다.

② 큰 물고기의 생각을 유추하며 읽는다.

🐸 책놀이 메모

① 그림책은 창의적으로 이야기를 구성하기 위해 책놀이 활동 후 읽어주어 작가의 상상과 비교하는 재미를 준다.

② 큰 물고기의 입장에서 다양한 방법으로 이야기를 재구성할 수 있다. 예를 들어 그림책을 읽을 때 각 장면마다 큰 물고기가 되어 말해보거나, 붙임 쪽지에 적어 그림책에 직접 붙여 본다.

책놀이 뒷이야기

교사 1

참 어려운 책이었다. 놀이를 만드는 과정도, 책에서 하고 싶은 이야기가 여럿 들리는 것을 정리하는 것도. 선생님들과 줌으로 여러 번 만나 이야기를 나누며 시행착오 끝에 놀이가 완성되었지만, 아직도 작가에게 물어보고 싶은 심정이다. 그림책 속 그림 몇 컷만 보고 제목과 내용을 예상하는 활동은 다른 책놀이에서도 많이 차용하고 있는 방식이긴 하나 이 활동을 동기유발로 꼭 해보고 싶었다. 왜냐하면 이미 내용을 알고 있는 교사도 다른 이야기들이 보였기 때문이다. 그래서 이것을 우리 반 친구들은 과연 어떻게 받아들일까 무척 궁금했다. 역시나 아이들은 정말 새로운 이야기를 들려줬다. 관찰력이 뛰어난 모둠은 '모자'를 발견하여 이야기를 풀어나갔고, 창의성이 뛰어난 모둠은 '꽃게'를 마술사로 만들기도 했으며, '과학'을 좋아하는 모둠은 먹이사슬로 이야기를 들려줬다.

역할을 정해 연극처럼 발표를 마친 뒤, 진짜 그림책을 읽어주자 아이들은 자신들이 만든 이야기와 비교하느라 숨도 쉬지 않고 책만 바라봤다. 제시했던 그림과 똑같은 그림이 나오면 무슨 가족을 만난 것처럼 반가워하기도 하였다. 그리고 한 장면에서 아이들은 모두 얼음이 되었는데, 바로 작은 물고기가 자기 이야기를 하는 부분이다. 아이들은 너도나도 자신만의 도덕적 기준이나 가치관에 따라 작은 물고기를 비난하거나 아쉬운 점을 던져냈다. 책에 공감하며 깊이 빠져드는 순간이었으리라.

그림책은 작은 물고기만 말을 한다. 아무 말도 하지 않고 표정과 행동만 보이는 큰 물고기의 이야기와 사연도 참 궁금해진다. 아이들에게 큰 물고기가 무슨 말을 하면 좋을지 대사를 생각해보자고 했다. 아이들은 '네가 갖고 싶다고 말하면 내가 줄 수도 있는데 왜 훔쳐갔니?', '네 이놈! 여기 있었구나.' 등 작은 물고기의 잘못을 지적하거나 잡아먹어서 복수하는 글이 다수였다. 아이들이 큰 물고기의 사연이나 말하지 않는 이유 등에 대해 알아주기를 바랐지만 그 부분은 조금 아쉬웠다.

마지막으로 등장인물들에게 하고 싶은 이야기를 간단히 붙임쪽지에 적어보는 활동을 하였는데, 평소 말수는 적지만 글쓰기를 통해 교사와 소통하고 있는 친구의 소감이 오래도록 마음에 남을 것 같다.

"말하기 힘들면 말하지 않아도 돼. 그래도 진실은 통하니까."

교사 2

작은 물고기가 가지고 있는 자신만의 생각을 아이들과 함께 읽어가며 이야기를 나누다 보면, 아이들도 작은 물고기의 생각에 재미있어 하면서도 장면 장면마다 작은 물고기에게 "아니야~~"라고 말해주는 모습이 기특했다.

교사 3

'이건 내 모자가 아니야' 책의 글과 그림은 함께 움직이지 않는다. 작은 물고기는 순전히 자신의 입장에서 착각하며 이야기하는데 그렇지 않은 상황을 나타내는 그림이 서로 상반된다. 이 부분을 짚어주지 않아도 아이들이 자연스럽게 깨달았다. 작은 물고기가 '도둑질이 잘못된 건 맞는데 모자가 큰 물고기에게 어울리지 않아서'라고 변명하는 부분에서 뻔뻔하다고 느껴지면서도 '사실 큰 물고기에게 그 모자는 어울리지 않긴 해.'라는 생각도 들었다. 잠깐 움찔했던 교사와 달리 아이들은 도둑질은 분명히 잘못되었다고 말하며 큰 물고기의 입장을 헤아렸다. 그래서인지 책놀이 활동을 할 때 별 어려움 없이 큰 물고기의 생각을 적었다. 역시 '작은 물고기 널 가만두지 않겠다.'라는 내용이 대부분이었다. 어울리지 않는다고 하여 도둑질한 작은 물고기의 생각에 대해 이야기 나누는 것을 3학년인 우리 반 아이들은 어려워하였지만, 역할극에 적극적으로 참여해주었다.

교사의 마음 한편에는 작은 물고기가 귀여우면서 안쓰럽다. 모자를 하나 사주고 싶을 정도로…….

교사 4

> 3학년 아이들에게 이 책을 읽어주며 아이들이 글에 나오는 내용 이상의 내용을 이해할까 반신반의했다. 책을 읽어주자 아이들은 주인공 말에 어딘가 모순이 있음을 느끼며 쑥덕쑥덕 이야기 나누기 시작했다. 그리고 주인공의 운명에 대한 의견이 분분했다.
>
> 책 감상을 마치고 이어진 놀이를 위해 큰 물고기의 입장에서 다시 스토리를 구성을 할 때 아이들은 큰 물고기의 마음에 잘 공감하며 완성했다. 대사도 꽤나 구체적이었다. 일부 대사가 너무 흥분하지 않고 절제하며 섬세하게 표현하도록 교사가 옆에서 도울 필요가 있었다(어떤 아이들은 욕을 쓰려하기도 했다). 아이들이 앞에 나와 완성한 대화를 실감 나게 읽어주었다. 한 사건을 가지고 각 인물의 입장에서 감정을 표현하게 하는, 중학년 입장에서는 수준 높은 활동이었다.

어린이

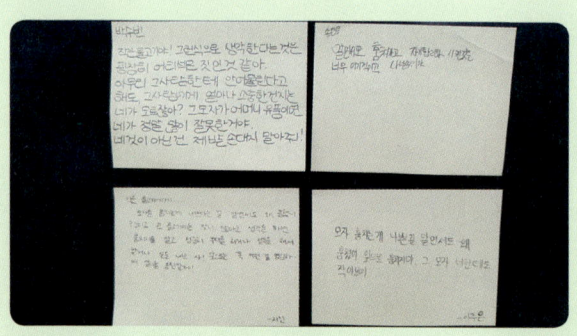

> ★ 작은 물고기야, 그런 식으로 생각한다는 것은 굉장히 어리석은 짓인 것 같아. 아무리 그 사람한테 안 어울린다고 해도 그 사람에게 얼마나 소중한 건지 네가 모르잖아? 그 모자가 어머니 유품이면 네가 정말 많이 잘못한 거야. 네 것이 아닌 것 제발 손대지 말아줘.
>
> ★ 모자 훔치는 게 나쁘다는 것을 알면서도 왜 훔쳤어? 앞으로 훔치지 마! 그 모자, 너한테도 작아 보여.

교육과정 활용 연계

- 1~6학년 국어
    - 역할극 수업에서 활용할 수 있어요.
    - 그림을 보고 이야기를 상상하는 수업에서 활용할 수 있어요.
- 3~6학년 도덕
    - 도덕적 판단을 주제로 하는 수업에서 활용할 수 있어요.

이파라파냐무냐무

이지은 그림책 | 사계절

 책과 놀이 소개

마시멜롱 마을에 무시무시한 괴물이 나타났답니다. 마시멜롱 친구들은 괴물에게 잡아먹힐까 봐 마음이 조마조마해요. 어떻게 하면 이 어려움을 해결할 수 있을까요? 한 꼬마 마시멜롱의 용기를 통해 털숭숭이 괴물이 이가 아파서 정확하게 발음하지 못해 오해가 생겼다는 것, 마시멜롱을 잡아먹으려 한 것이 아니라는 것을 알게 되어 무시무시한 괴물인 털숭숭이를 치료해 주고 또박또박 말하도록 알려줍니다. 우리도 털숭숭이처럼 어물어물 말해서 내 생각을 정확하게 전달하지 못한 때가 있었나요? 우리 한 번 '이파라파냐무냐무' 놀이를 통해 내 생각을 또박또박 이야기할 수 있는 연습을 해 보아요. 더 나아가 꼬마 마시멜롱처럼 어떤 상황에서든지 용기를 내어 내 생각을 또박또박 전해 봅시다.

 책놀이 목표

- 정확한 발음의 중요성을 경험한다.

 책놀이 자료

그림책, 미션 봉투, 초시계, 보드판(모둠별), 어려운 말 카드, 뽑기통

 책놀이 방법

1. 마음열기

'오해'에 관한 이야기를 나눈다.

- 내가 한 말을 다른 말로 오해받은 적이 있었나요?

2. 그림책 감상

① 제목의 뜻을 추측해 본다.

② 상황과 감정을 표현하며 읽는다.

③ 책 내용을 회상하며 이야기 나눈다.

- 털숭숭이가 오해를 받았던 까닭은 무엇이었나요?

- 이 이야기를 통해 알게 된 것은 무엇인가요?

3-1. 책놀이 : 털숭숭이 말놀이

＊준비물 : 미션 봉투, 초시계, 보드판(모둠별)

① 6명씩 모둠을 나눈다.

② 각 모둠별로 미션봉투를 뽑는다.

③ 모둠원은 미션 봉투 속 낱자를 조합하여 문장을 완성한다.

(다만 제시된 문장의 글자는 소리 나는 대로 쓰여 있다.)

동그라케 안자 [동그랗게 앉아]
업뜨려 이써요 [엎드려 있어요]
너머질 꺼 가타 [넘어질 것 같아]
서 이찌 맙씨다 [서 있지 맙시다]
발빠다글 글거 [발바닥을 긁어]
누나를 굴려라 [눈알을 굴려라]

④ 문장의 글자 순서를 바꾸어 선 후 자신이 가진 글자를 큰 소리로 외친다.

⑤ 다른 모둠원은 모둠원끼리 상의하여 문장을 완성하고, 행동으로 정답을 알아 맞힌다.

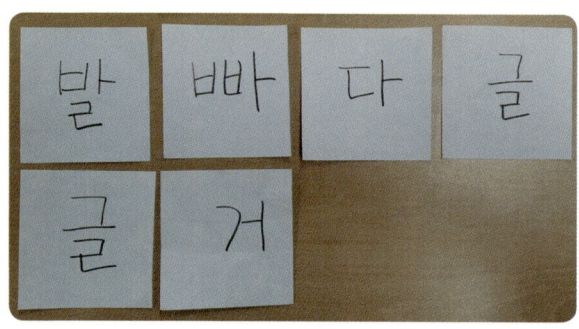

3-2. 책놀이 : 파도타기 말놀이

① 4명씩 모둠을 나누고 모둠원끼리 순서를 정한다.

② '이파라파냐무냐무'를 같은 말, 다른 음으로 연습한다.

③ 모둠원의 순서에 따라 '이파라파냐무냐무' 파도타기를 한다.

④ 모둠 전체 친구들이 '이파라파냐무냐무'를 같은 말, 다른 음으로 발음하면 성공한다.

이 파라피냐무냐무	1번
이 파 라피냐무냐무	2번
이파 라 피냐무냐무	3번
이파라 파 냐무냐무	4번
이파라파 냐 무냐무	4번
이파라파냐 무 냐무	3번
이파라파냐무 냐 무	2번
이파라파냐무냐 무	1번

3-3. 책놀이 : 나도 꼬마 마시멜롱!

＊준비물 : 어려운 말 카드, 뽑기통

① 4명씩 모둠을 나누고 모둠원끼리 순서를 정한다.

② 모둠의 대표 친구가 뽑기통에서 어려운 말 카드를 뽑는다.

　예) 멍멍이네 꿀꿀이는 멍멍해도 꿀꿀하고, 꿀꿀이네 멍멍이는 꿀꿀해도 멍멍하네.

③ 제한 시간(약 3분) 동안 문장을 정확하게 연습한다.

④ 모둠원 모두가 문장을 완벽하게 읽으면 성공한다.

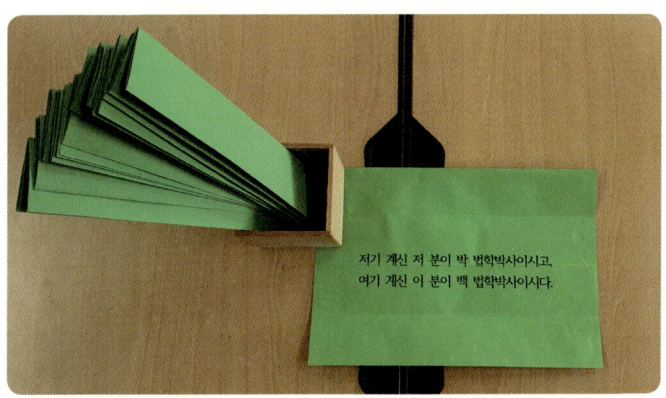

4. 책놀이 마무리

활동을 회상하며 이야기 나눈다.

- '털숭숭이 말놀이' 활동을 통해 무엇을 알 수 있었나요?
- 하고 싶은 말과 생각을 잘 전달하려면 어떻게 해야 할까요?

🐸 책놀이 메모

① '파도타기 말놀이' 놀이에서 '이파라파냐무냐무' 외에 여덟 글자 문장을 활용할 수도 있다.
② '나도 꼬마 마시멜롱!' 놀이의 문장 카드는 대상에 따라 난이도를 조절할 수 있다.

💡 책놀이 뒷이야기

교사

> 그림책 속 마시멜롱들은 거대한 크기의 몸집과 새까만 털숭숭이의 외모와 목소리만으로 털숭숭이가 마시멜롱을 잡아먹을 거라는 오해를 해요. 우리네 삶의 모습 속에서도 겉모습만 보고 오해를 하는 경우가 굉장히 많지요. 이 오해의 연속 속에서 오해를 멈추기 위해 누군가의 용기가 필요합니다. 이 책은 어른이 아닌 꼬마 마시멜롱을 통해 용기도 보여주고, 내 생각을 상대방에게 전하는 방법도 알려주며, 외모나 목소리의 크기 등 보이는 것만으로 상대방을 평가하지 말자는 내용도 담고 있어 인권 교육에서도 활용 가능한 도서라고 생각합니다. 하지만 여러 주제 중에서 꼬마 마시멜롱을 통해 용기 내어 자신의 의견을 천천히 또박또박 말하는 것에 집중하여 말놀이와 연결 시켜 보았습니다. 대부분의 사람은 말과 글 등을 통해 자기의 생각과 의견, 느낌을 전하지요. 이 책을 통해 '어떻게 말을 해야 내 생각을 정확하게 전할 수 있을까?'의 말하는 방법에 대해 고민해 보았습니다. '나도 꼬마 마시멜롱!' 놀이를 하며 또박또박 말하기 위해 과장된 표정과 몸짓들로 참여하는 아이들, 보는 아이들조차 무척 신났던 책놀이가 되었고 내 생각이 '말'로 또박또박 전달되었을 때의 기쁨을 통해 배움이 일어난 모습을 보니 무척 뿌듯하였습니다.

어린이

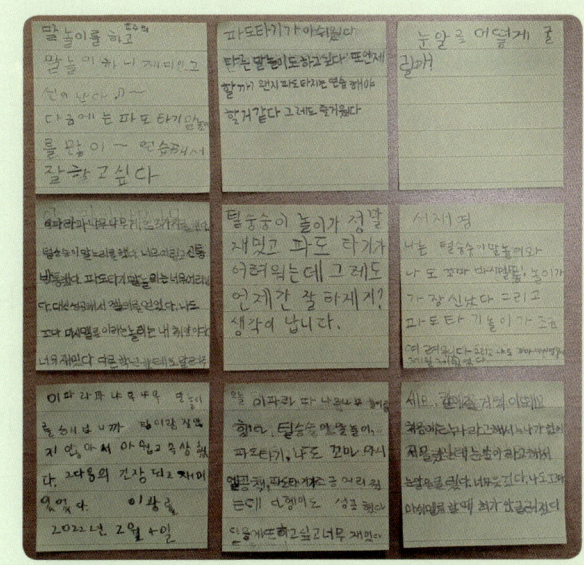

★ 눈알을 어떻게 굴릴까?

★ 털숭숭이 놀이가 정말 재밌고 어려웠는데 그래도 언젠간 잘 하겠지?

★ 파도타기 놀이에서 팀이랑 잘 맞지 않아서 아쉽고 속상했다. 그 다음이 긴장되고 재미있었다.

★ 처음에는 '누나'라고 해서 누나가 없어서 몰랐는데 '눈알'이라고 해서 눈알을 굴렸다. 너무 웃겼다. 또 '나도 꼬마 마시멜롱!' 놀이에는 혀가 안 굴려졌다.

 교육과정 활용 연계

- 1~2학년군 국어
  - 말놀이 및 바르게 말하는 방법 수업에서 활용할 수 있어요.
- 1~6학년 창의적 체험활동
  - 학년초 학급 규칙 만드는 활동에서 활용할 수 있어요.

절대로 만지면 안 돼!

빌 코터 글·그림 | 이정훈 옮김 | 북뱅크

 책과 놀이 소개

절대로 만지지 말라고 하면 꼭 만져보고 싶다. 청개구리 기질을 제대로 자극하는 책이다. 정말 만질 수 있는 방법은 없는 것일까? 하지만 특별히 나에게만 만질 수 있는 방법을 알려주고 어느새 나는 열심히 따라 하고 있음을 발견한다. 우와! 밀당의 고수다. 이제 나만 따라하면 여러분도 만질 수 있다. 자, 만져보겠는가?

 책놀이 목표

- 규칙을 지켜 놀이를 할 수 있다.
- 촉감을 이용하여 사물을 예측할 수 있다.

 책놀이 자료

미션 주사위, 비밀상자(상자에 물건을 넣을 수 있고 손을 넣어 확인), 여러 가지 물건

 책놀이 방법

1. 마음열기

   생활 속 경험을 나눈다.
   - 선생님이나 부모님이 하지 말라고 했는데 해 보고 싶은 것이 있나요?

2. 그림책 감상

① 아이들과 대화하듯 주고받으며 읽는다.

② 그림책의 행동을 따라 하면서 읽는다.

③ 만질 수 있는 방법을 기억하며 읽는다.

3. 책놀이 : 만져도 돼

① 전체를 두 모둠으로 나눈다.

② 각 모둠별로 한 줄로 선다.

③ 한 명씩 달려가서 주사위를 던진다.

④ 나온 면의 그림을 보고 소리와 동작을 따라 해야 비밀상자에 손을 넣을 수 있다.
　(손가락을 돌리며 '호이호이'/ 로봇처럼 '삐리삐리'/ 공룡처럼 '크앙')

⑤ 상자에 한 손만 넣어서 비밀상자 속에 든 사물을 만져 보고 돌아온다.

⑥ 마지막 친구까지 끝나면 모둠끼리 의논하여 상자에 들어 있는 사물을 알아맞힌다.

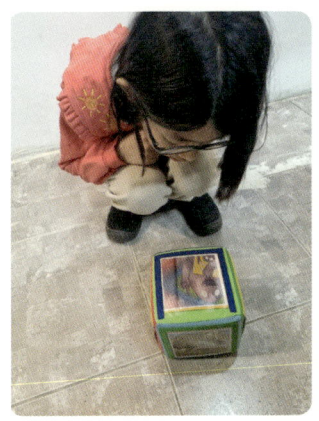  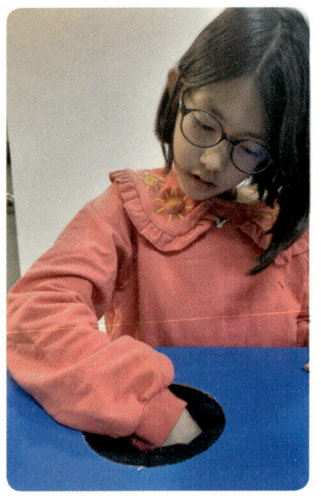

4. 책놀이 마무리

활동을 회상하며 이야기 나눈다.

- 비밀상자 안에 물건을 만져보기 전에는 어떤 마음이었나요?
- 나라면 비밀상자 안에 무엇을 넣고 싶나요?
- 서로 상상한 물건이 다를 때 어떻게 의견을 모으면 좋을까요?

🐸 책놀이 메모

① 비밀상자를 준비할 때 학습 내용과 관련된 재미있는 사물을 넣어도 좋다.
② 난이도를 높이고 싶은 경우 만졌을 때 바로 알 수 없는 사물을 넣도록 한다.
　예) 모양 비누, 모양이 독특한 과자 등
③ 주사위를 던지고 행동을 따라 할 때 동작과 소리를 정확하게 하도록 한다.

책놀이 뒷이야기

교사

> '절대로 만지면 안 돼.' 절대로 만지지 말라니 정말 만지고 싶은 책이다. 아이들도 역시 만지고 싶어 엉덩이를 들썩였다. 하지만 그냥 만질 순 없지. 책을 만지기 위해서는 행동을 따라 해야 한다. 그러면 특별히 이 책을 만질 수 있는 것이다. 아이들이 책을 만지기 위해 열심히 따라 하는 것을 보고 이 에너지를 책놀이로 연결하고 싶었다. 역시 아이들의 반응은 폭발적이었다. 비밀상자에 손을 넣기 위해 주사위에 그려진 동작을 따라 하며 우스꽝스럽고 재미있게 움직이는 모습에 아이들도 교사인 나도 즐거웠다. 우리 반 장난꾸러기가 그렇게 진지한 모습을 보인 것은 처음이었다. 생각했던 것보다 아이들이 잘 맞히지는 못하였다. 맞힌 모둠의 아이들이 정말 좋아하였다. 퀴즈대회에서 1등이라도 한 듯 말이다.

어린이

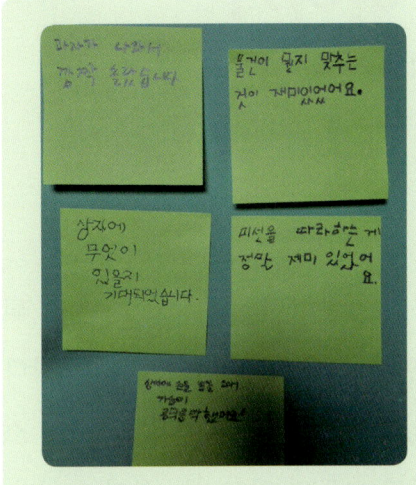

★ 미션을 따라하는 게 정말 재미있었어요.
★ 상자에 무엇이 있을까 기대되었어요.
★ 과자가 나와서 깜짝 놀랐어요.
★ 상자에 손을 넣을 때 가슴이 콩닥콩닥했어요.
★ 물건이 뭔지 맞추는 것이 재미있었어요.

 교육과정 활용 연계

- 1~2학년군 통합
  - 오감 수업에서 활용할 수 있어요.
- 3~4학년군 도덕
  - 협동의 의미와 중요성을 알아보는 수업에서 활용할 수 있어요.
- 3~6학년 과학
  - 관찰 수업에서 활용할 수 있어요.

진짜 코 파는 이야기

이갑규 글 · 그림 | 책 읽는 곰

 책과 놀이 소개

누구나 하지만 대놓고 할 수 없고, 하고 나면 무척 개운하지만 수시로 하면 안 되는 것은 무엇일까? 바로 '코 파기'이다. 이런 은밀한 소재를 대놓고 그림책에 담다니, 이 책을 접한 아이들은 무슨 이런 책이 다 있냐는 반응이다. '으윽, 웩! 헐!' 소리를 내면서도 아이들은 책에서 눈을 떼지 못하고 그들의 입꼬리는 올라가 있다. 코 파기의 매력을 알려주면서도 위생적이며 안전한 코 파기를 권장하는 이 책은 내용만으로도 교사와 아이들의 친밀한 관계를 형성해주며 뒤이어 이어지는 놀이는 모두를 행복하게 해준다.

 책놀이 목표

- 놀이를 통해 감추고 싶은 불편한 습관에 공감할 수 있다.
- 질문과 대답으로 추리를 할 수 있다.

 책놀이 자료

그림책, 노란색 동그라미 스티커(지름 5㎜)

 책놀이 방법

1. 마음열기

① 습관에 관해 이야기 나눈다.
- 가족과 친구가 알지 못하는 나만의 습관이 있나요?
② 수수께끼로 책의 소재를 알아맞힌다.
- 누구나 하지만 대놓고 할 수는 없다
- 하고 나면 무척 개운하지만 수시로 하면 안 된다.

2. 그림책 감상

① 제목을 읽으며 이야기 내용을 예측해본다.
- 작가는 왜 '진짜'라는 제목을 붙였을까요?
② 앞면지를 탐색하며 이야기를 나눈다.
- 배우 오디션에 합격한 동물들은 어떤 역할을 맡고 싶을까요?
③ 등장인물의 연기를 따라 하며 읽는다.
- 고릴라는 코딱지를 자주 파는 연기를 어떻게 했을까요?

3-1. 책놀이 : 후비적후비적 팅팅!

① 4~5명씩 모둠을 나누고 동그랗게 앉는다.
② 시작구호를 연습한다.
- (허벅지를 두 손으로 치며) 팅―팅-팅팅 탱―탱-탱탱 팅팅 탱탱 후비적후비적 놀이!
③ 놀이 구호를 동작과 함께 연습한다.
'후비적후비적 팅팅!'
- 후비적 : 검지 손가락으로 코를 파듯이
- 팅! : 코딱지를 검지 손가락으로 튕기면서 다른 사람을 지목하듯이

- 코피 쫙! : 양쪽 두 손가락으로 쌍코피가 흐르듯이

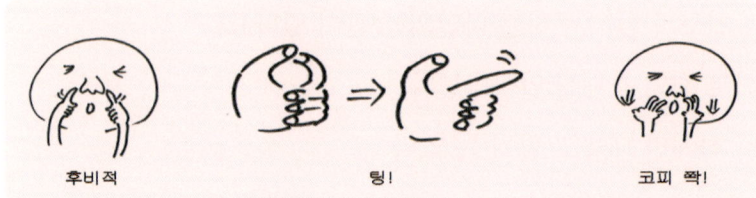

④ 모둠별로 첫 번째로 시작할 사람을 정한다.

⑤ 시작구호를 다 함께 외치고 첫 번째 주자는 '후비적후비적 팅팅!'을 외치며 양손으로 두명을 지목한다(첫 번째 주자만 '팅'을 두 번 외친다).

⑥ 지목받은 두 사람은 '후비적~ 팅!'을 외치며 각각 한 사람씩 지목한다.

⑦ 반복하여 진행하다가 두 사람에게서 동시에 '팅'을 지목받은 사람은 '코피 쫙!'을 외친다.

⑧ 동시에 지목받은 사람이 첫 주자가 되어 시작 구호와 함께 처음부터 다시 시작한다.

3-2. 책놀이 : 코딱지를 찾아라

*준비물 : 노란색 동그라미 스티커(지름 5㎜)

① 4~5명씩 모둠을 나누고 모둠원끼리 순서를 정한다.

② 각 모둠원 모두 노란색 동그라미 스티커(코딱지)를 한 개씩 가진다.

③ 모둠원이 눈을 감고 있는 동안 첫 번째 사람이 코딱지를 자신의 몸 또는 가까운 사물에 붙인다(앉은 상태에서 손에 닿는 거리에 붙일 수 있다).

④ '다 붙였다!'를 외치면 나머지 모둠원은 눈을 뜬다.

⑤ 모둠원은 스티커를 붙인 사람에게 10개의 질문을 할 수 있고, 대답은 '예', '아니오'로 한다.

⑥ 대답을 통해 스티커를 붙인 위치를 추리하여 찾는다.

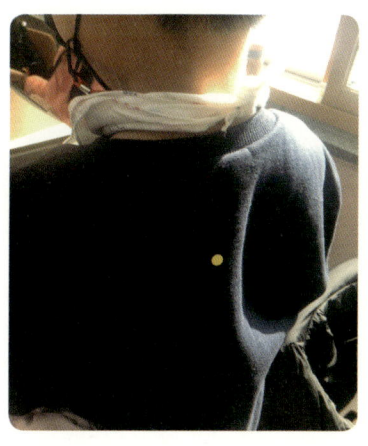 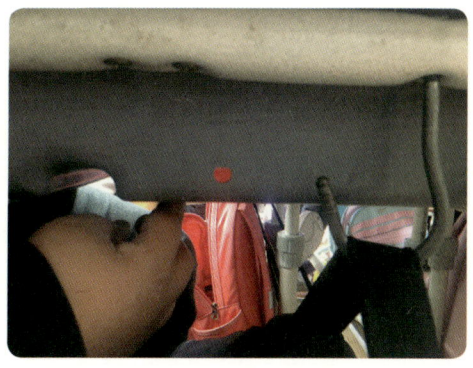

4. 책놀이 마무리

활동을 회상하며 이야기 나눈다.
- '후비적후비적 팅팅!' 놀이를 할 때 쌍코피를 가장 많이 흘린 친구는 누구였나요?
- '코딱지를 찾아라' 놀이를 할 때 기억에 남는 코딱지의 위치는 어디였나요?

 책놀이 메모

① '후비적후비적 팅팅!' 놀이를 할 때 속도는 모둠원끼리 협의하여 빠르게 또는 느리게 진행할 수 있다. 또한 가벼운 벌칙을 정하여 재미를 극대화할 수 있다.

② '코딱지를 찾아라' 놀이를 할 때 너무 작으면 숨기기 쉽고 너무 크면 금방 찾으므로 동그라미 스티커는 5㎜가 적절하다.

③ '코딱지를 찾아라' 놀이를 시작하기 전 기본 규칙 외에 모둠별로 규칙을 자세하게 정할 수 있다. 친구의 몸에 붙이는 것도 허용할 것인지, 잘 안 보이는 깊숙한 곳에 숨겨도 되는지 등 협의를 통해 진행할 수 있다.

책놀이 뒷이야기

교사 1

아이들은 코를 잘 판다. 어른들도 코를 파겠지만 그래도 남이 안 볼 때 파지 않는가. 그런데 아이들은 남이 안 본다고 생각하면서 남이 보는 앞에서 코를 판다(다시 생각해보니 코 파는 것을 본 나의 잘못인 것도 같다). 어쨌든 코를 파놓고(분명 내가 봤는데), 책을 보여주면 다들 소리를 지르며 자기는 한 번도 안 판 척한다. 하지만 그림책을 읽어줄수록 아이들은 자기도 모르게 공감해버리고 만다. 봐봐. 너네 다 코 팠잖아. '후비적후비적 팅팅!' 놀이도 무척 재미있다. '코딱지를 찾아라' 놀이를 할 때 노란색 스티커로 한 다음 빨간색 스티커로 놀이를 추가로 진행했다. 코를 너무 후빈 나머지 피가 나서 피 묻은 코딱지라고 설명하니 아이들이 '까르르' 웃었다. 경험자라면 손가락 스냅이 더 자연스러울 거다. 그래도 들킬 염려는 없으니 걱정하지 마시라. 놀이 내내 정신없이 코딱지를 팅기니 아무도 눈치 채지 못할 것이다.

교사 2

책을 읽어줄 때 아이들이 혼자 키득키득 웃었다. 분명 비슷한 경험이 있었을 것이다. 입 밖으로 꺼내기 낯부끄러운 단어 '코딱지'. 책에 대한 아이들의 반응도 좋았고 아이들에게 코딱지라고 하며 스티커를 건넬 때 처음에는 어색해하더니 놀이가 재밌었는지 여러 번 하고 싶다고 스티커를 더 달라는 아이들이 있었다. '후비적후비적 팅팅!' 놀이는 일부 아이들이 리듬을 익히는 데에 시간이 걸렸지만 금세 적응하고 재미있게 참여했다.

어린이

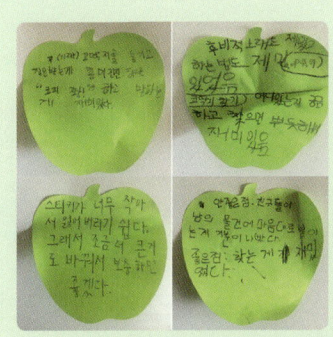

★ 코딱지를 숨기고 질문을 받을 때 흥미진진하다.

★ 친구가 숨긴 코딱지를 찾을 때 뿌듯했다.

★ 후비적후비적 팅팅 노래가 재미있고 "코피 쫙!"을 외치는 것이 재미있었다.

 교육과정 활용 연계

- 1~2학년군 통합
  - 나의 몸을 살펴보는 수업에서 활용할 수 있어요.
  - 몸과 마음을 건강하게 유지하는 수업에서 활용할 수 있어요.

커다란 크리스마스트리가 있었는데

로버트 배리 글·그림 | 김영진 옮김 | 길벗어린이

 책과 놀이 소개

크리스마스하면 '크리스마스트리'가 떠오른다. 어릴 적 크리스마스트리를 꾸미며 마음이 벅찼던 경험이 있을 것이다. 이 기쁨을 느끼는 이가 점점 많아진다면? 그것도 트리 하나로. 『커다란 크리스마스트리가 있었는데』는 트리가 커서 높이를 맞추기 위해 꼭대기를 잘라내고 또 잘라내며 여러 인물이 뜻밖의 행복을 얻는 이야기다. 트리가 계속 나눠진다는 내용에서 놀이를 떠올렸다. 잘린 나무 부분 부분을 다시 모아 처음 나무의 모습을 만든다면? 그리고 그 나무는 나름의 전략으로 부분들을 맞추어 나가는 것이다. 온전한 나무를 완성하고 "메리 크리스마스!"를 크게 외치는 아이들의 목소리가 크리스마스의 즐거움을 배가시킨다.

 책놀이 목표

- 전체가 완성되기 위해 작은 부분이 꼭 필요함을 안다.

 책놀이 자료

그림책, 트리 카드 5종 20장(편백나무, 측백나무, 가문비나무, 구상나무, 전나무)

 책놀이 방법

1. 마음열기

① 크리스마스트리를 만들어 본 경험을 나눈다.
② 크리스마스에 친구·이웃·가족과 즐거움을 나눌 수 있는 방법에 관해 이야기 나눈다.

2. 그림책 감상

① 표지를 탐색하며 이야기 내용을 예측한다.
  - 이 그림에서 무슨 일이 벌어지고 있나요?
② 속표지를 탐색하며 이야기 나눈다.
  - 남자가 웃고 있는 이유는 무엇일까요?

3. 책놀이 : 트리를 세우자

① 5명씩 모둠을 나누고 동그랗게 앉는다.
② 5종류의 카드를 잘 섞은 다음 1인당 4장씩 가진다.
③ 자신이 가진 카드 중에 필요 없는 카드 한 장을 골라 책상 위에 엎어 두고 다 같이 '하나, 둘, 셋, 넘겨~'를 외치며 오른쪽 사람에게 넘긴다.
④ ③을 반복하다 같은 종류의 트리 카드 4장이 모이면 완전한 크리스마스트리를 완성한 후 '메리 크리스마스'를 큰 소리로 외친다.
⑤ 마지막 사람이 크리스마스트리를 완성할 때까지 놀이를 이어간다.

4. 책놀이 마무리

① 활동을 회상하며 이야기 나눈다.

- 오늘 활동에서 즐거웠던 것은 무엇이었나요?

② 크리스마스의 의미에 관해 이야기 나눈다.

- 크리스마스의 진짜 의미를 알고 있나요?

🐸 책놀이 메모

① 대상에 따라 트리가 꼭대기로 갈수록 점점 너비가 좁아진다는 점을 미리 안내하면 크리스마스트리를 쉽게 완성할 수 있다.

② 인원수에 따라 트리 카드 수를 조정한다. 예를 들어 참여자가 5명인 경우 5종류의 트리 카드, 총 20장을 사용하고 4명인 경우에는 4종류의 트리, 총 16장을 가지고 시작한다.

③ 카드를 잘 섞어서 같은 종의 트리 카드가 한 사람에게 몰리지 않도록 하며 만일 그런 경우가 생겨도 놀이에서 일어날 수 있는 일임을 놀이 전에 설명한다.

책놀이 뒷이야기

교사 1

　책놀이 중 시즌이 있거나 행사 맞춤형으로 진행하면 좋겠다고 생각이 드는 놀이가 몇 개 있는데 이 놀이가 그렇다. 바로 크리스마스 주간에 어울리는 놀이다. 책이 주는 따뜻함도 좋고, 그림책 속 겨울 분위기도 그렇고, 제목도 그렇고 여러모로 안성맞춤이다. 그리고 이어지는 카드를 활용한 책놀이까지 완벽하다. 자기에게 필요한 카드는 모으고, 필요 없는 카드는 옆 친구에게 전달하는 모습이 그림책 속 등장인물의 행동과 닮았다. 모둠에 따라서는 게임에 승자 없이 모두가 동시에 끝나기도 하는데 그럴 때 아이들은 더 큰 성취감을 맛본다. 성공하지 못한 친구들도 서로의 카드를 확인하며, '너도 그거 모았어?'라고 놀라며 통했다고 좋아한다. 놀이를 하면서 아이들이 많이 자란다. 경쟁자가 아니라 함께 하는 동료다. 네가 있어서 놀이가 더 재미있는 거다. 책놀이로 아이들의 마음을 연결해보자.

교사 2

　이 책과 놀이를 크리스마스 직전에 하니 효과가 만점이었다. 크리스마스트리가 너무 커서 끝을 잘라내고 새 주인이 나타나는 내용이 반복되어 지루할 수도 있었겠지만, 아이들이 끝까지 집중해서 책을 감상했다. 책을 감상하고 우리가 '윌로비'씨처럼 커다란 크리스마스트리는 없지만 예쁜 크리스마스트리를 획득하는 카드놀이를 진행했을 때 아이들은 예쁜 크리스마스트리 카드를 모으는 활동에 집중했다. 서로 수집하려는 카드가 중복되어 카드가 모여지지 않을 때 입술을 깨물며 어떻게 해야 할지 고민하는 모습과 원하는 트리 카드를 모으고 서둘러 나열까지 마친 후 외치는 '메리 크리스마스' 소리가 인상 깊었다.

어린이

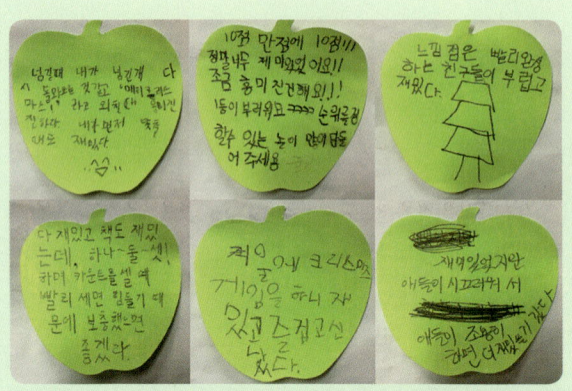

★ 겨울에 크리스마스 게임을 하니 재미있고 신났다.

★ 다 재밌고 책도 재밌는데, 하나, 둘, 셋을 빨리 세면 힘들기 때문에 보충했으면 좋겠다.

★ 느낀 점은 빨리 완성하는 친구들이 부럽고 재밌다.

★ 재미있었지만 애들이 시끄러워서 애들이 조용히 하면 더 재밌을 거 같다.

★ 넘길 때 내가 넘긴 게 다시 돌아오는 것 같고 '메리크리스마스!'라고 외칠 때 흥미진진하다. 내가 먼저 맞출 때도 재밌다.

★ 10점 만점에 10점!! 정말 너무 재미있었어요.

 교육과정 활용 연계

- 1~2학년군 통합
  - 겨울과 크리스마스 활동을 주제로 하는 수업에서 활용할 수 있어요.

컬러 몬스터 : 감정의 색깔

아나 예나스 글·그림 | 김유경 옮김 | 청어람아이

🎈 책과 놀이 소개

감정을 색깔로 표현한다는 것은 어떤 의미일까? 우리는 감정을 표정, 행동, 말로 표현한다. 표정, 행동, 말은 타인에게 보이기 때문에 온전히 드러내기 위한 수단으로는 한계가 있다. 그렇다면 나의 감정을 색깔로 드러내는 것은 어떨까? 어떤 감정인지 설명하기 어렵거나 쑥쓰러울 때 나의 감정을 색으로 표현하는 것이다. 내 감정을 내가 들여다보는 것. 아직 표현이 서툴고 감정을 건강한 방법으로 소화해내기 위해 우리 아이들에게 이 책이 꼭 필요하다고 생각한다. 책을 읽어줄 때 컬러몬스터가 말하는 감정의 색에 아이들이 공감하기도 하고 또 다른 생각을 보이기도 했다. 책놀이를 통해 아이들은 자신의 감정의 색을 스스로 정하고 또 서로의 색을 확인하면서 감정의 색이 다양하다는 것도 자연스럽게 알게 되었다.

책놀이 목표

- 감정을 색깔로 표현할 수 있음을 알고 다양한 색으로 표현해 본다.

책놀이 자료

그림책, 빨대 투호(다섯 가지 색 빨대, 유토), 투호통 5개

🐸 책놀이 방법

1. 마음열기

감정에 대해 이야기 나눈다.
- 우리가 느끼는 감정에는 어떤 것들이 있을까요?
- 어떤 감정을 느껴보았나요?
- 느껴보고 싶은 감정이 있나요?

2. 그림책 감상

① 제목을 읽으며 감정의 색깔을 예측해 본다.
- 감정의 색깔이 빨강이라면 어떤 감정일까요?

② 각 감정마다 표현하는 방법을 이야기 나누며 읽는다.

3. 책놀이 : 감정 투호 놀이

*준비물 : 빨대 투호(다섯 가지 색 빨대, 유토), 투호통

① 빨대 투호를 만든다.
  * 빨대의 한 쪽 끝을 100원 크기의 공 모양 지점토로 막는다.
  * 다른 한 쪽 끝을 약 3㎝ 정도 네 갈래로 길게 잘라 바깥 방향으로 접어준다.

② 자신의 기준으로 감정을 색과 연결한다.
  예) 감정: 기쁨, 슬픔, 화, 무서움, 평온함
      색: 빨강, 노랑, 초록, 파랑, 검정

③ 각 감정별로 느끼는 상황을 떠올려 본다.

④ 교실 앞에 다섯 가지 감정의 투호통을 놓는다.

⑤ 자신이 만든 다섯 가지 빨대 투호를 해당하는 감정 투호통에 던진다. 이때 '저에게 기쁨은 ~색입니다. 저는 ~을 할 때에 기쁨을 느낍니다.'라고 말한다.

⑥ 모든 차례가 끝난 뒤 각 감정의 색을 확인한다.

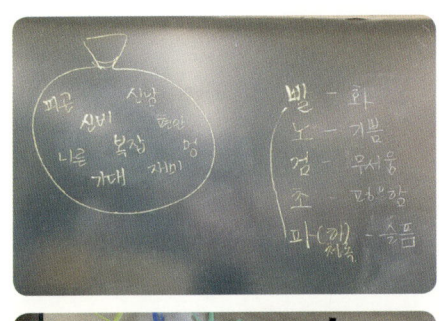

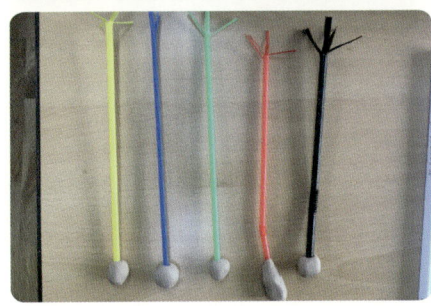

4. 책놀이 마무리

활동을 회상하며 이야기 나눈다.

- '감정 투호 놀이'를 할 때 공감했던 감정은 무엇이었나요?
- '감정 투호 놀이'를 하며 새롭게 알게 된 것은 무엇인가요?

🐸 책놀이 메모

① 투호통은 빨대 투호가 쉽게 들어갈 수 있는 위치에 두어 모두가 성공할 수 있도록 한다. 이 활동의 의의는 감정을 색으로 비유하며 언제 그 감정을 느끼는지 말하는 데에 있다.

컬러 몬스터 : 감정의 색깔

② 대상에 따라 다양한 색의 빨대를 준비하여 아이들의 선택의 범위를 넓혀 섬세한 감정표현을 격려한다.
③ 빨대 투호 대신 스티로폼 공에 유성펜으로 색과 감정을 표현할 수 있다. 이때 감정을 담는 통은 하나여도 된다.

책놀이 뒷이야기

교사 1

> 몇 년 전 미술치료상담 공부를 하면서 색깔에 자신의 감정을 담아서 표현하고 그것으로 대화를 이어 나가는 방법들을 연구한 적이 있다. 그래서인지 이번 책놀이를 소개받고 가장 조심스럽게 접근한 부분도 바로 색에 이미지를 고정시키지 말자라는 것이었다. 영화 '인사이드 아웃'에서는 슬픔이가 파란색으로 표현되지만, 사람에 따라서는 파란색을 보면서 '행복'을 떠올릴 수도 있으니 말이다. 교사들끼리의 모의수업에서도 역시 각 컬러를 바라보는 이미지가 교사마다 달랐고, 자연스럽게 서로의 감정을 나누게 되었다. 이 경험을 바탕으로 교실에서 놀이를 진행하며 동시에 아이들의 감정 상태를 파악했다. 그리고 놀이가 끝난 후에는 학생들과 천천히 개별 면담을 진행하였다. 다른 사람 앞에서 내 감정을 시원하게 내보이는 것, 참 어려운 일이지만 놀이를 통한다면 그것 또한 자연스러워질 수 있을 것이다.

교사 2

> 어른이 되어도 내 감정을 들여다보고 파악하는 것이 여전히 어렵다. 아니다. 어른이 될수록 어렵다. 많은 일을 겪으며 복잡미묘한 감정을 느끼게 되는데 그럴수록 앞장에 그려진 감정이 뒤죽박죽이 된 컬러몬스터가 되고 만다. 이렇게 엉망진창이 되고만 감정들을 색과 연결 지어 정리하게 하는 이 책은 마음을 편안하게 해준다. 그뿐만 아니라 이 책과 연계하여 감정 투호 놀이를 통해 감정을 색으로 들여다보게 하였다. 어른과 아이들에게도 도움을 주는 책이다.

어린이

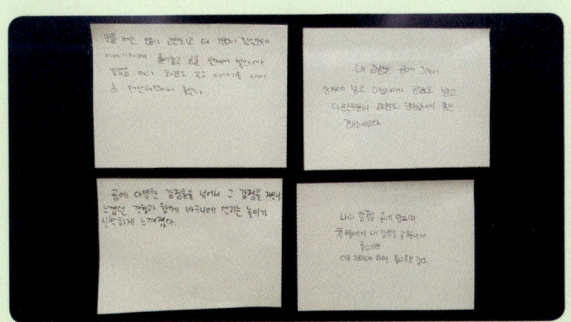

★ 만들 때는 많이 고민되고 더 걱정이 되었는데 이야기하며 풀어놓고 공을 던져서 넣으니까 넣었을 때의 쾌감이 있고 이야기를 하니 편안해져서 좋았다.

★ 내 감정을 공에 그려서 상자에 넣고 애들에게 공감도 받고 다른 친구들의 감정도 알 수 있어서 좋았다.

★ 공에 다양한 감정을 써서 그 감정을 자신이 느꼈던 경험과 함께 바구니에 던지는 놀이가 신박하게 느껴졌다.

★ 나의 감정을 공에 담으며 친구들과 내 감정을 공유하는 게 좋았지만 더욱 재미있게 하면 좋았을 것 같다.

교육과정 활용 연계

- 3~4학년군 미술
  - 10 색상환을 알고 색의 느낌을 이야기하는 주제에서 활용할 수 있어요.
- 5~6학년군 국어
  - 마음이나 생각을 몸짓으로 표현하는 수업에서 활용할 수 있어요.
- 5~6학년군 영어
  - 감정을 표현하는 수업에서 활용할 수 있어요.

탁탁 톡톡 음매~ 젖소가 편지를 쓴대요

도린 크로닌 글 | 베시 루윈 그림 | 이상희 옮김 | 주니어RHK

 책과 놀이 소개

우리는 누군가에게 마음을 전달하고 싶을 때 어떻게 하나요? 말을 하거나 글을 쓰곤 합니다. 그럼 젖소나 동물들이 사람들에게 마음을 전하고 싶을 때는 어떻게 해야 할까요? "음매"하고 울까요? 이 책에서는 이렇게 전한답니다. "탁탁, 톡톡, 음매~" 바로 젖소가 발로 타자를 쳐서 말이지요. 젖소는 어떤 말을 하고 싶었을까요? 젖소가 쓴 편지를 읽어보고 우리도 발타자로 편지를 써 보아요.

 책놀이 목표

- 자음과 모음으로 글자를 만들 수 있다.
- 친구들과 협동하여 짧은 편지를 쓸 수 있다.

 책놀이 자료

그림책, 발타자 교구(발타자 판, 자음·모음, 글자판), 주사위

 책놀이 방법

1. 마음열기

　'편지'에 관해 이야기 나눈다.

　- 편지를 받아본 경험이 있나요?

- 편지를 쓴다면 누구에게 쓰고 싶나요?

2. 그림책 감상

① 제목을 읽으며 이야기 내용을 예측해 본다.
- 젖소가 편지를 쓴다면 누구에게 쓸까요?
- 편지에는 어떤 내용이 담겼을까요?

② 상황과 감정을 반영하며 읽는다.

③ 마지막 장면의 편지 내용을 상상하며 읽는다.
- '탁탁, 톡톡, 쫙', 누가 쓴 편지일까요?
- 편지의 내용은 무엇일까요?

3-1. 책놀이 : 발타자 놀이

* 준비물 : 발타자 교구(발타자 판, 자음·모음, 글자판)

① 두 모둠으로 나누고 모둠별로 순서를 정한다.

② 출발선 반대편 책상 위에 모둠별로 글자판과 자음, 모음을 놓는다.

③ 각 모둠 첫 번째 친구가 타자 판을 한 칸씩 밟으며 도착점까지 간다.

④ 타자 판의 한 칸은 한 발로 밟고 마지막 칸은 두 발로 선다. 각 모둠원은 주자가 한 칸씩 밟을 때마다 '탁, 탁, 톡, 톡, 음매' 구호를 외친다.

⑤ 도착점에 도착하면 자음과 모음에서 각각 한 개씩 뽑아 낱글자 한 개를 만들어 글자판에 놓는다.

⑥ 앞 친구가 돌아오면 하이파이브를 하고 두 번째 친구가 출발하여 ③~⑤의 과정을 반복한다.

⑦ 두 번째 친구는 앞 친구가 만들어 놓은 글자에 이어 낱말을 완성한다.

⑧ 각 모둠에서 완성한 글자 또는 단어를 다 같이 읽어본다.

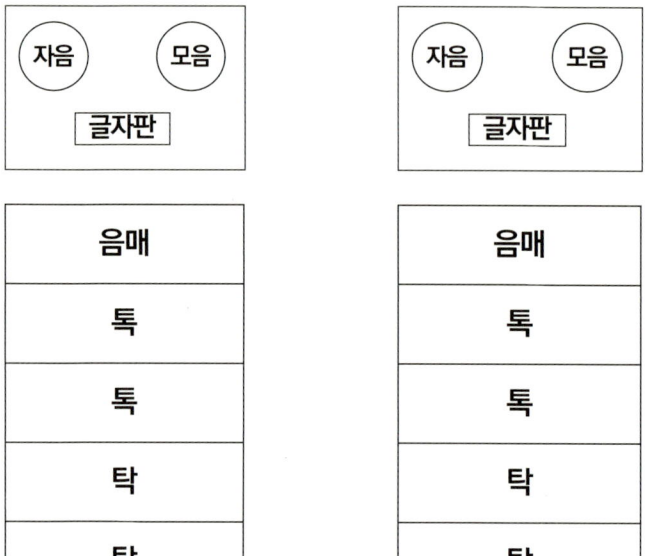

3-2. 책놀이 : 발타자 편지

* 준비물 : 발타자 교구(발타자 판, 자음·모음, 글자판), 주사위

① 전체를 4모둠으로 나누고 각 모둠별 순서를 정한다.

② 반대편에 책상을 놓고 각 모둠당 자음·모음과 주사위를 놓는다.

③ 각 모둠 첫 번째 친구가 발타자 판을 한 칸씩 밟으며 도착점까지 간다.

④ 타자 판의 한 칸은 한 발로 밟고 마지막 칸은 두 발로 선다. 각 모둠원은 주자가 한 칸씩 밟을 때마다 '탁, 탁, 톡, 톡, 음매' 구호를 외친다.

⑤ 주사위를 던져 주사위 개수만큼 자음이나 모음을 꺼내 가지고 돌아온다.

⑥ 마지막 주자까지 자석을 다 가져오면 자음과 모음을 이용하여 글자판에 편지를 쓰고, 모둠별로 읽어본다.

4. 책놀이 마무리

활동을 회상하며 이야기 나눈다.

- '발타자 놀이'를 하면서 가장 노력했던 부분은 무엇이었나요?
- '발타자 편지'를 쓰면서 가장 기억에 남는 것은 무엇이었나요?

 책놀이 메모

발타자 판은 전기 테이프나 원마커를 활용할 수 있다.

책놀이 뒷이야기

교사

젖소들과 가축들이 심각하게 타자기를 들여다보고 있다. 무슨 이야기를 하려는 것일까. 동물들은 사람들에게 얼마나 하고 싶은 말이 많을까? 책에서는 그 이야기들을 시원하게 하고 있었다. "탁탁 톡톡 음매~"라는 소리가 매우 경쾌하게 들렸다. 아이들과 타자를 쳐보기로 했다, 발로. 한 발로 탁, 탁, 톡, 톡, 그리고 두 발로 음매. 꼭 사방치기를 하는 것 같았다. '발타자 놀이'를 하면서 자음과 모음을 결합하여 재밌는 글자를 만들었다. 글자를 손으로 쓰지 않고 발로 쓴다는 것만으로도 즐거워하였다.

어린이

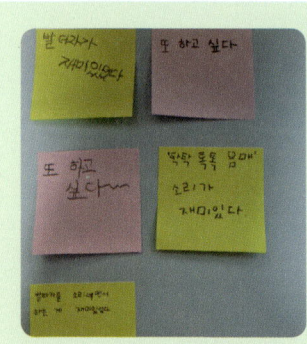

★ 발타자를 소리 내면서 하는 것이 재미있었다.
★ 자석으로 단어 만드는 것을 급하게 하니 어려웠다.
★ 발타자가 재미있었다.
★ '탁탁 톡톡 음매' 소리가 재미있다.
★ 또, 하고 싶다.

교육과정 활용 연계

- 3~4학년군 도덕
  - 협동이 주제인 수업에서 활용할 수 있어요.
- 3~4학년군 국어
  - 편지글을 배우는 수업에서 활용할 수 있어요.

하이파이브

아담 루빈 글 | 다니엘 살미에리 그림 | 노은정 옮김 | 위즈덤하우스

 책과 놀이 소개

누군가 나에게 반짝반짝 빛나는 눈빛과 확신에 찬 표정을 지으며 다가온다. 그리고 손을 높이 들어 손바닥을 내민다. 그렇다면 여러분은? 분명 그 손바닥을 마주치며 소리칠 것이다. "하이파이브!" 이 책은 여러 동물들이 자신만의 하이파이브를 만들어 대회에 출전하는 이야기를 담고 있다. 책을 보는 동안 손바닥이 근질거릴 것이다. 여러분은 대회에 참여할 준비가 되어있는가? 나만의 하이파이브를 만들어 짜릿한 즐거움을 나누며 놀아보자.

 책놀이 목표

- 다양한 동작으로 하이파이브를 할 수 있다.
- 이야기에 집중하며 놀이에 즐겁게 참여한다.

🐸 책놀이 자료

그림책, 표정 카드, 몸짓 카드, 하이파이브 카드, 이야기 카드

🐸 책놀이 방법

1. **마음열기**

   하이파이브를 해 본 경험을 나눈다.

- 하이파이브는 언제 할까요?
- 하이파이브를 할 때 어떤 기분이 들었나요?

2. 그림책 감상

① 제목을 동작으로 따라 하며 읽는다.
 - 즐거워할 준비 됐으면, 다 같이 하이파이브를 해 봅시다. 하이파이브!
② 대화하듯이 읽는다.
 - (아이들에게 다가가며) 네가 해 볼래?
③ 책 내용을 따라 하며 읽는다.

3-1. 책놀이 : 와글와글 하이파이브

* 준비물 : 표정 카드, 몸짓 카드

① 4명씩 모둠을 만든다.
② 각 모둠은 표정 카드와 몸짓 카드를 각각 한 장씩 뽑는다.
③ 각 모둠원과 뽑은 카드에 어울리게 하이파이브 동작을 만들어 연습한다.
④ 모둠별로 준비한 하이파이브를 친구들 앞에서 보여준다.

3-2. 책놀이 : 이야기 하이파이브

* 준비물 : 하이파이브 카드, 이야기 카드

① 전체를 두 모둠으로 나누고, 각 모둠 안에서 두 명씩 짝을 짓는다.
② 네 가지 하이파이브 이름과 동작을 소개하고 연습한다.

양손	마주 보고 머리 위에서 양손으로 짝!
빙빙	마주 보고 한 팔을 돌려 머리 위에서 짝!
펄쩍	마주 보고 펄쩍 뛰어 머리 위에서 짝!
다리	다리 사이로 한 손을 넣어 짝!

③ 첫 번째 모둠은 교사의 이야기를 들으며 하이파이브 이름이 나올 때마다 짝끼리 하이파이브를 하고 상대 모둠은 응원한다.
④ 모둠을 바꾸어 진행한다.
⑤ 가장 잘한 짝을 뽑는다.

하이파이브 이야기 1: 『토끼와 거북이』

토끼와 거북이가 경주를 하기로 했어요.

토끼가 말했어요.

"내 긴 **다리**로 너를 이기겠어."

이 말에 거북이가 **펄쩍** 뛰었어요.

"무슨 소리! 내 **다리**는 짧지만 **양손**의 힘이 세다구!"

팽팽한 신경전 속에서 심판이 **양손**으로 방아쇠를 탕! 당겼어요.

소리가 얼마나 큰지 머리는 **빙빙**, **다리**는 후들거렸어요.

거북이는 엉금엉금, 토끼는 **펄쩍** 뛰어갔어요.

토끼가 너무 열심히 달렸는지 눈앞이 **빙빙** 돌아 잠이 들고 말았어요.

승리의 하이파이브를 한 동물은 누구일까요?

하이파이브 이야기 2: 『스포츠대회』

TV에서 스포츠대회가 한창이에요.

배구 김연경 선수가 **펄쩍** 뛰어올라 스파이크를 날리고,

상대 선수들은 **양손**으로 블로킹을 해요.

와! 성공이에요.

체조 여서정 선수가 도마 경기를 하고 있어요.
힘차게 뛰어 도마를 **양손**으로 짚고 공중을 **빙빙** 돌아요.
그리고는 두 **다리**로 완벽하게 착지해요.

피겨 차준환 선수가 얼음판 위에서 연기를 하고 있어요.
와! 트리플 악셀이에요.
펄쩍 뛰어 세 바퀴를 돌았어요.
그리고는 한 **다리**로 지탱하며 **빙빙** 돌아요.
내 눈도 **빙빙** 돌아요.
양손을 꼭 쥐며 응원했어요.

4. 책놀이 마무리

활동을 회상하며 이야기 나눈다.
 - '와글와글 하이파이브' 놀이를 할 때 기억에 남는 하이파이브는 무엇이었나요?
 - '이야기 하이파이브' 놀이를 할 때 재미있었던 것은 무엇이었나요?

🐸 책놀이 메모

① '와글와글 하이파이브' 놀이를 할 때 다양하고 재미있는 표정, 몸짓 카드를 직접 만들어 진행할 수 있다.
② '이야기 하이파이브' 놀이를 할 때 칠판에 그림과 이름을 함께 붙여 놓고 놀이에 쉽게 참여할 수 있게 한다.

🎈 책놀이 뒷이야기

교사

> 하이파이브가 본래 기쁘고 신나고 즐거워서 나도 모르게 나오는 건데, 이 놀이는 하이파이브를 하다 보니 나도 모르게 기쁘고 신나고 즐거워진다. 마치 닭이 먼저냐, 달걀이 먼저냐이다. 그런데 그게 뭣이 중한가. 우리가 이렇게 재밌는데. 그림책 속 한 장면에서 놀이의 아이디어를 얻었다. '남들하고는 다른 표정', '남들하고는 다른 몸짓'을 만들기 위해 머리를 맞댔고, 아이들이 적어 넣은 표정과 몸짓을 무작위로 뽑아 조합하여 읽어줄 때마다 아이들은 자지러지게 웃었다. 무표정으로 고릴라 몸짓을 흉내 내며 하이파이브를 하라는데 안 웃을 자가 어디 있겠는가. 눈을 감고 아련한 눈빛으로 하이파이브를 하라는 주문이 나왔을 때는 아이들이 자기 순서가 아님에도 모두 흉내 내며 연습을 하였다. 이 정도면 놀이에 완전히 빠진 것. 마스크를 벗는 날이 오면 아이들의 표정을 더 생생하게 볼 수 있을 듯하다. 그럼 분명 더 많이 웃겠지.

어린이

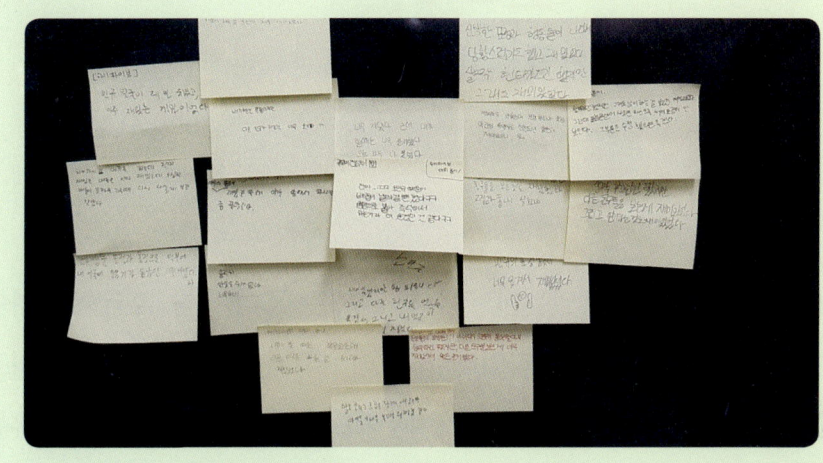

★ 얼굴이 제일 웃겼고, 아주 재밌는 게임이었다.

★ 다양한 표정과 몸짓으로 덕분에 내 얼굴에 웃음기가 돌았던 시간이었다.

★ 좀 부끄럽기는 했지만 어떻게 할지 생각하는 과정, 애들이 하는 걸 보는 게 너무 재미있었다.

 교육과정 활용 연계

- 1~2학년군 국어
    - 말과 행동을 실감 나게 표현하는 수업에서 활용할 수 있어요.
- 3~6학년 체육
    - 표현활동 수업에서 활용할 수 있어요.

호라이
서현 글 · 그림 | 사계절

 책과 놀이 소개

분명 앞표지에는 달걀 프라이가 있는데, 그림책 제목은 '호라이'다. 후라이(후라이는 프라이의 비표준어)도 아니고 호라이라니. 그래, 이 책에서만큼은 호라이라고 불러보자! 밥 위나 접시 위에 있어야 할 호라이는 어느새 순간 이동을 하며 자유롭게 움직인다. 가방 안에도, 모자 위에도, 자동차 위에도. 정신없이 호라이를 따라다니다 보면 호라이가 있어야 할 곳은 원래 접시 위라는 생각은 사라져버리고 만다. 어디든 갈 수 있는 호라이를 응원하고 싶기까지 한다. 어느새 그림책은 끝을 향해가고 호라이는 잠시 익숙한 지점에 정착했다가 또 다시 웃음을 남겨주고 떠난다. 진짜 기발하고 엉뚱하다. 이제 호라이를 따라다니며 같이 놀아보자.

 책놀이 목표

- 사물을 다양하게 활용하는 창의성을 경험한다.

 책놀이 자료

그림책, 다양한 사물(또는 사진)

🐸 책놀이 방법

1. 마음열기

달걀 프라이를 만드는 과정을 동작으로 보여준다.

- 어떤 음식을 만드는 걸까요?

2. 그림책 감상

① (앞표지 그림을 가리고) 제목을 읽으며 '호라이'가 무엇인지 예측해 본다.

② 앞표지와 앞면지를 탐색하며 어떤 이야기가 펼쳐질지 상상해 본다.

- 표지 그림에서 무슨 일이 벌어지고 있나요?

③ 장면마다 호라이를 찾아보며 읽는다.

④ 고양이의 움직임을 따라가며 읽는다.

3-1. 책놀이 : 호라이를 먹자

① 호라이가 어디에 있을지 상상한다.

② '시장에 가면' 가락에 손바닥으로 박자를 맞추며 '호라이를 먹자, 호라이를 먹자'를 외친다.

③ 첫 번째 친구의 노래에 계속 덧붙여가며 노래를 이어간다.

- 호라이를 먹자, 호라이를 먹자 / 밥 위에 호라이

- 호라이를 먹자 호라이를 먹자 / 밥 위에 호라이, 주머니 안에 호라이

④ 앞 사람의 말을 순서대로 기억하지 못하거나 자신만의 호라이를 얘기하지 못하면 탈락한다.

⑤ 탈락한 사람이 생기면 그 다음 사람부터 다시 시작한다.

3-2. 책놀이 : 호라이 변신은 무죄

＊준비물 : 다양한 사물(또는 사진)

① 다양한 사물의 사진이나 실물을 준비한다.

② 사물을 선택하여 보여준다.

③ 선택한 사물의 본래 쓰임 외에 다른 쓰임을 동작으로 보여준다.

　- 여기 실내화가 있어. 이 실내화를 또 어떻게 사용할 수 있을까?

　(귀에 대고 '여보세요' 말하는 동작을 보여주며) 전화기

　(실내화를 엉덩이에 대고) 변기

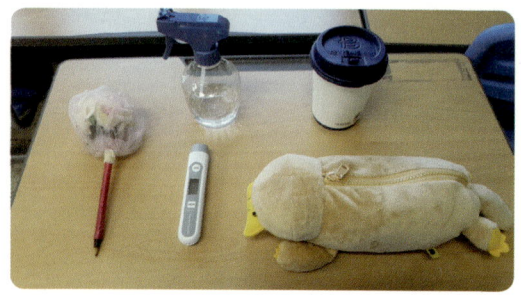

4. 책놀이 마무리

활동을 회상하며 이야기 나눈다.

　- 작가가 제목을 '호라이'라고 지은 이유는 뭘까요?

　- 가장 마음에 드는 호라이의 위치는 어디인가요?

🐸 **책놀이 메모**

① '호라이를 먹자' 놀이에서 학년이나 학급의 특성에 따라 '호라이를 먹자'는 외치지 않거나 한 번만 외쳐도 좋다. 두 번을 외치는 이유는 앞서 했던 말을 잊게 하여 게임을 재미있게 하려는 의도이나 경우에 따라서는 그 시간에 앞서 친구

가 했던 말을 기억해보는 시간이 되기도 하므로 이를 적절히 활용한다.

② '호라이 변신은 무죄' 놀이에서 사진보다는 실물을 가지고 직접 만지면서 활동하면 다양하게 상상할 수 있고 극적인 효과를 낼 수 있다.

③ 함께 읽어줄 책으로는 같은 작가의 '호라이호라이'가 있다.

책놀이 뒷이야기

교사 1

> 육아휴직 중에 아이에게 책을 읽어주다 눈물이 핑 돌았던 적이 있었다. 전집에 딸린 책이고, 지금은 절판되었는지 검색해도 나오지 않지만, 나는 뭐든 될 수 있다는 내용이 담긴 책이었다. 아마도 육아의 고단함과 괴로움 때문이었으리라. 현장에 나와 있는 지금도 뭐든 될 수 있다는 생각은 여전히 나의 가슴을 뛰게 하지만, 그 시절의 그 감정의 파도는 지금보다 100배는 족히 넘었을 거다. 만약 육아휴직 중인 계란 프라이가 이 책을 읽는다면 눈물을 펑펑 흘릴지도 모르겠다. 그림책 속 계란 프라이가 있는 곳들은 우리가 예상치도 못한 곳이고, 그리 썩 잘 어울리는 장소와 위치가 아님에도, 계란 프라이는 그곳에 있다. 계란 프라이는 뭐든지 될 수 있고, 할 수 있다. 그림책이 끝나도 우리의 상상력을 통해 계란 프라이가 있을 곳을 떠올려보기도 하고, 놀이를 확대하여 우리 주변의 사물들을 새로운 시각으로 바꾸어보기도 하였다. 아이들은 단순히 상상 놀이라고 생각을 했겠지만, 내 의도는 그 이상이었다. 뭐든 할 수 있고, 뭐든 될 수 있는 아이들을 응원하고 싶었다.

교사 2

'호라이'. 처음에는 표준어가 아닌 이 낱말을 아이들 앞에서 크게 읽어줘도 되나 생각이 들었다. 하지만 아이들은 이 단어의 어감을 좋아했다. 그것도 음율을 넣어 '호라~이'라고 읽었다. '~에 호라이'에서 '~'부분은 읽는 사람에게 '갑자기? 여기서?'라며 처음에는 당혹감을 주지만 그 낯섦이 점점 좋아진다. 소위 '막 던지는 것'에서 나오는 재미를 주는 책이다. 아이들이 책 놀이를 할 때 생뚱맞은 말에 '크크크크' 웃었다. 자기들끼리 웃느라 앞에 친구들이 말한 것을 까먹을 정도였다. '아이 그게 뭐야~'하며 어찌나 깔깔대던지. 3학년 아이들이 놀이의 리듬을 잘 습득했다. 참 다양한 곳에 '호라~이'가 있던 재미있는 놀이다.

어린이 1

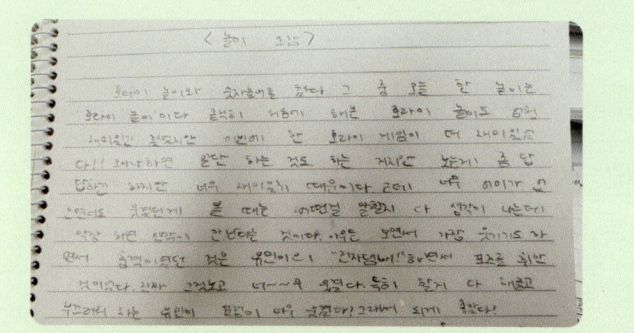

★ (중략) 너무 어이가 없으면서도 웃었던 게 볼 때는 어떤 걸 말할지 다 생각이 나는데 막상 하면 생각이 안 나기 때문이다. 아무튼 보면서 가장 웃기기도 하면서 충격적이었던 것은 ○○이의 "전자담배!" 하면서 온도계를 가지고 포즈를 취한 것이다. 진짜 그것 보고 너~~무 웃겼다. 특히 할 거 다 해놓고 부끄러워하는 ○○이 표정이 너무 웃겼다.

어린이 2

> 〈호라이 놀이〉
> 생각 해내는게 조금 어렵긴 했는데, 친구들이랑 생각을 나누니 재미있었고,
> '정말 내가 이렇게 양심이 없는 사람인가?' 싶을정도로 조금 많이 우긴 듯하다.
> 그래도 친구들이 이해해줘서 다행이었다. 가장 재미있었던 ㅇㅇ이의 단백지..
> 태피의 ㅋㅋㅋㅋ 낭.심.보호대 이다. 사실 난 그런게 있는지 오늘 처음 알았다.
> 그순간 진짜 머리를 확 놓아버렸다. 아무튼 너무 재있는 놀이이다.

★ 생각해내는 게 조금 어렵긴 했는데 친구들이랑 생각을 나누니 재미있었고, '정말 내가 이렇게 양심 없는 사람인가?' 싶을 정도로 조금 많이 우긴 듯하다. 그래도 친구들이 이해해줘서 다행이었다. 가장 재미있었던 ○○이의 낭.심.보호대이다. 사실 난 그런 게 있다는 걸 오늘 처음 알았다. 그 순간 진짜 머리를 확 놓아버렸다. 너무 재밌는 놀이이다.

어린이 3

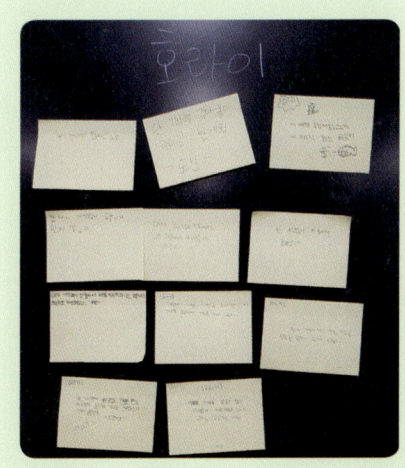

★ 나의 기억력에 한계를 느낌.

★ 나의 기억력을 실험해 볼 수 있었다. 내 기억력 최소 금붕어.

★ 평소에 '시장에 가면' 놀이로 단련한 실력이 있어서 놀이가 쉬웠다.

★ 기억력 안 좋은 분은 이 게임에 하얀 깃발을 듭니다. 그래도 2등까진 해봄.

교육과정 활용 연계

- 1~6학년 국어
  - 주변의 사물을 활용하여 소품을 만들고 연극을 하는 수업에서 활용할 수 있어요.
- 5~6학년군 미술
  - 다양한 발상 방법을 주제로 하는 수업에서 활용할 수 있어요.
  - 시각적 특징을 발견하는 수업에서 활용할 수 있어요.

호랑이의 눈물

권옥 글 | 오연주 그림 | 신아출판사

 책과 놀이 소개

호랑이를 본 적이 있나요? '호랑이'하면 어떤 이미지가 떠오르나요? '무섭다, 용맹하다'가 먼저 떠오르겠지요. 이런 이미지의 호랑이가 운다고 하면 여러분은 믿으시겠어요? 여기 눈물을 흘리는 호랑이의 이야기가 있습니다. 도대체 호랑이는 어떤 이유로 울까요? 혹시 곶감이 먹고 싶어서? 배가 고파서? 우리가 눈물을 흘리는 이유는 여러 가지가 있지요. 슬퍼도 울고, 아플 때도 울고, 억울해도 울고, 너무너무 기쁠 때도 눈물이 나지요. 하지만 이 호랑이는 감동을 받아서 운답니다. 어떤 이야기가 호랑이를 감동시켰을까요? 이야기 속으로 들어가 보시죠. 혹시 손수건을 준비하셨다면 호랑이의 눈물도 닦아주세요.

 책놀이 목표

- 제목으로 등장인물의 마음을 예측할 수 있다.

 책놀이 자료

그림책, 눈물판, 수건공, 눈물 카드, 호랑이 스티커

🐸 **책놀이 방법**

1. 마음열기

'호랑이'가 나오는 이야기를 알아 본다.

- 호랑이가 나오는 이야기를 알고 있나요?

2. 호랑이 눈물판 만들기

* 준비물 : 눈물 카드, 눈물판

① 표지를 탐색하며 이야기를 상상한다.

- 호랑이는 왜 눈물을 흘릴까요?

② 호랑이가 우는 이유를 눈물 카드에 적는다.

③ 눈물 카드를 호랑이 눈물판 주머니에 끼워 넣는다.

3. 그림책 감상

① 상황과 감정을 표현하며 읽는다.

② 리듬을 살려 읽는다.

- ♪(전래동요 '어디까지 왔나' 가락으로) 어디까지 오셨나? 수수밭까지 오셨지~~

③ 그림책 내용을 회상하며 이야기 나눈다.

- 호랑이가 눈물을 흘린 이유는 무엇이었나요?
- 효심에 감동 받은 호랑이의 눈물을 닦아줄까요?

4. 책놀이 : 호랑이 눈물을 닦아라

* 준비물 : 눈물판, 수건공, 호랑이 스티커

① 뽑기로 순서를 정한다.

② '호랑이 눈물을 닦아라' 구호를 외치고 수건공을 던져 눈물판의 눈물을 맞춘다. 눈물을 맞추면 호랑이 스티커 한 장, 닦아낸 눈물 카드의 내용이 책의 내용과 일치하면 스티커 한 장 추가, 일치하는 내용을 적은 친구도 스티커 한 장을 얻는다.

③ 순서가 모두 끝난 후 남아있는 눈물 카드를 함께 읽으며 책의 내용과 일치한 눈물 카드를 쓴 친구도 스티커 한 장을 얻는다.

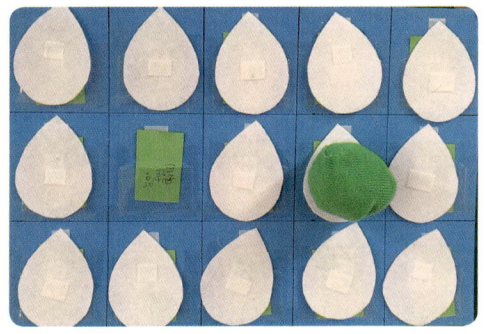 

5. 책놀이 마무리

활동을 회상하며 이야기 나눈다.

- 호랑이가 우는 이유 중 가장 기억에 남는 눈물 카드는 무엇이었나요?

책놀이 메모

① 눈물판에 책의 내용과 일치하는 눈물 카드를 미리 꽂아 놓아 책의 내용을 회상할 수 있도록 한다.
② 놀이를 할 때 학년별 대상에 따라 수건공 던지는 거리를 조절한다.
③ 수건공 던지기에 실패했을 경우 대상에 따라 던질 기회를 추가로 주어 성공의 기쁨을 누릴 수 있도록 한다.
④ 추후 눈물 카드의 내용을 통해 아이들의 마음을 살펴보는 기회를 가질 수 있다.

책놀이 뒷이야기

교사

이 책을 읽기 전, 3학년 사회 수업에서 지역의 옛이야기를 배웠다. 더군다나 우리 지역의 설화를 다룬 그림책으로 논다니 아이들은 더 관심을 보였다. 마음열기에서 책 표지를 보며 '호랑이가 눈물을 흘린 이유'를 상상하여 눈물 카드에 적었다. 표지 그림에서 최대한 힌트를 찾으려는 아이들과 어떻게든 웃긴 이유를 찾으려는 아이들로 나뉘었다. 진지한 눈물 카드에서는 '오~ 그럴 수 있겠다!', 웃긴 카드를 보면서는 '뭐야~~키키키' 이런 반응이었다. 가족끼리 서로를 구하겠다며 호랑이에게 자신을 잡아먹으라는 장면에서 아이들은 마음이 뭉클했는지 말없이 책을 바라보고 있었다. 그때 아이들은 무슨 생각을 하고 있었을까? 효심에 감동한 호랑이의 눈물을 닦아주는 책놀이에서는 눈물을 조준해 잘 맞추었고 눈물 방울이 사라질 때는 뿌듯해했다. 우리 아이들의 따뜻한 마음과 행동을 호랑이가 알아주길 바란다.

어린이

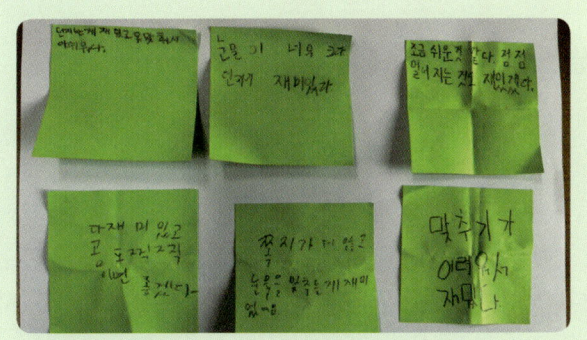

★ 던지는 게 재밌고 못 맞춰서 아쉬웠다.

★ 눈물이 너무 크다.

★ 조금 쉬운 것 같다. 점점 멀어지는 것도 재밌겠다.

★ 눈물을 맞추는 게 재미있어요.

★ 맞추기가 어려워서 재밌다.

 교육과정 활용 연계

- 1~2학년군 통합
  - 가족을 주제로 하는 수업에서 활용할 수 있어요.
- 3~4학년군 도덕
  - 가족의 소중함을 주제로 하는 수업에서 활용할 수 있어요.
- 1~6학년 국어
  - 이야기를 읽기 전 내용을 예측해 보는 수업에서 활용할 수 있어요.

휴지가 돌돌돌

신복남 글 · 그림 | 웅진주니어

책과 놀이 소개

이 책은 표지만 봐도 재미있는 책입니다. 웃음 세 겹 엠보싱에 유통기한은 휴지가 다 풀릴 때까지라니! 특히 똥 옆에 '휴지 한 칸만…'이라는 말은 여러 상상을 하게 만듭니다. 급하게 화장실로 뛰어 들어가 시원하게 볼일을 본 후 휴지를 당겼을 때 똑 끊기며 드러나는 휴지심에 당황해본 경험이 있나요? 게다가 휴대폰도 없다면? 여기 누구 도와줄 사람 없어요? 똥이 마르기 전에 놀이에 어서 참여해주세요.

책놀이 목표

- 사물을 다양하게 활용하는 유창성을 경험한다.
- 친구와 협력하여 놀이를 할 수 있다.

책놀이 자료

두루마리 화장지, 부채, 이름 카드(푸다닥, 뿅, 응차, 뿌지직, 퐁)

책놀이 방법

1. **마음열기**

    ① 화장실에서 휴지가 없었던 경험을 나눈다.

    ② 휴지로 할 수 있는 것에 관해 이야기 나눈다.

2. 그림책 감상

① 표지 그림을 탐색한다.
- 표지 그림에서 무엇이 보이나요?

② 뒤표지의 주의사항을 읽는다.

③ 면지를 탐색한다.

④ 다음 장면을 예측하며 읽는다.
- (아, 시원하다. 그런데…) 다음 장면에 어떤 일이 벌어질까요?

⑤ 상황을 실감 나게 표현하며 읽는다.

3-1. 책놀이 : 휴지가 돌돌돌

* 준비물 : 두루마리 화장지, 부채, 이름 카드(푸다닥, 뽕, 응차, 뿌지직, 퐁)

① 4~5명씩 모둠을 나누고 모둠의 이름 카드를 뽑는다.

② 모둠원의 순서를 정한다.

③ 각 모둠원의 첫 번째 친구가 휴지 한 칸을 바닥에 놓고 부채질로 반환점을 돌아온다.

④ 다음 주자에게 부채를 건넨다.

⑤ 놀이가 끝나면 다음 단계의 놀이를 계속한다.

[휴지가 돌돌돌 놀이 단계]

1단계	휴지 한 칸을 바닥에 놓고 부채질로 반환점을 돌아온다.
2단계	휴지 한 칸을 머리에 얹고 반환점을 돌아온다. 이때 휴지가 떨어지면 모둠원이 '모둠 이름+멈춰'를 외쳐 알려준다. 떨어지면 출발점으로 돌아와 휴지를 다시 받고 출발한다.
3단계	두루마리 화장지를 반환점까지 볼링공처럼 굴린다.
4단계	두루마리 화장지를 통째로 어깨에 얹어서 반환점을 돌아온다. 떨어지면 출발점으로 돌아와 휴지를 다시 받고 출발한다.

3-2. 책놀이 : 휴지 한 칸만

*준비물 : 두루마리 화장지

① 두 모둠으로 나눈다.

② 각 모둠 둘씩 짝을 지어 순서를 정한다.

③ 각 모둠원의 첫 번째 주자는 휴지 두 칸을 양쪽에서 잡고 반환점을 빨리 돌아온다. 뜯어지면 출발점으로 돌아와 휴지를 다시 받고 출발한다.

④ 다음 주자에게 휴지를 건넨다.

⑤ 놀이가 끝나면 다음 단계의 놀이를 계속한다.

[휴지 한 칸만 놀이 단계]

1단계	휴지 두 칸을 두 명이 양쪽에서 잡고 반환점을 빨리 돌아온다. 뜯어지면 출발점으로 돌아와 휴지를 다시 받고 출발한다.
2단계	두 명이 휴지 한 칸을 서로의 손바닥에 옮기며 반환점을 돌아온다. 이때 서로의 손바닥이 닿지 않도록 한다.

4. 책놀이 마무리

활동을 회상하며 이야기 나눈다.

- '휴지가 돌돌돌' 놀이를 하면서 가장 즐거웠던 순간은 어떤 순간이었나요?
- '휴지 한 칸만' 놀이를 할 때 칭찬하고 싶은 '환상의 짝'은 누구인가요?

 책놀이 메모

모둠원은 모둠의 이름으로 응원을 하여 격려하는 분위기를 조성한다.

📢 책놀이 뒷이야기

교사

> 그림책을 읽는 동안 여기저기서 빵빵 웃음이 터져 나왔다. 나도 읽는 내내 웃음을 참느라 혼났다. 휴지가 아깝다고 말하는 절약 정신이 남다른 아이, 휴지가 가벼워서 날아갈까 조심스럽게 움직이던 아이, 이기려고 빨리 움직이다가 휴지가 떨어져 결국 놀이에서 졌던 아이, 내가 하고자 하는 방향대로 되지 않자 안타까워하던 아이. 놀이시간 내내 아이들은 참 즐거웠고 많은 것을 배웠다. 놀이가 끝나고 그림책을 다시 집어드는 아이들의 모습에 '책놀이 하길 잘했다!'는 생각이 들었다.

어린이

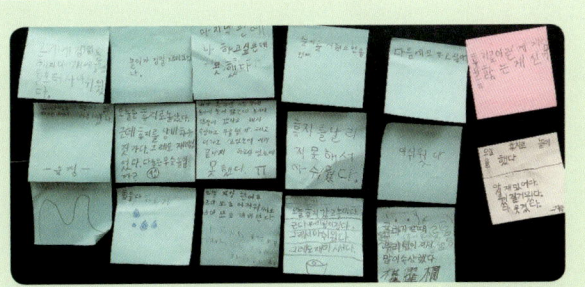

- ★ 놀이가 정말 재미있었다.
- ★ 휴지로 이런 게임을 하는 게 신기했다.
- ★ 재미있었다. 다음은 무슨 놀이일까?
- ★ 휴지를 날리지 못해서 아쉬웠다.
- ★ 다음에 또 하고 싶다.
- ★ 휴지가 뜯어질까 봐 조마조마했다.
- ★ 뜯어져 처음부터 다시 해서 힘들었다.

교육과정 활용 연계

- 3~6학년 도덕
  - 협동을 주제로 하는 수업에서 활용할 수 있어요.
- 1~6학년 창의적 체험활동
  - 적응활동 및 인성교육에서 활용할 수 있어요.

참고문헌

* 신헌재·한명숙·진선희·곽춘옥·김상한·이향근·하근희·김태호(2015),《초등문학교육론》, 박이정.

주석

1) 초등·청소년 북스타트,
   《북스타트코리아: www.bookstart.org 참조》
2) 어린이책잔치,
   《출판도시문화재단:www.pajubookcity.org 참조》
3) 이송은·김윤경·전진영·권옥·한선예·최형임·이춘희·한주미(2017).《스토리텔링과책놀이 2》.서울:창지사)

올 한해는 책놀이로 정했다
일년이 행복한 초등 책놀이

인쇄 2022년 6월 25일
발행 2022년 6월 30일

지은이 권옥, 김미화, 민희진, 박은혜, 신언, 윤윤수, 이유미, 이자미, 이정경
펴낸이 서정환
펴낸곳 신아출판사
주소 전라북도 전주시 완산구 공북1길 16
전화 (02) 3675-3885 (063) 275-4000
팩스 (063) 274-3131
이메일 essay321@hanmail.net
출판등록 제465-1984-000004호
인쇄·제본 신아문예사

- 이 책 내용의 전부 또는 일부를 재사용하려면 반드시 저작권자와 신아출판사 양측의 동의를 받아야 합니다.
- 저자와 협의하여 인지는 생략합니다.
- 출판물 불법 복사, 불법 북스캔은 저작권 위반으로 처벌받을 수 있습니다. 불법 제본으로 처벌될 경우(전과기록 됨) 취업 불이익이나 해외유학과 이민 등 비자발급이 거부되는 불이익이 발생할 수 있습니다.

ISBN 979-11-92245-79-9 (93370)
값 20,000원

Printed in KOREA